일본어와 우리말은 지나치게 비슷하다 3

1판 1쇄 2018년 5월 1일

저 자 이화정, Mr. Sun 어학연구소
펴 낸 곳 OLD STAIRS
출판 등록 2008년 1월 10일 제313-2010-284호
이 메 일 oldstairs@daum.net

가격은 뒷면 표지 참조
ISBN 978-89-97221-67-7

일본어와 우리말은 지나치게 비슷하다

3

ちょうかんたん
초-칸탄

にほんご
니홍고

きょうざい
교-자이

접속조사 て

て 테는 두 표현을 연결하는 접속조사입니다.

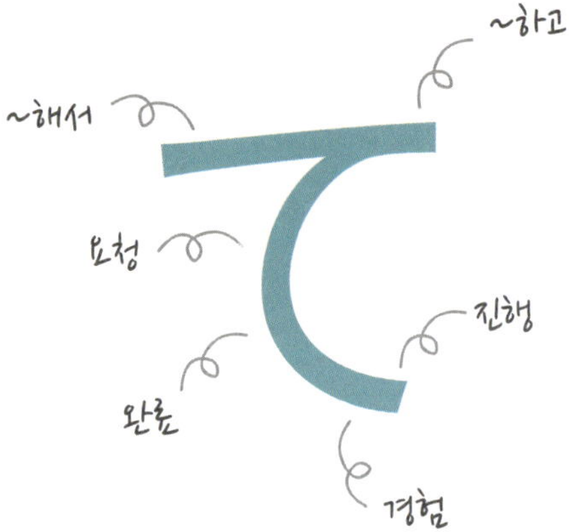

て의 주요 용법 2가지

て 테는 여러 가지 용도로 사용되는 매우 중요한 표현입니다.
그중 가장 기본이 되는 2가지 용법은 '~하고'와 '~해서'입니다.

동사와 함께	な형용사와 함께	い형용사와 함께
먹**고** 먹어**서** 食べ**て** 타베 **테**	편리**하고** 편리**해서** 便利 **で** 벤리 **데**	춥**고** 추워**서** 寒く **て** 사무 쿠 **테**

て 의 부정 용법 2가지

이번에는 て 테 의 부정문에 대해 배워보겠습니다.

동사와 함께	な 형용사와 함께	い 형용사와 함께
먹지 않고 食べ ないで (부정) 타베 나이데	편리하지 않고 편리하지 않아서 便利 では(조사) なくて (부정) 벤리 데와 나쿠테	춥지 않고 춥지 않아서 寒 く(어미) なくて (부정) 사무 쿠 나쿠테
먹지 않아서 食べ なくて (부정) 타베 나쿠테		

동사+て 테 의 부정문은 의미에 따라 2가지 모양이 됩니다.

않고 [방법과 결과]

ないで

오븐을 사용하지 않고 만들었다.

オーブンを使わないで作った。
오-붕 오 츠카와 나이데 츠쿳타.

않아서 [원인과 결과]

なくて

자지 않아서 피곤했다.

寝 なくて 疲れた。
네 나쿠테 츠카레타.

な 나 형용사와 い 이 형용사를 て 테 의 부정문으로 만드는 방법은 아래와 같습니다.

な형용사 어간 + では데와 + なくて나쿠테

い형용사 어간 + く쿠 + なくて나쿠테

읽어보세요!

그룹별 ないで 나이데 와 なくて 나쿠테 접속법

〈1그룹 동사〉

歌う 어미가 あ단으로 변화 う일땐 わ 가 된다!!

[우타우]

노래하지 않고 — 우타 와 나이데 歌わないで

노래하지 않아서 — 우타 와 나쿠테 歌わなくて

〈2그룹 동사〉

食べる

[타베루]

먹지 않고 — 타베 나이데 食べないで

먹지 않아서 — 타베 나쿠테 食べなくて

〈3그룹 동사〉

する

[스루]

하지 않고 — 시 나이데 しないで

하지 않아서 — 시 나쿠테 しなくて

くる

[쿠루]

오지 않고 — 코 나이데 こないで

오지 않아서 — 코 나쿠테 こなくて

명령과 부탁

회화에서는 동사의 て 테 형을 요청형으로 쓰기도 합니다.
食べて 타베테 라고만 하면 '먹고'나 '먹어서' 외에 '먹어 줘'라고 해석될 수도 있는 것입니다. 이 페이지에서는 명령하거나 부탁하는 표현에 대해 알아보겠습니다.

	어간	어미	
먹다	食べ 타베	る 루	
↓ 먹어라	食べ 타베		ろ 로
먹으세요	食べ 타베		なさい 나사이
먹지 마라	食べ 타베	る 루	な 나
먹자	食べ 타베		よう 요오
먹읍시다	食べ 타베		ましょう 마쇼오
먹어 줘	食べ 타베		て 테
먹어 주세요	食べ 타베		てください 테 쿠다사이

음편현상

2그룹 동사는 어간은 그대로 두고, 마지막 글자 る루 만 떼고 변화하는 게 특징이었습니다. 동사의 て테 형으로 변할 때도 마찬가지로, 마지막 글자 る루 를 떼고 て테를 붙이면 됩니다.

* 2그룹 동사 예시

1그룹 동사의 て테은 좀 더 복잡합니다. 음편현상이 일어나기 때문입니다.
이 음편현상은, 1그룹 동사가 과거형으로 변할 때 일어나는 음편현상과 같습니다.
다른 것은 た타가 て테로, だ다가 で데로 변한다는 것뿐입니다.

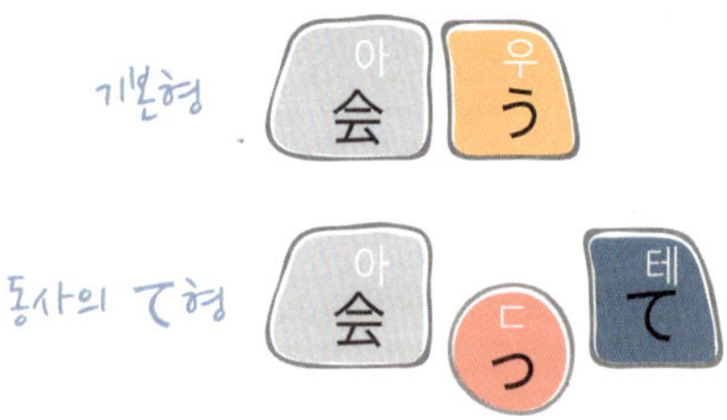

* 1그룹 동사 예시

동영상 강의

음편현상이란

1. 음편현상은 발음을 간단하게 하기 위해 일어납니다.

2. 음편현상은 오직 1그룹 동사에서만 일어납니다.
   2그룹 동사를 활용할 때는 마지막 글자를 제거한다는 점이 1그룹 동사의 활용과 다르기 때문입니다.

3. 음편현상은 1그룹 동사 뒤에 다음 표현을 붙여줄 때 일어납니다.

   - た　타　과거형 (~했다)
   - て/で　테/데　조사 (~하고) *중요
   - たら　타라　조사 (~하면)
   - たり　타리　조사 (~하거나)

4. 음편현상으로 인해 발음이 어떻게 바뀔지는 1그룹 동사의 마지막 글자에 의해 결정됩니다.

읽어보세요!

음편현상은 ㅌ, ㄷ 발음과 함께 발생한다는 것을 알 수 있습니다. 하지만 1그룹 동사 뒤에 ㅌ, ㄷ 발음이 왔다고 해서 무조건 음편현상이 발생하는 것은 아닙니다. 음편현상은 1그룹 동사 뒤에 위 4가지의 ㅌ, ㄷ 발음이 따라왔을 때만 발생합니다.

음편현상은 1그룹 동사의 마지막 글자가 결정합니다.

기본형 → 동사의 て형

会(아)う(우) → 会(아)っ(ㄷ)て(테)

↘ 마지막 글자에 따라 ↘ 음편의 형태가 결정된다

5가지 음편현상

기본형		て형
○○う 우	→	○○って ㄷ테
○○つ 츠	→	○○って ㄷ테
○○る 루	→	○○って ㄷ테
○○む 무	→	○○んで ㄴ데
○○ぶ 부	→	○○んで ㄴ데
○○く 쿠	→	○○いて 이테
○○ぐ 구	→	○○いで 이데
○○す 스	→	○○して 시테

* す스가 して시테로 변하는 것은
사실 음편현상이 아니라 정상적인 어미 변화입니다.
하지만 어차피 음편현상과 함께 외워야 합니다.

買う	카우	사다	→	買って	칻테	사서
打つ	우츠	때리다	→	打って	욷테	때려서
座る	스와루	앉다	→	座って	스왇테	앉아서
飲む	노무	마시다	→	飲んで	논데	마셔서
遊ぶ	아소부	놀다	→	遊んで	아손데	놀아서
聞く	키쿠	듣다	→	聞いて	키이테	들어서
泳ぐ	오요구	수영하다	→	泳いで	오요이데	수영해서
探す	사가스	찾다	→	探して	사가시테	찾아서

ぬ 누 로 끝나는 동사도 역시 **んで** ㄴ데 라고 합니다.

하지만, **ぬ** 로 끝나는 동사는 **死ぬ** 시누 | 죽다 라는 단어 하나밖에 없습니다.

'죽어서'는 **死んで** 신데 라고 합니다.

の의 용법

の 노 의 주요 용법에는 다음 3가지가 있습니다.

1. 나의 가방
2. 나의 것
3. 선생님인 타나카 씨

1 수식의 の 노

私 の カバン　나의 가방
와타시 노 카방

ソウル の 名所　서울의 명소
소오루 노 메에쇼

수식의 の 노 는 우리말의 의로 번역됩니다.
의를 붙이면 앞 단어가 뒤의 단어를 수식하게 됩니다.
우리말과 똑같이 말입니다.

日本語 の 先生　일본어 선생님
니홍고 노 센세에

博士 の 学位　박사 학위
학시 노 가쿠이

하지만 우리말과 다를 때도 있습니다.
우리말에서는 의를 사용하지 않아도, 일본어에서는 の 노 를 사용합니다.
이 の 노 는 아무런 뜻이 없고 우리말로 번역하지도 않습니다.

2 소유대명사 の 노

それは私のです。 그것은 내 것입니다.
소레 와 와타시 노 데스.

それは私のカバンです。 그것은 나의 가방입니다.
소레 와 와타시 노 카방 데스.

の 노는 ~의 것이라는 의미로도 사용합니다.
따라서 私の 와타시노 라고 하면 2가지 의미입니다.

3 동격의 の 노

先生の田中さん 선생님인 타나카 씨
센세에 노 타나카 상

私の友達の桜井さん 내 친구인 사쿠라이 씨
와타시 노 토모다치 노 사쿠라이 상

동격의 の 노는 ~인으로 번역됩니다.
선생님과 타나카 씨는 같은 대상입니다.
선생님이 타나카 씨고, 타나카 씨가 선생님입니다.
두 번째 예문 역시 내 친구가 사쿠라이 씨고,
사쿠라이 씨가 내 친구라는 의미입니다.
이렇게 둘의 사이를 동격으로 잇는 것이 の 노 입니다.

일본어와 우리말은 지나치게 비슷하다

3

日本語と韓国語はあまりにも似ている

もくじ

목차

모쿠지

부록

801

부레에쿠 타이무니 벤토오오 타베테 야스미마시타.

ブレイク タイムに 弁当を 食べて 休みました。

802

캉쿄오오센니 요루 / 치큐우노 헹카니 츠이테 싣테 이마스카?

環境汚染に よる / 地球の 変化に ついて 知って いますか?

803

콩 각키노 키마츠 테스토가 무즈카시쿠테 코마리마스.

今 学期の 期末 テストが 難しくて 困ります。

804

제미데 데앋타 / 히토토 악슈시테 이루.

ゼミで 出会った / 人と 握手して いる。

805

단치노 나카데 훋토보-루오 시테 이타.

団地の 中で フットボ-ルを して いた。

브레이크 타임에 도시락을 먹고 쉬었습니다.

브레이크 타임에 도시락을 먹고 쉼했습니다.

일본어에서는 단어 앞에 お 오 나 ご 고를 붙여서 단어 자체를 정중한 표현으로 만듭니다.
도시락(弁当 벤토오)은 お弁当 오벤토오 라고 합니다.

환경오염으로 인한 지구변화에 대해 알고 있나요?

환경오염에 의하나 / 지구의 변화에 관해서 알고 있습니까?

よる 요루는 한자로는 因る 요루 라고 쓰는데, '~에 인하다', '원인이 되다'라는 뜻입니다.
による 니 요루 라고 하면 '~에 의해'라는 의미입니다.

이번 학기 기말시험이 어려워서 곤란합니다.

이번 학기의 기말 시험이 어려워서 곤란합니다.

이 문장에서 '곤란합니다(困ります 코마리마스)'는
'큰일입니다(大変です 타이헨데스)'로 바꿔 쓸 수 있습니다.

세미나에서 만난 사람과 악수하고 있다.

세미나에서 만났다 / 사람과 악수하고 있다.

ゼミ 제미는 교수의 지도에 따라 특정 주제를 연구, 보고, 토론하는 수업을,
セミナー 세미나-는 특정한 주제로 열리는 연수회나 강습회를 의미합니다.

단지 안에서 풋볼을 하고 있었다.

단지의 안에서 풋볼을 하고 있었다.

풋볼(フットボール 훗토보-루)은
야구(野球 야큐우)나 피구(ドッジボール 돗지보-루) 등으로 바꿔 쓸 수 있습니다.

806

오토오토와 소화-데 오카시오 타베테 이루.

弟は ソファーで お菓子を 食べて いる。

807

마이밤 부로구니 닉키오 카이테 이마스.

毎晩 ブログに 日記を 書いて います。

808

뉴우각시키노 판후렡토오 이마모 몯테 이루.

入学式の パンフレットを 今も 持って いる。

809

지유우니 하타라키타쿠테 후리-란사-니 나리마시타.

自由に 働きたくて フリーランサーに なりました。

810

미키사-노 에-젠시-오 웅에에시테 이마스카?

ミキサーの エージェンシーを 運営して いますか?

남동생은 소파에서 과자를 먹고 있다.

남동생은 소파에서 과자를 먹고 있다.

일본어에서 '동생'은 '여동생(妹 이모오토)'과 '남동생(弟 오토오토)'으로 구분되어 있습니다.
성별과 무관하게 사용할 수 있는 '동생'이란 단어는 없습니다.

매일 밤 블로그에 일기를 쓰고 있습니다.

매일 밤 블로그에 일기를 쓰고 있습니다.

毎晩 마이방은 '매일 밤'이라는 뜻입니다.
매일(毎日 마이니치)이나 매일 아침(毎朝 마이아사)으로 바꿔 쓸 수 있습니다.

입학식 팸플릿을 지금도 가지고 있다.

입학식의 팸플릿을 지금도 갖고 있다.

입학식(入学式 뉴우각시키)은
졸업식(卒業式 소츠교오시키)이나 박물관(博物館 하쿠부츠캉) 등으로 바꿔 쓸 수 있습니다.

자유롭게 일하고 싶어서 프리랜서가 됐습니다.

자유에 일함 하고 싶어서 프리랜서에 됨 했습니다.

우리는 '~이(가) 되다'라는 표현을 씁니다.
하지만 일본어에서는 に 니 (~에)를 써서, になる 니 나루 (~에 되다)라는 표현을 씁니다.

믹서 대리점을 운영하고 있습니까?

믹서의 대리점을 운영하고 있습니까?

일본어에서는 명사 뒤에 바로 명사가 올 수 없습니다.
그래서 항상 명사와 명사 사이에 の 노 가 들어가는데, 이 の 노 는 해석하지 않습니다.

811

시민 단타이가 츄우신니 낟테 캉쿄오 몬다이오 기론스루.

市民 団体が 中心に なって 環境 問題を 議論する。

812

아노 케에코쿠니 다무오 켄세츠시테 이루.

あの 渓谷に ダムを 建設して いる。

813

큐우나 코오즈이노 세에데 헤리코푸타-니 놀테 히난시타.

急な 洪水の せいで ヘリコプターに 乗って 避難した。

814

코오죠오데 슈우속시테 하-도웨아오 츠쿧테 이마스.

工場で 就職して ハードウェアを 作って います。

815

혹케-데 페나루티오 우케테 안치가 쇼오지타.

ホッケーで ペナルティを 受けて アンチが 生じた。

시민 단체가 중심이 돼서 환경 문제를 의논하다.

시민 단체가 중심에 돼서 환경 문제를 의논하다.

する 스루(하다)는 앞에 명사를 붙여서 '명사 + 하다'라는 표현을 만들 수 있습니다.
이 문장에서는 의논(議論 기롱)이 사용되었습니다.

저 계곡에 댐을 건설하고 있다.

저 계곡에 댐을 건설하고 있다.

계곡(渓谷 케에코쿠)은
비슷한 뜻을 가진 다른 단어 '골짜기(谷 타니)'로 바꿔 쓸 수 있습니다.

갑작스러운 홍수 때문에 헬리콥터를 타고 피난했다.

갑작스러운 홍수의 탓으로 헬리콥터에 타서 피난했다.

우리말에서 '때문에'와 '덕분에'가 다르듯이,
일본어에서도 せいで 세에데(때문에)와 おかげで 오카게데(덕분에)를 구분해서 사용합니다.

공장에 취직해서 하드웨어를 만들고 있습니다.

공장에 취직해서 하드웨어를 만들고 있습니다.

일본어로 공장(工場)은 こうじょう 코오죠오 혹은 こうば 코오바라고 합니다.
こうじょう 코오죠오는 일반적인 공장, こうば 코오바는 소규모 공장을 말합니다.

하키에서 페널티를 받아서 안티팬이 생겼다.

하키에서 페널티를 받아서 안티팬이 생겼다.

일본어로 '받다'는 受ける 우케루 혹은 もらう 모라우를 씁니다.
受ける 우케루는 피해나 혜택, 상황 등 '물건이 아닌 것'을 받을 때 사용합니다.

816

하쿠부츠칸노 판후렌토오 이마마데 몯테 이타?
博物館の パンフレットを 今まで 持って いた?

817

신뉴우세에오 다이효오시테 시츠몬시 하지메타.
新入生を 代表して 質問し 始めた。

818

카레가 마타 코오엔니 치콕시테 코맏타.
彼が また 公演に 遅刻して 困った。

819

나이요오가 무즈카시쿠테 시츠몬시테 힉키시타.
内容が 難しくて 質問して 筆記した。

820

카노죠니 테레와—쿠오 캉유우시테 이루.
彼女に テレワークを 勧誘して いる。

박물관 팸플릿을 지금까지 가지고 있었어?

박물관의 팸플릿을 지금까지 갖고 있었다?

'지금까지(今まで 이마마데)'는 ~까지(まで 마데)' 대신 '~도(も 모)'를 사용해서
'지금도(今も 이마모)'라고 바꿔 쓸 수 있습니다.

신입생을 대표해서 질문하기 시작했다.

신입생을 대표해서 질문함 시작했다.

일본어로 '학생'은 学生 각세에 혹은 生徒 세에토 라고 합니다.
学生 각세에는 대학생, 生徒 세에토는 초, 중, 고등학생이라는 뉘앙스가 있습니다.

그가 또 공연에 지각해서 곤란했다.

그가 또 공연에 지각해서 곤란했다.

일본어는 동음이의어가 많습니다.
그 예로, 公演(공연), 講演(강연), 公園(공원)을 모두 こうえん 코오엥 이라고 읽습니다.

내용이 어려워서 질문하고 필기했다.

내용이 어려워서 질문하고 필기했다.

동사의 て 테 형은 '~하고', '~해서'라는 의미로 두루 사용됩니다.

그녀에게 재택근무를 권유하고 있다.

그녀에게 재택근무를 권유하고 있다.

일본도 쟁글리시(Janglish)를 많이 사용합니다.
대표적인 예로 귀걸이(ピアス 피아스), 골판지(ダンボール 담보-루) 등이 있습니다.

821

디나– 데 치킴 파–티– 오 시테 이마시타.

ディナーで チキン パーティーを して いました。

822

후쿠자츠나 카오 데 에에고 노 쿄오카쇼 오 미테 이타.

複雑な 顔で 英語の 教科書を 見て いた。

823

아타라시이 / 마후라– 토 마스쿠 오 에란데 이마스.

新しい/ マフラーと マスクを 選んで います。

824

소노 싱야쿠 와 겐자이, 안젠세에 노 켄사 오 시테 이마스.

その 新薬は 現在、安全性の 検査を して います。

825

푸라스칙쿠 데 바케츠 오 츠쿧테 미 마시타.

プラスチックで バケツを 作って みました。

저녁으로 치킨 파티를 하고 있었습니다.

저녁으로 치킨 파티를 하고 있었습니다.

일본어 조사 で 데는 장소, 이유, 수단 등 다양한 표현에 사용되는 조사입니다.
'~에서', '~으로' 등으로 해석됩니다.

복잡한 얼굴로 영어 교과서를 보고 있었다.

복잡한 얼굴로 영어의 교과서를 보고 있었다.

일본어의 형용사는 'い 이 형용사'와 'な 나 형용사'로 나뉩니다.
な 나 형용사는 마지막 글자 だ 다를 な 나로 바꾼 뒤에 명사를 붙입니다.

새 머플러랑 마스크를 고르고 있습니다.

새롭다 / 머플러와 마스크를 고르고 있습니다.

일본어의 조사 と 토는 '~와(과)'라는 의미로, 앞과 뒤에 있는 명사를 연결하는 역할을 합니다.
비슷한 조사로는 や 야가 있습니다.

그 신약은 현재 안전성 검사를 하고 있습니다.

그 신약은 현재, 안정성의 검사를 하고 있습니다.

우리말에서는 약을 '먹는다'고 하지만,
일본어에서는 약을 '마신다'고 합니다(薬を飲む 쿠스리 오 노무). 씹지 않고 넘기기 때문입니다.

플라스틱으로 양동이를 만들어 봤습니다.

플라스틱으로 양동이를 만들어 봄했습니다.

동사의 て 테형 + みる 미루는 '~해 보다'라는 뜻입니다.
이때, みる 미루는 한자를 쓰지 않고 히라가나로 씁니다.

826

와인토 쥬-스오 붐베츠가 츠카 즈, 미스시타.

ワインと ジュースを 分別が つか ず、ミスした。

827

코노 쿄쿠가 스키데 바이오링오 하지메마시타.

この 曲が 好きで バイオリンを 始めました。

828

아타라시이 / 카메라노 테스토와 시테 미타?

新しい / カメラの テストは して みた?

829

도라마노 로쿠가오 타논데 미루.

ドラマの 録画を 頼んで みる。

830

케에비잉가 이츠모 코오몽오 마몬테 이루.

警備員が いつも 校門を 守って いる。

와인과 주스를 헷갈려서 실수했다.

와인과 주스를 분별이 붙지 않아서, 실수했다.

와인과 주스(ワインと ジュース 와인 토 쥬-스)를
소금과 설탕(塩と 砂糖 시오 토 사토오) 등으로 바꿔 쓸 수 있습니다.

이 곡이 좋아서 바이올린을 시작했습니다.

이 곡이 좋음으로 바이올린을 시작했습니다.

바이올린(バイオリン 바이오링)은
피아노(ピアノ 피아노)나 플루트(フルート 후루-토) 등으로 바꿔 쓸 수 있습니다.

새 카메라 테스트는 해봤어?

새롭다 / 카메라의 테스트는 해 봤다?

히라가나 は는 일반적으로 하 라고 읽습니다.
하지만, 이 문장에서처럼 조사(~은, 는)로 사용될 때는 와 라고 발음합니다.

드라마의 녹화를 부탁해보다.

드라마의 녹화를 부탁해 보다.

우리가 외국 드라마를 '일드'나 '미드'로 줄여 부르듯이,
일본에서도 韓ドラ 칸도라 (한드)나, アメドラ 아메도라 (미드)라고 줄여 부릅니다.

경비원이 항상 교문을 지키고 있다.

경비원이 언제나 교문을 지키고 있다.

교문(校門 코오몽)은
학교(学校 각코오)나 병원(病院 뵤오잉) 등으로 바꿔 쓸 수 있습니다.

일본어와 우리말은 지나치게 비슷하다

-첫날부터 잘한다-

1 먹고

2 먹어서

3 먹지 않아서

4 먹지 않고

앞으로 소개할 4문형 미리 보기

1 타베 **테**
食べ て 먹**고**

2 타베 **테**
食べ て 먹**어서**

3 타베 **나쿠테**
食べ なくて 먹**지 않아서**

4 타베 **나이데**
食べ ないで 먹**지 않고**

Tip

동사의 **테** て 형에서 긍정표현은 '~하고'나 '~해서'의 형태가 다르지 않습니다.
하지만 부정형은 '~않아서'와 '~않고'의 형태가 다릅니다.
나쿠테 なくて는 '~않아서', **나이데** ないで는 '~않고'를 나타냅니다.

나쿠테 なくて ~않아서	寝 네 자지	なくて 나쿠테 않아서	疲れる 츠카레루 피곤하다
나이데 ないで ~않고	寝 네 자지	ないで 나이데 않고	遊ぶ 아소부 놀다

831

콘디숀노 칸리니 키오 츠케테 쿠레루?

コンディションの 管理に 気を 付けて くれる?

832

소후토아이스쿠리-무오 타베테 샤심모 톳타.

ソフトアイスクリームを 食べて 写真も 撮った。

833

와타시와 카쥬아루나 코-토오 키테 데카케타.

私は カジュアルな コートを 着て 出かけた。

834

카단노 토나리데 코도모타치오 미테 쿠레루?

花壇の 隣で 子供たちを 見て くれる?

835

와타시와 카노죠가 데자인시타 / 우에딩구도레스오 키테 켁콘시타.

私は 彼女が デザインした / ウエディングドレスを 着て 結婚した。

컨디션 관리에 신경 써 줄래?

컨디션의 관리에 기운을 붙여 주다?

気を付ける 키 오 츠케루 는 '신경 쓰다', '조심하다'라는 표현입니다.
일본에서 흔히 사용하는 표현입니다.

소프트아이스크림을 먹고 사진도 찍었다.

소프트아이스크림을 먹고 사진도 찍었다.

일본어는 동음이의어가 많습니다.
예를 들어, 똑같은 とる 토루 라도 取る는 '잡다'라는 뜻이고, 撮る는 '(사진을) 찍다'라는 뜻입니다.

나는 캐주얼한 코트를 입고 외출했다.

나는 캐주얼한 코트를 입고 외출했다.

이 표현에서 사용된 '캐주얼한(カジュアルな 카쥬아루나)'처럼,
일본에서는 외래어에 な 나 를 연결해서 な 나 형용사로 사용하는 경우가 많습니다.

화단 옆에서 아이들을 봐줄래?

화단의 옆에서 아이들을 봐 주다?

隣 토나리 는 '옆', '이웃', '이웃집'이라는 뜻입니다.
'이웃집 토토로'의 일본어 원제도 となりのトトロ 토나리노토토로 입니다.

나는 그녀가 디자인한 웨딩드레스를 입고 결혼했다.

나는 그녀가 디자인 했다 / 웨딩드레스를 입고 결혼 했다.

일본어로 '(옷을) 입다'는 着る 키루 혹은 穿く 하쿠 를 씁니다.
이때, 상의나 원피스, 드레스, 정장 등은 着る 키루 를 사용합니다.

836

후도오산니와 아마리 칸싱오 몯테 이마셍.

不動産には あまり 関心を 持って いません。

837

타이이쿠칸니 보–루오 오이테 키타.

体育館に ボールを 置いて 来た。

838

카–펟토데 잉쿠노 시미오 사가시테 미타?

カーペットで インクの しみを 探して みた?

839

스마호데 멧세–지바카리 우케토리마시타카?

スマホで メッセージばかり 受け取りましたか?

840

아타라시이 / 카메라오 칻테, 잔다카와 제로니 낟타.

新しい / カメラを 買って、残高は ゼロに なった。

부동산에는 별로 관심이 없습니다.

부동산에는 그다지 관심을 가지고 있지 않습니다.

あまり 아마리 는 '나머지', '여분'이라는 뜻인데,
부정표현과 짝을 이룰 때는 '그다지'라는 의미로도 사용됩니다.

체육관에 공을 놓고 왔다.

체육관에 공을 놓고 왔다.

공(ボール 보-루)은
스마트폰(スマホ 스마호), 지갑(財布 사이후) 등으로 바꿔 쓸 수도 있습니다.

카펫에서 잉크 자국 찾아봤어?

카펫에서 잉크의 얼룩을 찾아 봤다?

しみ 시미 는 '액체가 배서 생긴 얼룩'을 의미합니다.
상처 자국이나 발자국, 빗자국 등은 あと 아토 라는 단어를 씁니다.

스마트폰으로 메시지만 받았습니까?

스마트폰으로 메시지만 받음했습니까?

일본 역시 우리나라와 마찬가지로 단어를 짧게 줄여 말하는 경우가 많습니다.
이 문장의 スマホ 스마호 도 スマートフォン 스마-토훵 (스마트폰)의 줄임말입니다.

카메라를 새로 사서 돈이 바닥났다.

새롭다 / 카메라를 사서, 잔액은 제로에 됐다.

우리는 '~이(가) 되다'라는 표현을 씁니다.
하지만 일본어에서는 に 니 (~에)를 써서, になる 니 나루 (~에 되다)라는 표현을 씁니다.

841

바스테에데 히론타 / 사이후니와 쿄가쿠가 하잍테 이타.

バス停で 拾った / 財布には 巨額が 入って いた。

842

콕산노 콛톤데 쿠츠시타오 츠쿧테 이마스.

国産の コットンで 靴下を 作って います。

843

렌토겐노 지렘마니 츠이테 도오 오몯테 이마스카?

レントゲンの ジレンマに ついて どう 思って いますか?

844

카레와 쿠우군노 파이롣토토시테 하타라이테 이마스.

彼は 空軍の パイロットとして 働いて います。

845

콩카이노 엑스포노 칸화렌스다케 미테 이쿠.

今回の エクスポの カンファレンスだけ 見て 行く。

버스 정류장에서 주운 지갑엔 거액이 들어있었다.

버스 정류장에서 주웠다 / 지갑에는 거액이 들어 있었다.

일본어로 '버스 정류장'은 バス停 바스테에,
'지하철역'은 地下鉄駅 치카테츠에키 라고 합니다.

국산 면으로 양말을 만들고 있습니다.

국산의 면으로 양말을 만들고 있습니다.

일본어로 '양말'을 靴下 쿠츠시타 라고 합니다.
직역하면 '신발 아래'라는 뜻입니다.

뢴트겐(x-ray) 딜레마에 관해 어떻게 생각합니까?

뢴트겐의 딜레마에 관해 어떻게 생각하고 있습니까?

どう 도오는 '어떻게'라는 의미의 부사입니다.
'이렇게'는 こう 코오, '그렇게'는 そう 소오 라고 합니다.

그는 공군 파일럿으로 일하고 있습니다.

그는 공군의 파일럿으로서 일하고 있습니다.

일본은 일본 헌법 제9조에 의해 군대(육해공군)를 가질 수 없고, 교전권도 없습니다.
그래서 이 일본 헌법 제9조를 '평화헌법'이라고 부릅니다.

이번 엑스포의 콘퍼런스만 보고 가다.

이번의 엑스포의 콘퍼런스만 보고 가다.

見て行く 미테 이쿠 는 '보고 가다'라는 뜻입니다.
여기에서 て 테를 に 니로 바꾸면(見に行く 미니 이쿠), '보러 가다'라는 뜻이 됩니다.

846

하이파-테키스토니 츠이테 합표오 시마시타카?

ハイパ-テキストに ついて 発表 しましたか?

847

히쇼와 뎅와노 오오타이오 시테 이마스.

秘書は 電話の 応対を して います。

848

소노 센슈와 렏토카-도오 모랃테 모오 데라레마셍.

その 選手は レットカードを もらって もう 出られません。

849

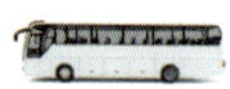

케아 하우스마데 이쿠 / 논스텝푸 바스가 나쿠테 코마리마스.

ケア ハウスまで 行く / ノンステップ バスが なくて 困ります。

850

쇼오라이노 유메노 파이롣토니 나루타메 벵쿄오시테 이마스.

将来の 夢の パイロットに なる ため 勉強して います。

하이퍼텍스트에 대해 발표했습니까?

하이퍼텍스트에 관해서 발표 함했습니까?

について 니 츠이테는 조사 に 니에 동사 就く 츠쿠가 붙은 표현입니다.
'~에 대해서', '~에 관해서'라는 의미입니다.

비서는 전화 응대 중입니다.

비서는 전화의 응대를 하고 있습니다.

일본어에서는 명사 뒤에 명사가 바로 올 수 없습니다.
그래서 항상 명사와 명사 사이에 の 노를 넣어 연결해주는데, 이 の 노는 해석하지 않습니다.

그 선수는 레드카드를 받아서 이제 나올 수 없습니다.

그 선수는 레드카드를 받아서 이제 나올 수 없습니다.

일본어로 '받다'는 受ける 우케루나 もらう 모라우를 씁니다.
레드카드(レットカード 렏토카-도)라는 단어에는 둘 다 쓸 수 있습니다.

케어 하우스까지 가는 저상버스가 없어서 곤란합니다.

케어 하우스까지 가다 / 논스텝 버스가 없어서 곤란합니다.

우리나라에서는 교통약자를 위해 계단이 없는 '저상버스'를 운행하고 있습니다.
일본에서는 이런 버스를 '논스텝 버스(ノンステップ バス 논스텝푸 바스)'라고 합니다.

장래희망인 파일럿이 되기 위해 공부하고 있습니다.

장래의 꿈의 파일럿에 되다 위함 공부하고 있습니다.

우리나라에서는 '장래희망'이라는 표현을 쓰지만,
일본에서는 '장래의 꿈(将来の夢 쇼오라이 노 유메)'이라는 표현을 씁니다.

851

쇼오시카데 로오도오 징코오가 겐쇼오시테 이루.

少子化で 労働 人口が 減少して いる。

852

키미노 즈본노 슈우젱오 타논데 오이타?

君の ズボンの 修繕を 頼んで おいた?

853

부카니 시지오 다시테 지붕와 이츠모 아손데 이루.

部下に 指示を 出して 自分は いつも 遊んで いる。

854

슈킨스루 / 토키와 이츠모 소노 우타오 키이테 이루.

出勤する / 時は いつも その 歌を 聴いて いる。

855

오마에라와 나제 상코오쇼오 몬테 이나이?

お前らは 何故 参考書を 持って いない?

저출산으로 노동인구가 감소하고 있다.

소자화로 노동 인구가 감소하고 있다.

일본에서는 '저출산'을 少子化 쇼오시카 라고 합니다.
'아이의 수가 적어진다'라는 뜻입니다.

네 바지의 수선을 부탁해 놨니?

너의 바지의 수선을 부탁해 뒀다?

우리는 티셔츠나 바지, 치마 등 옷이라면 모두 '입는다'라고 합니다.
하지만 일본어는 상의나 한 벌 옷은 着る 키루, 하의는 穿く 하쿠 로 나눠서 표현합니다.

부하에게 지시를 내리고 자신은 언제나 놀고 있다.

부하에게 지시를 내리고 자신은 언제나 놀고 있다.

히라가나 は는 일반적으로 하 라고 읽습니다.
하지만, 이 문장에서처럼 조사(~은, 는)로 사용될 때는 와 라고 발음합니다.

출근할 때는 항상 그 노래를 듣는다.

출근하다 / 때는 언제나 그 노래를 듣고 있다.

일본어로 '듣다'는 聞く 혹은 聴く 라고 합니다.
그냥 귀에 들릴 때는 聞く를, 주의 깊게 들을 때는 聴く를 사용합니다. 발음은 둘 다 키쿠 입니다.

너희는 왜 참고서가 없어?

너희는 왜 참고서를 갖고 있지 않다?

お前 오마에 는 우리말로 '너'로 해석되는데,
일본에서는 단순히 '너'가 아닌 비속어에 가까운 뉘앙스를 가지고 있으므로 사용에 주의해야 합니다.

856

죠오호오 쇼리 시스테무 오 카이하츠 시테 이마스.

情報 処理 システムを 開発して います。

857

소노 챠네루 데와 나니 오 호오소오 시테 이루?

その チャンネルでは 何を 放送して いる?

858

마이레-지 데 에코노미-세키 오 캇타.

マイレージで エコノミー席を 買った。

859

카노죠 와 콘토라바스 노 렌슈우 오 시테 이마스카?

彼女は コントラバスの 練習を して いますか?

860

호와이토보-도 니 나마에 오 카이테 오카 나캇타.

ホワイトボードに 名前を 書いて おか なかった。

정보 처리 시스템을 개발하고 있습니다.

정보 처리 시스템을 개발하고 있습니다.

히라가나 お와 を는 둘 다 오라고 발음하는데, 사용법은 전혀 다릅니다.
を 오는 '조사'로만 사용하고, 일반 단어로는 쓰지 않습니다.

그 채널에서는 무엇을 방송하고 있어?

그 채널에서는 무엇을 방송하고 있다?

その 소노는 '그'라는 뜻입니다.
'이'는 この 코노, '저'는 あの 아노, '어느'는 どの 도노라고 합니다.

마일리지로 이코노미석을 샀다.

마일리지로 이코노미석을 샀다.

비행기의 좌석 등급인 이코노미, 비즈니스, 퍼스트를
일본어로는 각각 エコノミー 에코노미-, ビジネス 비지네스, ファースト 화-스토 라고 합니다.

그녀는 콘트라베이스 연습을 하고 있습니까?

그녀는 콘트라베이스의 연습을 하고 있습니까?

콘트라베이스(コントラバス 콘토라바스)는
바이올린(バイオリン 바이오링), 첼로(チェロ 체로) 등으로 바꿔 쓸 수 있습니다.

화이트보드에 이름을 써두지 않았다.

화이트보드에 이름을 써 두지 않았다.

일본어로 '이름'을 名前 나마에 라고 합니다. '성(姓)'은 名字 묘오지 라고 합니다.

861

카레와 이마모 지렘마니 오치읻테 이루?

彼は 今も ジレンマに 陥って いる?

862

한도박구오 몯테 키샤니 녿타.

ハンドバッグを 持って 汽車に 乗った。

863

욛토오 쇼유우시테 이마센데시타.

ヨットを 所有して いませんでした。

864

삼포 시나가라 징구루베루오 우탇테 미타.

散歩 しながら ジングルベルを 歌って みた。

865

다이아리-니 스케쥬-루오 카이테 쿠레루?

ダイアリ-に スケジュ-ルを 書いて くれる?

그는 지금도 딜레마에 빠져있니?

그는 지금도 딜레마에 빠져 있다?

일본어에서 딜레마(ジレンマ 지렘마)는
명사 + の노 + ジレンマ 지렘마 (명사의 딜레마)의 형태로 사용되는 경우가 많습니다.

핸드백을 들고 기차에 탔다.

핸드백을 가지고 기차에 탔다.

우리는 여성이 가지고 다니는 작은 가방을 '핸드백'이라고 통틀어 부르는데,
일본에서는 보통 토트백이나 숄더백처럼 가방의 종류를 나눠 말합니다.

요트를 소유하고 있지 않았습니다.

요트를 소유하고 있지 않습니다였습니다.

요트(ヨット 욧토)는
자전거(自転車 지텐샤)나 자동차(自動車 지도오샤) 등으로 바꿔 쓸 수 있습니다.

산책하면서 징글벨을 불러 봤다.

산책 함하면서 징글벨을 불러 봤다.

동사의 て테형 + みる미루는 '~해 보다'라는 뜻입니다.
이때, みる미루는 한자를 쓰지 않고 히라가나로 씁니다.

수첩에 스케줄을 적어줄래?

다이어리에 스케줄을 적어 주다?

우리나라에서는 '다이어리'라는 단어를 자주 사용하지만,
일본에서는 '스케줄표(スケジュール表 스케쥬-루효오)'라는 표현을 흔히 사용합니다.

866

이벤토니 상카시테 마구캅푸오 케에힌데 모랃타.

イベントに 参加して マグカップを 景品で もらった。

867

산타쿠로-스니 닝교오오 모랃테 우레시칻타.

サンタクロースに 人形を もらって 嬉しかった。

868

누-도쟈 나이! 판티-오 키테 이루!

ヌードじゃ ない! パンティーを 着て いる!

869

웨부사이토오 오-푼 스루타메니 쥼비시테 이루.

ウェブサイトを オープン するために 準備して いる。

870

이벤토 쿠-퐁와 메-루데 오쿧테 이마스.

イベント クーポンは メールで 送って います。

이벤트에 참가해서 머그잔을 경품으로 받았다.

이벤트에 참가해서 머그잔을 경품으로 받았다.

일본어로 '컵'은 カップ 캅푸 혹은 コップ 콥푸 라고 합니다.
カップ 캅푸 는 손잡이가 있는 컵, コップ 콥푸 는 손잡이가 없는 컵을 말합니다.

산타클로스에게 인형을 받아서 기뻤다.

산타클로스에게 인형을 받아서 기뻤다.

인형(人形 닝교오)은 로봇(ロボット 로봇토), 레고(レゴ 레고), 장난감(おもちゃ 오모챠) 등으로 바꿔 쓸 수 있습니다.

누드가 아니야! 팬티를 입고 있어!

누드가 아니다! 팬티를 입고 있다!

パンティー 판티- 는 속옷을,
パンツ 판츠 는 바지를 의미하므로 발음에 유의해야 합니다.

웹사이트를 오픈하려고 준비 중이다.

웹사이트를 오픈 하다 위해서 준비하고 있다.

우리와 마찬가지로 일본도 일상생활에서 외래어를 많이 사용합니다.
이때는 히라가나가 아니라 가타카나를 사용해 외래어를 표기합니다.

메일로 이벤트 쿠폰을 보내고 있습니다.

이벤트 쿠폰은 메일로 보내고 있습니다.

일본에는 맥도날드 할인 쿠폰을 매일 발급해주는 앱이 있습니다.
그래서 앱 다운로드 수가 우리나라보다 높습니다.

871

민나데 파―티―노 쥼비오 시테 이마스.

皆で パーティーの 準備を して います。

872

로시아에노 이밍오 캉가에테 이마시타.

ロシアへの 移民を 考えて いました。

873

다이가쿠오 소츠교오시테 요오치엔노 센세에니 낟타.

大学を 卒業して 幼稚園の 先生に なった。

874

키리가 히도이 / 히와 시야가 세마쿠테 코마리마셍카?

霧が ひどい / 日は 視野が 狭くて 困りませんか?

875

넨도오 리요오시테 닝교오오 츠쿧테 미마시타.

粘土を 利用して 人形を 作って みました。

모두 파티 준비를 하고 있습니다.

모두로 파티의 준비를 하고 있습니다.

동사의 て 테 형은 '~하고', '~해서'라는 의미로 두루 사용됩니다.

러시아로의 이민을 생각했었습니다.

러시아로의 이민을 생각하고 있었습니다.

러시아(ロシア 로시아)는
덴마크(デンマーク 뎀마-쿠), 중국(中国 츄우고쿠) 등으로 바꿔 쓸 수 있습니다.

대학을 졸업하고 유치원 선생님이 됐다.

대학을 졸업하고 유치원의 선생님에 됐다.

우리나라에서 '유치원'과 '어린이집'을 구분하듯이,
일본에서도 **幼稚園** 요오치엥(유치원)과 **保育園** 호이쿠엥(보육원, 어린이집)을 구분합니다.

안개가 심한 날은 시야가 좁아서 곤란하지 않습니까?

안개가 심하다 / 날은 시야가 좁아서 곤란하지 않습니까?

이 문장의 '곤란하다(困る 코마루)'는 '큰일이다(大変だ 타이헨다)'로 바꿔 쓸 수 있습니다.

점토로 인형을 만들어 봤습니다.

점토를 이용해서 인형을 만들어 봄했습니다.

人形 닝교오는 사람의 모습을 한 인형을 말합니다.
동물이나 캐릭터의 모양을 한 봉제 인형은 **ぬいぐるみ** 누이구루미라고 합니다.

876

카레라와 자이타쿠킴무바카리 시테 이마스.

彼らは 在宅勤務ばかり して います。

877

아메가 훝테 지멩가 싣토리 누레타.

雨が 降って 地面が しっとり ぬれた。

878

토쇼칸데 망가오 미나가라 아손데 이마시타.

図書館で 漫画を 見ながら 遊んで いました。

879

와타시토와 캉케에 나이 / 코토다 토 싣테 이루.

私とは 関係 ない / ことだ と 知って いる。

880

아나타와 돈나 키카이오 맏테 이마스카?

あなたは どんな 機会を 待って いますか?

그들은 재택근무만 합니다.

그들은 재택근무만 하고 있습니다.

일본어에서는 복수 표현을 만들 때, たち 타치 나 ら 라를 뒤에 붙입니다.
여기에서는 그(彼 카레)에 ら 라가 붙었습니다.

비가 와서 지면이 촉촉이 젖었다.

비가 내려서 지면이 촉촉이 젖었다.

しっとり 싯토리는 '촉촉이', '축축이', '차분히'라는 의미의 부사입니다.

도서관에서 만화를 보면서 놀고 있었습니다.

도서관에서 만화를 봄하면서 놀고 있었습니다.

동사의 명사형에 ながら 나가라를 붙이면 '~하면서'라는 표현이 됩니다.
遊びながら 아소비나가라 라고 하면 '놀면서'라는 뜻입니다.

나와는 상관없는 일이라고 알고 있다.

나와는 관계 없다 / 일이다 라고 알고 있다.

히라가나 は는 원래 하 라고 읽습니다.
하지만, 조사(~은, 는)로 쓴 경우에는 와 라고 발음합니다.

당신은 어떤 기회를 기다리고 있습니까?

당신은 어떤 기회를 기다리고 있습니까?

일본어에서는 기회(機会)와 기계(機械)를 모두 きかい 키카이 라고 발음하므로,
잘 구분해야 합니다.

881

콘도노 도오소오카이니모 켓세키시타라 뎅와가 키타.

今度の 同窓会にも 欠席したら 電話が 来た。

882

테스토니 요쿠 데루 / 타이푸오 아츠메테 첵쿠시테 이루.

テストに よく 出る / タイプを 集めて チェックして いる。

883

쿄오와 란치데 치-즈 케-키오 타베테 이에니 카엔타.

今日は ランチで チーズ ケーキを 食べて 家に 帰った。

884

카레와 엥게키오 엔슈츠스루 / 시고토오 시테 이마스.

彼は 演劇を 演出する / 仕事を しています。

885

구우젠니 쵸오시젠테키나 겐쇼오오 미테 혼토오니 오도로키마시타.

偶然に 超自然的な 現象を 見て 本当に 驚きました。

이번 동창회에도 결석했더니 전화가 왔다.

이번의 동창회에도 결석했더니 전화가 왔다.

우리말처럼 일본어도 조사와 조사를 연결해서 사용할 수 있습니다.
이 표현에서는 に 니 (~에)와 も 모 (~도)가 연결됐습니다.

시험에 잘 나오는 유형을 모아서 확인하고 있다.

시험에 잘 나오다 / 타입을 모아서 체크하고 있다.

いい 이이 는 '좋다'는 뜻 외에, '자주', '잘'이라는 의미도 있습니다.

오늘은 점심으로 치즈 케이크를 먹고 집에 갔습니다.

오늘은 점심으로 치즈 케이크를 먹고 집에 돌아갔다.

일본어 동사 帰る 카에루 는 '돌아가다', '귀가하다'라는 뜻입니다.
원래 있던 곳, 내가 소속된 장소나 있어야 할 곳(집이나 고향)으로 돌아간다는 뉘앙스가 있습니다.

그는 연극을 연출하는 일을 하고 있습니다.

그는 연극을 연출하다 / 일을 하고 있습니다.

仕事 시고토 는 '일'이라는 뜻인데, '업무'나 '직업'이라는 의미도 있어서
상대방의 직업을 물어볼 때도 仕事 시고토 라는 단어를 사용합니다.

우연히 초자연적인 현상을 보고 정말로 놀랐습니다.

우연에 초자연적인 현상을 보고 정말에 놀람했습니다.

本当 혼토오 는 일본어로 '정말', '진짜'라는 뜻으로, 감탄사로도 많이 사용합니다.
비슷한 단어로는 マジ 마지 와 本真 홈마 등이 있습니다.

886

탄조오비노 푸레젠토데
아파-토오 모라우토 키이테 오도로이타.

誕生日の プレゼントで アパートを もらうと 聞いて 驚いた。

887

와타시와 세에카츠오 벤리니 스루 / 노가
카가쿠다 토 오몬테 이마스.

私は 生活を 便利に する / のが 科学だ と 思って います。

888

칸토쿠가 코나쿠테 카와리니 코-치가 시도오시테 이루.

監督が 来なくて 代わりに コーチが 指導して いる。

889

우츄우데 이치반 심피나 쿠우캉와
부락쿠호-루다 토 오몬테 이마스.

宇宙で 一番 神秘な 空間は ブラックホールだ と 思って います。

890

카리큐라무니 타이시타 / 후만노 코에가 아갇테 이타.

カリキュラムに 対した / 不満の 声が 上がって いた。

생일선물로 아파트를 받을 거라 들어서 놀랐다.

생일의 선물로 아파트를 받다라고 들어서 놀랐다.

일본에서는 '생일'을 誕生日 탄죠오비 라고 합니다.
앞에 お 오 를 붙이면(お誕生日 오탄죠오비), '생신'처럼 공손한 말이 됩니다.

저는 생활을 편리하게 하는 것이 과학이라고 생각합니다.

나는 생활을 편리에 하다 / 것이
과학이다 라고 생각하고 있습니다.

일본어에서는 과학(科学)과 화학(化学)을 모두 かがく 카가쿠 라고 발음합니다.

감독이 안 와서 코치가 대신 지도 중이다.

감독이 오지 않아서 대신에 코치가 지도하고 있다.

来る 쿠루 (오다)는 응용할 때 어간까지 변하는 '변격동사'입니다.
똑같은 글자라도 부정형에서는 쿠 가 아니라 코 로 발음합니다.

우주에서 가장 신비한 공간은 블랙홀이라고 생각합니다.

우주에서 가장 신비한 공간은
블랙홀이다 라고 생각하고 있습니다.

우리는 '제일'이나 '가장'이라는 표현을 써서 여럿 중에 특히 뛰어난 것을 표현합니다.
일본어에서는 一番 이치방 이라는 표현을 씁니다.

커리큘럼에 대한 불만의 소리가 높아지고 있었다.

커리큘럼에 대했다 / 불만의 소리가 오르고 있었다.

일본어로 '소리'는 声 코에 와 音 오토 2종류가 있습니다.
音 오토 는 악기 소리나 소음 같은 소리를, 声 코에 는 목소리를 의미합니다.

일본어와 우리말은 지나치게 비슷하다

-첫날부터 잘한다-

1 쓰고

2 써서

3 쓰지 않아서

4 쓰지 않고

앞으로 소개할 4문형 미리 보기

1 카 **이테**
書 いて 쓰고

2 카 **이테**
書 いて 써서

3 카 **카 나쿠테**
書 か なくて 쓰**지 않아서**

4 카 **카 나이데**
書 か ないで 쓰**지 않고**

Tip

1그룹 동사는 동사의 **테** て 형을 만들 때 음편현상이 일어납니다.
하지만 음편현상이 일어나는 건 긍정표현뿐이고,
부정표현은 어미를 **아** あ 단으로 바꾼 뒤에 **나쿠테** なくて나 **나이데** ないで를 붙여줍니다.
이때 어미가 **우** う 단인 경우에는 **아** あ가 아니라 **와** わ로 변합니다.

書く 카쿠 쓰다	書 카	か 카	なくて 나쿠테	: 쓰지 않아서
買う 카우 사다	買 카	わ 와	ないで 나이데	: 사지 않고

891

데파–토카라 카타로구가 토도이테 오도로키마시타.

デパートから カタログが 届いて 驚きました。

892

코오코오노 토키 사바쿠니 읻테 보란티아시타.

高校の 時 砂漠に 行って ボランティアした。

893

콤비니데 가무오 캇테 키타.

コンビニで ガムを 買って 来た。

894

세–루스니 사이노오가 앋테 사이요오시타.

セールスに 才能が あって 採用した。

895

키묘오나 에피소–도오 키이테 코와쿠테 네무레마센데시타.

奇妙な エピソードを 聞いて 怖くて 眠れません でした。

백화점에서 카탈로그가 와서 놀랐습니다.

백화점부터 카탈로그가 닿아서 놀람했습니다.

届く 토도쿠(닿다, 도달하다)는 '보낸 것이 닿다'라는 뉘앙스도 포함하고 있어서 '우편물이 도착하다(오다)'라는 표현에도 사용합니다.

고등학교 때 사막에 가서 봉사활동을 했다.

고등학교의 때 사막에 가서 봉사활동했다.

일본에서는 '봉사활동', '자원봉사자'를 모두 ボランティア 보란티아 라고 합니다. 영어 단어 volunteer에서 온 표현입니다.

편의점에서 껌을 사 왔다.

편의점에서 껌을 사서 왔다.

껌(ガム 가무)은
사탕(キャンデー 캰데-), 초콜릿(チョコレート 쵸코레-토) 등으로 바꿔 쓸 수 있습니다.

영업에 재능이 있어서 채용했다.

영업에 재능이 있어서 채용했다.

일본어에서는 '있다'를 ある 아루 혹은 いる 이루 라고 합니다. ある 아루 는 사물이나 식물, 추상적인 것이 있다고 할 때 사용합니다.

기묘한 에피소드를 듣고 무서워서 잘 수 없었습니다.

기묘한 에피소드를 듣고 무서워시 잘 수 없습니다 었습니다.

동사의 て 테 형은 '~하고', '~해서'라는 의미로 두루 사용됩니다.

896

다이각세에노 치-무가 큐우니 갸쿠텐시, 쿄오기가 오모시로쿠 낟테 키타.

大学生の チームが 急に 逆転し、競技が 面白く なって きた。

897

쵸오미료오노 나이 / 구리-잉 카레-오 츠쿧테 이마스.

調味料の ない / グリーン カレーを 作って います。

898

세카이테키나 옹가쿠카타치가 아츠맏테 이타.

世界的な 音楽家たちが 集まって いた。

899

오-바-히-토-데 키카이가 코와레테 시마이 코마리마스.

オーバーヒートで 機械が 壊れて しまい 困ります。

900

한사무노 키쥬우와 히토니 욛테 치가이마스.

ハンサムの 基準は 人に よって 違います。

대학생 팀이 갑자기 역전해서, 경기가 재밌어졌다.

대학생의 팀이 급에 역전함, 경기가 재밌게 돼 왔다.

일본어 동사 なる 나루(되다)는
형용사의 뒤에 붙어서 '~게 되다', '~해지다'라는 표현을 만들 수 있습니다.

조미료 없는 그린 카레를 만들고 있습니다.

조미료의 없다 / 그린 카레를 만들고 있습니다.

그린 카레(グリーン カレー 구리-잉 카레-)는
파스타(パスタ 파스타), 오므라이스(オムライス 오무라이스) 등으로 바꿔 쓸 수 있습니다.

세계적인 음악가들이 모이고 있다.

세계적인 음악가들이 모이고 있다.

음악가(音楽家 옹가쿠카)는 전문가(専門家 셈몽카)나
스페셜리스트(スペシャリスト 스페샤리스토) 등으로 바꿔 쓸 수 있습니다.

과열로 기계가 망가져 버려서 곤란합니다.

과열로 기계가 망가져 버림 곤란합니다.

困る 코마루 는 '곤란하다'라는 뜻입니다.
이 표현에서는 '큰일입니다(大変です 타이헨데스)'라는 말로 바꿔 쓸 수 있습니다.

잘생김의 기준은 사람에 따라 다릅니다.

잘생김의 기준은 사람에 의해서 다름합니다.

일본인은 말을 할 때 돌려 말하는 편입니다.
그래서 '아니다'나 '틀렸다'라는 말보다 '다르다(違う 치가우)'라는 표현을 흔히 씁니다.

901

코–히– 마메노 나카니와 삼미가 스루 / 모노모 앋테 빅쿠리시타.

コーヒー 豆の 中には 酸味が する / ものも あって びっくりした。

902

스테–키와 웨루단데 오–다–시테 쿠레루?

ステーキは ウェルダンで オーダーして くれる?

903

소츠교오노 푸레젠토니와 스–츠토 네쿠타이가 이이토 오모우.

卒業の プレゼントには スーツと ネクタイが いいと 思う。

904

운도오죠오데 유비와오 미츠케테 히로이마시타.

運動場で 指輪を 見つけて 拾いました。

905

콤마토 쿠에스촘마–쿠오 도오 츠카우카 나얀데 이루.

コンマと クエスチョンマークを どう 使うか 悩んで いる。

커피콩 중에는 신맛이 나는 것도 있어서 깜짝 놀랐다.

커피 콩의 중에는 신맛이 하다 / 것도 있어서 깜짝 놀람했다.

びっくりする 빅쿠리스루는 '깜짝 놀람'이라는 명사에 する 스루가 붙어서 만들어진 표현입니다.
驚いた 오도로이타라는 표현으로 바꿔 쓸 수 있습니다.

스테이크는 웰던으로 주문해 줄래?

스테이크는 웰던으로 주문해 주다?

웰던(ウェルダン 웨르당)은 레어(レア 레아), 미디엄레어(ミディアムレア 미디아무레아),
미디엄(ミディアム 미디아무) 등으로 바꿔 쓸 수 있습니다.

졸업 선물로는 정장과 넥타이가 좋다고 생각한다.

졸업의 선물에는 정장과 넥타이가 좋다라고 생각하다.

개별적인 조사와 조사가 연결돼 만들어진 조사를 '복합조사'라고 합니다.
우리말과 마찬가지로, 일본어에서도 이런 복합조사를 만들어 쓸 수 있습니다.

운동장에서 반지를 보고 주웠습니다.

운동장에서 반지를 발견하고 주움했습니다.

'반지'는 指輪 유비와, '목걸이'는 ネックレス 넥쿠레스 혹은 首飾り 쿠비카자리,
'팔찌'는 ブレスレット 부레스렛토라고 합니다.

쉼표와 물음표를 어떻게 쓸까 고민하고 있다.

쉼표와 물음표를 어떻게 사용하다인지 고민하고 있다.

원칙적으로 일본어는 물음표(?)와 느낌표(!)를 쓰지 않습니다.
하지만 공식 문서를 작성할 때 외에는 강조를 위해 흔히 사용합니다.

906

카노죠와 코노 스으가쿠노 쥬교오니 쿄오미오 몯테 이마스.

彼女は この 数学の 授業に 興味を 持って います。

907

쿠레짇토카-도오 츠칻테 아타라시이 / 왐피-스오 캍타.

クレジットカードを 使って 新しい / ワンピースを 買った。

908

카레와 젱코쿠오 료코오 시나가라 샤싱오 톧테 이루.

彼は 全国を 旅行 しながら 写真を 撮って いる。

909

츄우각세에노 토키 와카레타 / 코오
츄우넨니 낟테 얃토 앋타.

中学生の 時 別れた / 子を 中年に なって やっと 会った。

910

소노 캅푸루가 와카레타 / 리유우오 키이테 이타.

その カップルが 別れた / 理由を 聞いて いた。

그녀는 이 수학 수업에 흥미를 느끼고 있습니다.

그녀는 이 수학의 수업에 흥미를 가지고 있습니다.

수학(数学 스으가쿠)은
문학(文学 붕가구), 음악(音楽 옹가구), 과학(科学 가가쿠) 등으로 바꿔 쓸 수 있습니다.

신용카드로 새 원피스를 샀다.

신용카드를 써서 새롭다 / 원피스를 샀다.

일본어의 형용사는 'い 이 형용사'와 'な 나 형용사'로 나뉩니다.
い 이 형용사는 마지막 글자 い 이 뒤에 명사를 연결합니다.

그는 전국을 여행하면서 사진을 찍고 있다.

그는 전국을 여행 함하면서 사진을 찍고 있다.

일본어는 동음이의어가 많습니다.
예를 들어, 똑같은 とる 토루 라도 取る는 '잡다'라는 뜻이고, 撮る는 '(사진을) 찍다'라는 뜻입니다.

중학생 때 헤어졌던 아이를 중년이 돼서 겨우 만났다.

중학생의 때 헤어졌다 / 아이를 중년에 돼서 겨우 만났다.

일본어로 '만나다'를 会う 아우 혹은 出会う 데아우 라고 합니다.
会う 아우 는 시간과 장소를 정해서 만나는 것, 出会う 데아우 는 우연히 만나는 것입니다.

그 커플이 헤어진 이유를 듣고 있었다.

그 커플이 헤어졌다 / 이유를 듣고 있었다.

일본어로 '듣다'는 聞く 혹은 聴く 라고 합니다.
그냥 귀에 들릴 때는 聞く를, 주의 깊게 들을 때는 聴く를 사용합니다. 발음은 둘 다 키쿠 입니다.

911

이소이데 스-파-마-켇토니 읻테 칻테 키타.

急いで スーパーマーケットに 行って 買って 来た。

912

페-지 남바-오 와스레테 마타 사이쇼카라 사가시테 미마시타.

ページ ナンバーを 忘れて また 最初から 探して みました。

913

데에 사-비스니 샤와-오 후쿠메테 쿠레마셍카?

デイ サービスに シャワーを 含めて くれませんか?

914

아노 쇼오세츠와 나이요오가 키묘오다 토 키이테 카와 나칻타.

あの 小説は 内容が 奇妙だ と 聞いて 買わ なかった。

915

아루미오 카코오시테 후레-무오 츠쿧타.

アルミを 加工して フレームを 作った。

급하게 슈퍼마켓에 가서 사 왔다.

급하게 슈퍼마켓에 가서 사 왔다.

일반적으로 スーパーマーケット 스-파-마-켓토 (슈퍼마켓)를 줄여서
スーパー 스-파- (슈퍼)라고 합니다.

페이지 번호를 잊어버려서 다시 처음부터 찾아봤습니다.

페이지 넘버를 잊어서 다시 최초부터 찾아 봄했습니다.

また 마타는 '또', '다시'라는 뜻의 부사입니다.
'아직'이라는 뜻의 부사 まだ 마다와 발음이 비슷하므로 주의해야 합니다.

데이서비스에 샤워를 포함해줄 수 있어요?

데이 서비스에 샤워를 포함해 주지 않습니까?

우리는 '샤워를 한다'고 합니다. 하지만 일본어에서는 '뒤집어쓰다(浴びる 아비루)'를 써서
シャワーを浴びる 샤와-오 아비루라고 표현합니다.

저 소설은 내용이 기이하대서 안 샀다.

저 소설은 내용이 기묘다 라고 들어서 사지 않았다.

あの 아노는 '저'라는 뜻입니다.
'이'는 この 코노, '그'는 その 소노, '어느'는 どの 도노라고 합니다.

알루미늄을 가공해서 프레임을 만들었다.

알루미늄을 가공해서 프레임을 만들었다.

アルミ 아루미는
アルミニウム 아루미니우무 (알루미늄)의 줄임말입니다.

916

비타민니 츠이테 켕큐우시테 이마스.

ビタミンに ついて 研究して います。

917

담핑구오 키세에 세 즈, 도루니 송가이오 우케테 시맏타.

ダンピングを 規制 せ ず、ドルに 損害を 受けて しまった。

918

칸닝구시테 토루 / 텐스으니 만족 시마스카?

カンニングして 取る / 点数に 満足 しますか?

919

츄우각코오노 소츠교오 아루바무와 미 나이데 쿠레루?

中学校の 卒業 アルバムは 見 ないで くれる?

920

지캉가 나쿠테 네쿠타이다케 캍테 카에리마시타.

時間が なくて ネクタイだけ 買って 帰りました。

비타민에 관해 연구하고 있습니다.

비타민에 관해서 연구하고 있습니다.

について 니 츠이테는 조사 に 니에 동사 就く 츠쿠가 붙은 표현입니다.
'~에 대해서', '~에 관해서'라는 의미입니다.

덤핑을 규제하지 않아서, 달러에 손해를 받아 버렸다.

덤핑을 규제 하지 않아서, 달러에 손해를 받아 버렸다.

우리나라에서 '달러'라고 하면 보통 '미국 달러'를 뜻합니다.
하지만 일본에선 米ドル 베에도루라고 해서 '미국 달러'라는 걸 명확히 합니다.

커닝해서 받은 점수에 만족합니까?

커닝해서 따다 / 점수에 만족 함합니까?

우리는 무슨 시험에서 몇 점을 '받았다'는 표현을 사용합니다.
하지만 일본에서는 '점수를 따다(点数を取る 텐스으 오 토루)'라는 표현을 사용합니다.

중학교 졸업 앨범은 보지 말아줄래?

중학교의 졸업 앨범은 봄 않아 주다?

일본의 학제는 소학교(小学校 쇼오각코오) 6년, 중학교(中学校 츄우각코오) 3년,
고등학교(高校 코오코오) 3년으로 이루어져 있습니다.

시간이 없어서 넥타이만 사고 돌아왔습니다.

시간이 없어서 넥타이만 사고 돌아옴했습니다.

일본어 동사 帰る 카에루는 '돌아가다', '귀가하다'라는 뜻입니다.
원래 있던 곳, 내가 소속된 곳이나 있어야 할 곳(집이나 고향)으로 돌아간다는 뉘앙스가 있습니다.

921

니 부록쿠모 읻타 / 아토니 메-타-가 헨다 토 키즈이테 하나시타.

2 ブロックも 行った / 後に メーターが 変だと 気付いて 話した。

922

UN가 세카이 헤에와니 키요시테 이루토 오모이마스.

UNが 世界 平和に 寄与して いると 思います。

923

텡잉가 옹가쿠노 셈몬 잣시오 오스스메시테 쿠레타.

店員が 音楽の 専門 雑誌を お勧めして くれた。

924

바-텐다-와 카라후루나 카쿠테루오 츠쿹테 이타.

バーテンダーは カラフルな カクテルを 作って いた。

925

케에카쿠가 캄페키다 토 오몯테 직코오 시마시타.

計画が 完璧だ と 思って 実行 しました。

2블록이나 간 뒤에야 미터기가 이상하다고 깨달아서 이야기했다.

2 블록이나 갔다 / 뒤에 미터기가 이상이다 라고 깨달아서 이야기했다.

일본어의 조사 も 모는 원래 '~도'라는 의미인데,
숫자 뒤에서는 '~이나' 같은 강조의 의미로 사용됩니다.

UN이 세계평화에 기여하고 있다고 생각합니다.

UN이 세계 평화에 기여하고 있다 라고 생각합니다.

UN을 일본에서는 国連 코쿠렌 이라고도 합니다.
'국제연합(国際連合 콕사이렌고오)'의 줄임말입니다.

점원이 음악 전문 잡지를 추천해 줬다.

점원이 음악의 전문 잡지를 추천해 줬다.

勧める 스스메루 는 '권하다'라는 뜻입니다.
勧める 스스메루 를 명사형으로 바꾸고 お 오 를 붙이면(お勧め 오스스메), '추천'이라는 뜻이 됩니다.

바텐더는 색깔이 다양한 칵테일을 만들고 있었다.

바텐더는 칼라풀한 칵테일을 만들고 있었다.

일본어는 외래어에 な 나 를 연결해서 な 나 형용사처럼 사용하는 경우가 많습니다.
이 표현에서는 colorful(カラフル 카라후루)이 사용됐습니다.

계획이 완벽하다고 생각해서 실행했습니다.

계획이 완벽이다 라고 생각해서 실행 함했습니다.

일본어로 '생각하다'는 思う 오모우 혹은 考える 캉가에루를 씁니다.
思う 오모우는 '막연한 생각'이나 '느낌'이라는 뉘앙스의 '생각하다'입니다.

926

북카가 타카쿠테 쟈쿠후-도바카리 타베테 이루.

物価が 高くて ジャンクフードばかり 食べて いる。

927

이마 뉴-스가 나가레테 이루?

今 ニュースが 流れて いる?

928

세에세키모 요쿠테 키타이오 우케테 이마시타.

成績も よくて 期待を 受けて いました。

929

마츠리노 파레-도오 미테 이루.

祭の パレードを 見て いる。

930

치안노 이이 / 치이키에노 이쥬우오 캉가에테 이마스카?

治安の いい / 地域への 移住を 考えて いますか?

물가가 높아서 정크푸드만 먹고 있다.

물가가 높아서 정크푸드만 먹고 있다.

高い 타카이 는 '높다'라는 뜻의 い 이 형용사입니다.
하지만 '가격이 비싸다', '키가 크다'라는 표현에도 高い 타카이 를 사용합니다.

지금 뉴스 하고 있어?

지금 뉴스가 흐르고 있다?

뉴스(ニュース 뉴-스)는
속보(速報 소쿠호오), 드라마(ドラマ 도라마) 등으로 바꿔 쓸 수 있습니다.

성적도 좋아서 기대를 받고 있었습니다.

성적도 좋아서 기대를 받고 있었습니다.

'받다'는 일본어로 受ける 우케루 혹은 もらう 모라우 라고 하는데,
'물건'이 아닌 피해나 혜택, 상황 등은 受ける 우케루 를 사용합니다.

축제 행렬을 보고 있다.

축제의 행렬을 보고 있다.

일본에서는 '축제'를 祭 마츠리 라고 합니다.
유명한 마츠리로는 교토의 기온마츠리(祇園祭), 오사카의 텐진마츠리(天神祭) 등이 있습니다.

치안이 좋은 지역으로의 이주를 생각하고 있습니까?

치안의 좋다 / 지역으로의 이주를 생각하고 있습니까?

일본어로 '생각하다'는 思う 오모우 나 考える 캉가에루 를 씁니다.
考える 캉가에루 는 '고민하다', '진지하게 생각하다'라는 뜻의 '생각하다'입니다.

931

카노죠와 이기리스데 켄치쿠노 벵쿄오오 시테 이마스.

彼女は イギリスで 建築の 勉強を して います。

932

시라 나이 / 방고오데 카칻테 쿠루 / 뎅와니와 데 나이.

知ら ない / 番号で かかって 来る / 電話には 出 ない。

933

아후리카니 와쿠칭오 키후시테 쿠레루?

アフリカに ワクチンを 寄付して くれる?

934

카라스기루 / 모노오 타베테 미카쿠가 헨니 낟타.

辛すぎる / ものを 食べて 味覚が 変に なった。

935

아노 잣시와 고십푸바카리 아츠칻테 이루.

あの 雑誌は ゴシップばかり 扱って いる。

그녀는 영국에서 건축 공부를 하고 있습니다.

그녀는 영국에서 건축의 공부를 하고 있습니다.

イギリス 이기리스 는 '영국'을 말합니다.
'독일'은 ドイツ 도이츠, '프랑스'는 フランス 후란스, '노르웨이'는 ノルウェー 노루웨-라고 합니다.

모르는 번호로 걸려오는 전화는 받지 않는다.

알지 않다 / 번호로 걸려 오다 / 전화에는 나감 않다.

우리는 '알다'와 '모르다'를 구별하지만,
일본어에서는 '알다'의 부정표현인 '알지 않다'를 '모르다'처럼 씁니다. '모르다'라는 말은 따로 없습니다.

아프리카에 백신을 기부해줄래?

아프리카에 백신을 기부해 주다?

일본어로 아프리카는 アフリカ 아후리카, 아시아는 アジア 아지아,
유럽은 ヨーロッパ 요-롭파, 아메리카는 アメリカ 아메리카 라고 합니다.

너무 매운 걸 먹고 미각이 이상해졌다.

너무 매움 / 것을 먹고 미각이 이상에 됐다.

우리는 '너무 ~하다'라는 표현을 씁니다.
하지만 일본어에서는 형용사나 동사 뒤에 '지나다'는 뜻의 동사 過ぎる 스기루를 연결해 사용합니다.

저 잡지는 가십만 다루고 있다.

저 잡지는 가십만 다루고 있다.

ばかり 바카리 는 '~만', '~뿐'이라는 뜻의 조사로
여러 가지 중에서 하나에만 몰두하거나 집중할 때 사용합니다.

936

우이루스니 츠이테 쿄오미오 몯테 이마스.

ウイルスに ついて 興味を 持って います。

937

인후루엔자노 와쿠칭오 카이하츠시테 이타.

インフルエンザの ワクチンを 開発して いた。

938

소노 아우토렏토데와 지-판다케 칻테 스구 데타.

その アウトレットでは ジーパンだけ 買って すぐ 出た。

939

나츠야스미노 토키 우미니 읻테 바레-보-루오 시나가라 아손다.

夏休みの 時 海に 行って バレーボールを し ながら 遊んだ。

940

마니큐아노 카라―오 에라부 / 코토데 나얀데 이마스카?

マニキュアの カラーを 選ぶ / ことで 悩んで いますか?

바이러스에 관해 흥미가 있습니다.

바이러스에 관해서 흥미를 갖고 있습니다.

우리는 '흥미가 있다'라는 표현을 사용합니다.
하지만 일본어에서는 '가지다(持つ 모츠)'를 사용해서 '흥미를 가지다'라고 합니다.

인플루엔자의 백신을 개발하고 있었다.

인플루엔자의 백신을 개발하고 있었다.

일본어로 '감기'는 風邪 카제, '독감'은 インフルエンザ 인후루엔자,
'폐렴'은 肺炎 하이엥 이라고 합니다.

그 아웃렛에서는 청바지만 사고 바로 나왔다.

그 아웃렛에서는 청바지만 사고 바로 나왔다.

일본어로 '청바지'는 ジーパン 지-팡 혹은 ジーンズ 지-인즈 라고 합니다.
그냥 바지는 ズボン 즈봉 이라고 합니다.

여름 방학 때 바다에 가서 배구를 하면서 놀았다.

여름 방학의 때 바다에 가서 배구를 함하면서 놀았다.

우리는 '방학'과 '휴가'를 구별하지만,
일본어에서는 모두 休み 야스미 라고 합니다.

매니큐어의 컬러를 고르는 일로 고민하고 있습니까?

매니큐어의 색을 고르다 / 일로 고민하고 있습니까?

우리나라와 마찬가지로 일본도 외래어를 많이 사용합니다.
이 문장에서 사용된 カラー 카라-(컬러)는 色 이로(색)로 바꿔 쓸 수 있습니다.

941

소노 카이샤노 다이효오오 쇼오카이시테 쿠레루?

その 会社の 代表を 紹介して くれる?

942

고젱카라 콘츄우오 칸사츠시테 메모시타.

午前から 昆虫を 観察して メモした。

943

토모다치니 산후징카노 이샤오 쇼오카이시테 아게타.

友達に 産婦人科の 医者を 紹介して あげた。

944

쿠루마노 남바-푸레-토가 코와레테 이마시타.

車の ナンバ-プレ-トが 壊れて いました。

945

치콕시테 식칵 시마시타.

遅刻して 失格 しました。

그 회사의 대표를 소개해 줄래?

그 회사의 대표를 소개해 주다?

히라가나 お와 を는 둘 다 오라고 발음하는데, 사용법은 전혀 다릅니다.
を 오 는 '소사'로만 사용할 수 있고, 일반 단어로는 사용되지 않습니다.

오전부터 곤충을 관찰하고 메모했다.

오전부터 곤충을 관찰하고 메모했다.

から 카라 는 '~부터'라는 뜻의 조사입니다.
'~까지'라는 뜻의 조사 まで 마데 와 함께 외우는 것이 좋습니다.

친구에게 산부인과 의사를 소개해주었다.

친구에게 산부인과의 의사를 소개해 주었다.

産婦人科 산후징카 는 '산부인과'라는 뜻입니다.
'내과'는 内科 나이카, '외과'는 外科 게카, '치과'는 歯科 시카 라고 합니다.

자동차의 번호판이 부서져 있었습니다.

자동차의 번호판이 부서져 있었습니다.

車 쿠루마 는 한자 그대로 '차'라는 뜻입니다.
'자동차'는 自動車 지도오샤 라고 합니다.

지각해서 실격했습니다.

지각해서 실격 함 했습니다.

동사의 て 테 형은 '~하고', '~해서'라는 의미로 두루 사용됩니다.

946

키미가 다이효오데 이켕오 츠타에테 쿠레루?

君が 代表で 意見を 伝えて くれる?

947

오레와 비쥬아루오 탄토오시테 이루.

俺は ビジュアルを 担当して いる。

948

푸랃토훠-무데 사이후오 오이테 키타 / 노오 키즈이타.

プラットフォームで 財布を 置いて 来た / の を 気づいた。

949

로봍토오 슈징코오니 시타 / 아니메-숑오 츠쿧테 쿠레루?

ロボットを 主人公に した / アニメーションを 作って くれる?

950

파스포-토오 나쿠시테 타이헨닫타.

パスポートを 失くして 大変だった。

네가 대표로 의견을 전달해줄래?

너가 대표로 의견을 전해 주다?

君은 きみ 키미 혹은 くん 쿵이라고 읽습니다.
きみ 키미 라고 하면 '니'라는 2인칭 대명사고, くん 쿵 이라고 하면 '~군'이라는 호칭입니다.

나는 비주얼을 담당하고 있다.

나는 비주얼을 담당하고 있다.

비주얼(ビジュアル 비쥬아루)이라는 단어는 외모적인 뜻으로도 사용되지만,
락음악 중에도 비주얼이라는 장르가 있습니다.

플랫폼에서 지갑을 놓고 온 것을 깨달았다.

플랫폼에서 지갑을 놓고 왔다 / 것을 깨달았다.

気づく 키즈쿠 는 '깨닫다', '눈치채다'라는 뜻의 동사입니다.
일본어에서는 気 키 가 들어간 동사나 관용어가 널리 쓰입니다.

로봇이 주인공인 애니메이션을 만들어줄래?

로봇을 주인공에 했다 / 애니메이션을 만들어 주다?

일본은 만화 산업이 발달해 있습니다.
애니메이션을 일본어로 アニメーション 아니메-숑 이라고 하는데, 짧게 アニメ 아니메 라고도 합니다.

여권을 잃어버려서 큰일이었다.

여권을 잃어서 큰일이었다.

'여권'은 일본어로 パスポート 파스포-토 혹은 旅券 료켕 이라고 합니다.
비자는 ビザ 비자 라고 합니다.

일본어와 우리말은 지나치게 비슷하다

-첫날부터 잘한다-

1 하고

2 해서

3 하지 않아서

4 하지 않고

5 오고

6 와서

7 오지 않아서

8 오지 않고

앞으로 소개할 8문형 미리 보기

1 시 **테**
し て 하**고**

2 시 **테**
し て 해**서**

3 시 **나쿠테**
し なくて 하**지 않아서**

4 시 **나이데**
し ないで 하**지 않고**

5 키 **테**
き て 오**고**

6 키 **테**
き て 와**서**

7 코 **나쿠테**
こ なくて 오**지 않아서**

8 코 **나이데**
こ ないで 오**지 않고**

Tip
동사의 **테** て 형으로 변할 때, **스루** する는 긍정, 부정표현 모두 **시** し로 변합니다. 하지만 **쿠루** くる는 긍정, 부정표현에 따라 어간이 다르게 변합니다.

する 스루	**くる** 쿠루
して 시테	**きて** 키테
しなくて 시나쿠테	**こなくて** 코나쿠테
しないで 시나이데	**こないで** 코나이데

951

다이키교오니 슈우쇽시타라, 도쿠리츠시테 쿠레루?

大企業に 就職したら、独立して くれる?

952

카노죠와 케에에에오 셍코오시테 지분노 지교오오 하지메타.

彼女は 経営を 専攻して 自分の 事業を 始めた。

953

온시츠니 읻테 가스오 첵쿠시테 쿠레루?

温室に 行って ガスを チェックして くれる?

954

스으가쿠노 노―토오 헤야니 오이테 키테 코맏타.

数学の ノートを 部屋に 置いて 来て 困った。

955

코노 만숀토 오나지 타테모노오 섹케에시테 미타.

この マンションと 同じ 建物を 設計して みた。

대기업에 취직하면, 독립해줄래?

대기업에 취직하면, 독립해 주다?

일본어에는 たら 타라, ば 바, なら 나라, と 토 라는 4종류의 가정 표현이 있습니다.
たら 타라는 '~하면'이라는 조건의 가정법입니다.

그녀는 경영을 전공하고 자신의 사업을 시작했다.

그녀는 경영을 전공하고 자신의 사업을 시작했다.

彼女 카노죠는 '그녀'라는 뜻 외에, '여자친구'라는 뜻도 있습니다.
그러므로, 문맥을 잘 살펴서 해석해야 합니다.

온실에 가서 가스를 점검해줄래?

온실에 가서 가스를 체크해 주다?

가스(ガス 가스)는
보일러(ボイラー 보이라-)나 물(水 미즈) 등으로 바꿔 쓸 수 있습니다.

수학 노트를 방에 두고 와서 곤란했다.

수학의 공책을 방에 두고 와서 곤란했다.

일본어로 '방'을 部屋 헤야라고 합니다.
'부엌'은 台所 다이도코로, '거실'은 居間 이마 라고 합니다.

이 맨션과 똑같은 건물을 설계해 봤다.

이 맨션과 길음 건물을 설계해 봤다.

な 나 형용사는 명사를 꾸며줄 때 마지막 글자가 な 나로 변합니다.
하지만, 同じ 오나지는 그냥 じ 지 의 뒤에 명사를 연결합니다.

956

바겐토니 쿠리-무오 츠케테 타베타.

バゲットに クリームを つけて 食べた。

957

디나-데 치킹 카레-오 츠쿹테 미마시타.

ディナーで チキン カレーを 作って みました。

958

『신데레라』노 비데오오 몯테 키테 쿠레나이?

『シンデレラ』の ビデオを 持って 来て くれない?

959

가쿠히노 타메 아루바이토오 시테 이마스.

学費の ため アルバイトを して います。

960

텡코오세에니 각코오오 안나이시테 이루.

転校生に 学校を 案内して いる。

바게트에 크림을 발라 먹었다.

바게트에 크림을 발라서 먹었다.

크림(クリーム 쿠리-무)은
생크림(生クリーム 나마쿠리-무)이나 잼(ジャム 쟈무)으로 바꿔 쓸 수 있습니다.

저녁으로 치킨 카레를 만들어 봤습니다.

저녁으로 치킨 카레를 만들어 봄했습니다.

作る 츠쿠루는 '만들다'라는 뜻의 동사입니다.
물건을 만들거나, 친구나 애인을 만들거나, 요리를 만드는 것에 모두 사용할 수 있습니다.

『신데렐라』 비디오를 가져와 주지 않을래?

『신데렐라』의 비디오를 가지고 와 주지 않다?

'신데렐라'를 일본어로 シンデレラ 신데레라 라고 합니다.
'백설 공주'는 白雪姫 시라유키히메, '미녀와 야수'는 美女と野獣 비죠토야쥬우 라고 합니다.

학비를 위해 아르바이트를 하고 있습니다.

학비의 위함 아르바이트를 하고 있습니다.

우리는 '아르바이트'를 '알바'라고 줄여 말합니다.
일본은 アルバイト 아루바이토 라고 하고, バイト 바이토 라고 줄입니다.

전학생에게 학교를 안내하고 있다.

전학생에게 학교를 안내하고 있다.

일본어로 '초등학교'는 小学校 쇼오각코오, '중학교'는 中学校 츄우각코오,
'고등학교'는 高校 코오코오, '대학교'는 大学 다이가쿠 라고 합니다.

961

마이니치 심붕오 욘데 이마스.

毎日 新聞を 読んで います。

962

와타시와 슈미데 아코-스틱쿠 기타-오 히이테 이마스.

私は 趣味で アコースティック ギターを 弾いて います。

963

라스토 챤스다 토 오몯테 이마스.

ラスト チャンスだと 思って います。

964

카레와 이마 아후리카니 슨데 이마스.

彼は 今 アフリカに 住んで います。

965

캉고가쿠노 셍코오니 츠이테 나얀데 이타.

看護学の 専攻に ついて 悩んで いた。

매일 신문을 읽고 있습니다.

매일 신문을 읽고 있습니다.

매일(毎日 마이니치)은
매일 아침(毎朝 마이아사)이나 매일 밤(毎晩 마이방)으로 바꿔 쓸 수 있습니다.

저는 취미로 어쿠스틱 기타를 칩니다.

나는 취미로 어쿠스틱 기타를 치고 있습니다.

일본에서는 アコースティックギター 아코-스틱쿠기타-(어쿠스틱 기타)를 줄여서
アコギ 아코기라고 합니다.

마지막 기회라고 생각하고 있습니다.

마지막 기회다 라고 생각하고 있습니다.

思う 오모우는 '막연한 생각'이나 '느낌'이라는 뉘앙스를 가진 '생각하다'입니다.
이성적으로 생각할 때는 考える 캉가에루를 사용합니다.

그는 지금 아프리카에서 살고 있습니다.

그는 지금 아프리카에 살고 있습니다.

아프리카(アフリカ 아후리카)는
유럽(ヨーロッパ 요-롭파), 오세아니아(オセアニア 오세아니아) 등으로 바꿔 쓸 수 있습니다.

간호학 전공에 관해 고민하고 있었다.

간호학의 전공에 관해서 고민하고 있었다.

悩む 나야무는 '고민하다', '번민하다'라는 뜻입니다.
이 문장에서는 '생각하다'라는 뜻의 考える 캉가에루를 쓸 수도 있습니다.

966

돈나 코-스오 켄삭시테 이루카 오시에테 쿠레루?

どんな コースを 検索して いるか 教えて くれる?

967

한자이 타이사쿠토카 요호오 마뉴아루오 욘데 미마시타.

犯罪 対策とか 予報 マニュアルを 読んで みました。

968

아이스쿠리-무오 캇테 키타.

アイスクリームを 買って 来た。

969

스바라시이 / 피아니스토니 나루타메니 렌슈우시테 이마스.

素晴らしい / ピアニストに なるために 練習して います。

970

엔징카라 오이루가 모레루카 미테 쿠레루?

エンジンから オイルが 漏れるか 見て くれる?

어떤 코스를 검색하고 있는지 알려줄래?

어떤 코스를 검색하고 있다인지 가르쳐 주다?

どんな 돈나는 '어떤'이라는 뜻입니다.
'이런'은 こんな 콘나, '그런'은 そんな 손나, '저런'은 あんな 안나라고 합니다.

범죄대책이나 예방 매뉴얼을 읽어봤습니다.

범죄 대책 이라든가 예방 매뉴얼을 읽어 봄했습니다.

동사의 て 테 형 + みる 미루는 '~해 보다'라는 뜻입니다.
이때, みる 미루는 한자를 쓰지 않고 히라가나로 씁니다.

아이스크림을 사 왔다.

아이스크림을 사서 왔다.

아이스크림(アイスクリーム 아이스쿠리-무)은
케이크(ケーキ 케-키), 초콜릿(チョコレート 쵸코레-토) 등으로 바꿔 쓸 수 있습니다.

훌륭한 피아니스트가 되기 위해서 연습하고 있습니다.

훌륭하다 / 피아니스트에 되다 위해서 연습하고 있습니다.

素晴らしい 스바라시이는 '훌륭하다', '근사하다'라는 뜻의 い 이 형용사입니다.
비슷한 단어로는, な 나 형용사인 立派 립파(훌륭함)가 있습니다.

엔진에서 기름이 새는지 봐줄래?

엔진부터 기름이 새다인지 봐 주다?

から 카라는 '~부터'라는 뜻의 조사입니다.
시간은 물론이고 장소에도 사용할 수 있습니다.

971

카레– 야노 미세비라키노 쥼비오 시테 이마스.

カレ–屋の 店開きの 準備を して います。

972

카레와 쿠로이 / 쟈켙토오 슈우젠시테 이타.

彼は 黒い / ジャケットを 修繕して いた。

973

지분니 유우리나 죠오호오오 아츠메테 이마스카?

自分に 有利な 情報を 集めて いますか?

974

칸탄나 테스토니 안신시테 즏토 아소비마시타.

簡単な テストに 安心して ずっと 遊びました。

975

이마 시테 이루 / 아루바이토와 라이넴마데 시마스.

今 して いる / アルバイトは 来年まで します。

카레 가게 개업을 준비하고 있습니다.

카레 가게의 개업의 준비를 하고 있습니다.

일본에서는 가게의 이름 뒤에 屋야가 붙습니다.
本屋 홍야(서점), 八百屋 야오야(야채가게), 弁当屋 벤또오야(도시락가게)처럼 말이죠

그는 검은 재킷을 수선하고 있었다.

그는 검다 / 재킷을 수선하고 있었다.

黒い 쿠로이는 '까맣다'라는 뜻의 い이 형용사입니다.
'하얗다'는 白い 시로이, '파랗다'는 青い 아오이, '빨갛다'는 赤い 아카이라고 합니다.

자신에게 유리한 정보를 모으고 있습니까?

자신에게 유리한 정보를 모으고 있습니까?

일본어의 형용사는 'い이 형용사'와 'な나 형용사'로 나뉩니다.
な나 형용사는 마지막 글자 だ다를 な나로 바꾼 뒤에 명사를 연결합니다.

간단한 시험에 안심하고 계속 놀았습니다.

간단한 시험에 안심해서 계속 놀음했습니다.

ずっと 즛토는 '계속'이라는 뜻 외에 '훨씬'이라는 뜻도 있습니다.
'훨씬 옛날'이라는 표현은 ずっと昔 즛토무카시라고 합니다.

지금 하는 아르바이트는 내년까지 합니다.

지금 하고 있다 / 아르바이트는 내년까지 함합니나.

まで 마데는 '~까지'라는 뜻입니다. 시간이나 장소, 사람에게도 쓸 수 있습니다.
'~부터'라는 뜻의 조사 から 카라와 함께 외우면 좋습니다.

976

리콘니 츠이테 벵고시토 소오단스루.

離婚に ついて 弁護士と 相談する。

977

소노 후우후와 리콘 소쇼오오 싱코오시테 이루.

その 夫婦は 離婚 訴訟を 進行して いる。

978

스-파-니 읻테 토오후오 칻테 키타.

スーパーに 行って 豆腐を 買って 来た。

979

싱카론니 요루토 닝겐와 사루카라 싱카시타 / 도오부츠다.

進化論に よると 人間は 猿から 進化した / 動物 だ。

980

카레와 멘세츠데 링키오오헴바카리 시테 이루.

彼は 面接で 臨機応変ばかり して いる。

이혼에 대해 변호사와 상담하다.

이혼에 대해서 변호사와 상담하다.

について 니츠이테는 조사 に 니에 동사 就く 츠쿠가 붙은 표현으로,
'~에 대해서', '~에 관해서'라는 뜻입니다.

그 부부는 이혼 소송을 진행하고 있다.

그 부부는 이혼 소송을 진행하고 있다.

その 소노는 '그'라는 뜻입니다.
'이'는 この 코노, '저'는 あの 아노, '어느'는 どの 도노라고 합니다.

슈퍼에 가서 두부를 사 왔다.

슈퍼에 가서 두부를 사서 왔다.

豆腐 토오후는 '두부'라는 뜻입니다.
'당근'은 人参 닌징, '감자'는 ジャガイモ 쟈가이모, '마늘'은 ニンニク 닌니쿠라고 합니다.

진화론에 의하면 인간은 원숭이에서 진화한 동물이다.

진화론에 의하다라면 인간은 원숭이부터 진화했다 / 동물이다.

よる 요루는 한자로는 因る 요루라고 쓰는데, '~에 인하다', '원인이 되다'라는 뜻입니다.
による 니요루라고 하면 '~에 의해'라는 의미입니다.

그는 면접에서 임기응변만 하고 있다.

그는 면접에서 임기응변반 하고 있다.

ばかり 바카리는 '~만', '~뿐'이라는 뜻의 조사로
여러 가지 중에서 하나에만 몰두하거나 집중할 때 사용합니다.

981

카노죠와 아시타 쥬우다이나 합표오오 스루토 요콕시테 키에테 시맏타.

彼女は 明日 重大な 発表を すると 予告して 消えて しまった。

982

도오료오토 코-히-오 카이니 데테 이타.

同僚と コーヒーを 買いに 出て いた。

983

도요오비니와 푸링오 타베테 야슨다.

土曜日には プリンを 食べて 休んだ。

984

읻타 도오리 인타-앙가 루-즈데 코마리마스.

言った 通り インターンが ルーズで 困ります。

985

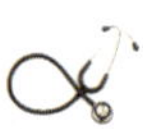

도쿠타-가 후로스오 오스스메시테 쿠레나칻타?

ドクターが フロスを お勧めして くれなかった?

그녀는 내일 중대한 발표를 할 거라 예고하고 사라져 버렸다.

그녀는 내일 중대한 발표를 하다라고 예고하고 사라져 버렸다.

明日(내일)은 あした 아시타 혹은 あす 아스 라고 읽습니다.
あした 아시타 는 일반적으로 쓰는 말이고, あす 아스 는 딱딱하고 정중한 느낌입니다.

동료와 커피를 사러 나와 있었다.

동료와 커피를 삼에 나가 있었다.

동사의 명사형에 に 니 를 붙이면 '~하러'라는 표현이 됩니다.
食べに 타베니 라고 하면 '먹으러'라는 뜻입니다.

토요일에는 푸딩을 먹고 쉬었다.

토요일에는 푸딩을 먹고 쉬었다.

일본어로 '요일'은 曜日 요오비 라고 합니다.
'일요일'은 日曜日 니치요오비, '월요일'은 月曜日 게츠요오비, '화요일'은 火曜日 카요오비 입니다.

말했던 대로 인턴이 칠칠치 못해서 곤란합니다.

말했다 대로 인턴이 칠칠치 못함으로 곤란합니다.

通り 토오리 는 '큰길', '거리', '대로'라는 뜻도 있지만,
'~한 대로', '~처럼', '~와 같이'라는 의미도 있습니다.

의사가 치실을 추천해 주지 않았어?

의사가 치실을 추천해 주지 않았다?

勧める 스스메루 는 '권하다'라는 뜻입니다.
勧める 스스메루 를 명사형으로 바꾸고 お 오 를 붙이면(お勧め 오스스메), '추천'이 됩니다.

986

니치요오비 니와 소후토 보-루 오 시테
오코노미야키 오 타베타.

日曜日には ソフト ボールを して お好み焼きを 食べた。

987

싱칸센 니 논타라 하야쿠 토오착 시마시타.

新幹線に 乗ったら 早く 到着 しました。

988

세에세키 가 진세에 노 젬부 데와 나이 토 오오엔 시테 쿠레타.

成績が 人生の 全部 では ないと 応援して くれた。

989

토모다치 노 탄죠오비 파-티- 노 타메,
호테루 루-무 니 아츠맏테 이루.

友達の 誕生日 パーティーの ため、ホテル ルームに 集まって いる。

990

가스 노 바루부 오 시메타 카 첵쿠 시테 쿠레루?

ガスの バルブを 閉めたか チェックして くれる?

일요일에는 소프트 볼을 하고 오코노미야키를 먹었다.

일요일에는 소프트 볼을 하고 오코노미야키를 먹었다.

お好み焼き 오코노미야키는 우리나라의 빈대떡과 비슷한 일본의 전통 철판 요리입니다.
오사카가 제일 유명하며, 지역마다 재료가 조금씩 다릅니다.

신칸센으로 이동해서 일찍 도착했습니다.

신칸센에 탔더니 이르게 도착 함했습니다.

신칸센(新幹線 싱칸셍)은 우리나라의 KTX 같은 일본의 고속 열차입니다.
1964년 개통했습니다.

성적이 인생의 전부는 아니라고 응원해 줬다.

성적이 인생의 전부가 아니다라고 응원해 주었다.

일본어의 반말 부정 표현인 ない 나이는
'없다'와 '아니다'라는 뜻을 모두 가지고 있습니다.

친구 생일 파티를 위해 호텔 방에 모여 있다.

친구의 생일 파티의 위해, 호텔 방에 모여 있다.

일본에서는 '생일'을 誕生日 탄죠오비라고 합니다.
앞에 お 오를 붙이면(お誕生日 오탄죠오비), '생신'처럼 공손한 말이 됩니다.

가스 밸브를 잠갔는지 확인해 줄래?

가스의 밸브를 잠갔나인지 체크해 주다?

일본어에서는 명사 뒤에 명사가 바로 올 수 없습니다.
그래서 항상 명사와 명사 사이에 の 노를 넣어 연결해주는데, 이 の 노는 해석하지 않습니다.

991

심메뉴-오 고루곤조-라니 스루카 도오카 캉가에테 이루.

新メニュ-を ゴルゴンゾ-ラに するか どうか 考えて いる。

992

와이샤츠오 센탁시테 오쿠 / 노오 와스레테 시맏타.

ワイシャツを 洗濯して 置く / のを 忘れて しまった。

993

테스토오 시테 미타 / 켁카, 다레모 라쿠다이와 시 나칻타.

テストを して みた / 結果、誰も 落第は しなかった。

994

쿠리스마스니 톧타 / 샤싱와 와타시가 몯테 이나이.

クリスマスに 撮った / 写真は 私が 持って いない。

995

레몽오 이레타 / 도링쿠오 츠쿧테 미마시타.

レモンを 入れた / ドリンクを 作って みました。

신메뉴를 고르곤졸라로 할지 말지 생각하고 있다.

신메뉴를 고르곤졸라에 하다인지 어떻게인지 생각하고 있다.

우리말에서는 고민할 때 '~할지 말지'라고 합니다.
하지만, 일본에서는 '~할시 어떨지(するかどうか 스루 카 도오 카)'라고 합니다.

와이셔츠를 세탁해 두는 것을 깜빡했다.

와이셔츠를 세탁해 두다 / 것을 잊어 버렸다.

しまう 시마우는 '끝내다', '끝나다'라는 뜻입니다.
동사의 て 테 형에 붙어서 てしまう 테 시마우가 되면 '~해버리다'라는 뜻이 됩니다.

테스트 결과, 누구도 낙제는 아니었다.

시험을 해 봤다 / 결과, 누구도 낙제는 함 않았다.

히라가나 は는 원래 하 라고 읽습니다.
하지만, 조사(~은, 는)로 쓴 경우에는 와 라고 발음합니다.

크리스마스에 찍은 사진은 내가 안 갖고 있다.

크리스마스에 찍었다 / 사진은 나가 갖고 있지 않다.

우리나라에서는 크리스마스나 석가탄신일이 모두 법정 공휴일이지만,
일본에서는 둘 다 평일입니다.

레몬을 넣은 음료수를 만들어 봤습니다.

레몬을 넣었다 / 음료수를 만들어 봄했습니다.

레몬(レモン 레몽)은
딸기(イチゴ 이치고), 오렌지(オレンジ 오렌지), 수박(スイカ 스이카) 등으로 바꿔 쓸 수 있습니다.

996

사이킨 츠잇타-토 훼-스북쿠 바카리 시테 이마스.

最近 ツイッターと フェースブックばかり して います。

997

아나타노 신세츠나 케아니 칸샤시테 이마스.

あなたの 親切な ケアに 感謝して います。

998

오토오토와 켁콘노 쥼비오 시테 이루.

弟は 結婚の 準備を して いる。

999

카노죠와 이샤토시테 칸쟈타치오 치료오시테 이루.

彼女は 医者として 患者たちを 治療して いる。

1000

다이가쿠인니 싱각시테 벵쿄오시테 이마스.

大学院に 進学して 勉強して います。

최근 트위터와 페이스북만 하고 있습니다.

최근 트위터와 페이스북만 하고 있습니다.

ばかり 바카리는 '~만', '~뿐'이라는 뜻의 조사로
여러 가지 중에서 하나에만 몰두하거나 집중할 때 사용합니다.

당신의 친절한 보살핌에 감사하고 있습니다.

당신의 친절한 보살핌에 감사하고 있습니다.

일본어의 2인칭 대명사는 あなた 아나타, 君 키미, お前 오마에 등이 있습니다.
あなた 아나타는 그중 가장 공손한 2인칭 대명사입니다.

남동생은 결혼 준비를 하고 있다.

남동생은 결혼의 준비를 하고 있다.

일본어에서 '동생'은 '여동생(妹 이모오토)'과 '남동생(弟 오토오토)'으로 구분이 돼 있습니다.
성별과 무관하게 쓸 수 있는 '동생'이라는 단어는 없습니다.

그녀는 의사로서 환자들을 치료하고 있다.

그녀는 의사로서 환자들을 치료하고 있다.

우리는 '의사'를 '스승 사(師)'를 써서 醫師라고 합니다.
하지만 일본에서는 '사람 자(者)'를 써서 医者 이샤라고 합니다.

대학원에 진학해서 공부하고 있습니다.

대학원에 신학해서 공부하고 있습니디.

우리말 '공부'를 한자로는 工夫라고 씁니다.
하지만 일본어에서 工夫 쿠후우라고 하면, '연구', '궁리'라는 뜻입니다.

1001

코노 카푸세루와 나니오 휘루타링구시테 쿠레루?

このカプセルは何をフィルタリングしてくれる?

1002

코룩 셍오 요쿠 누쿠 / 호오호오오 오시에테 아게루.

コルク栓をよく抜く / 方法を教えてあげる。

1003

안테나니 츄우이시테 슈우리스루.

アンテナに注意して修理する。

1004

오카네가 타리 나쿠테 와인노 카와리니 비-루오 논다.

お金が足りなくてワインの代わりにビールを飲んだ。

1005

섹케에 카이샤니 이라이시테 섹케에즈오 모랃타.

設計会社に依頼して設計図をもらった。

이 캡슐은 무엇을 필터링해주니?

이 캡슐은 무엇을 필터링해 주다?

히라가나 お와 を는 둘 다 오라고 발음하지만, 사용법은 전혀 다릅니다.
を오는 '~을(를)'이라는 뜻의 '조사'로만 사용할 수 있습니다.

코르크 마개를 잘 뽑는 방법을 가르쳐줄게.

코르크 마개를 잘 뽑다 / 방법을 가르쳐 주다.

일본어로 '마개'는 栓 셍, '뚜껑'은 蓋 후타 라고 합니다.
그리고 '눈꺼풀'은 瞼 마부타 라고 합니다.

안테나에 주의해서 수리하다.

안테나에 주의해서 수리하다.

する 스루(하다)는 '명사 + する 스루'의 형태로 동사를 만들 수도 있습니다.
이 문장에서는 '수리(修理 슈우리)'와 결합했습니다.

돈이 부족해서 와인 대신 맥주를 마셨다.

돈이 족함 않아서 와인의 대신에 맥주를 마셨다.

일본어로 '돈'을 お金 오카네 라고 하는데, '부자'는 金持ち 카네모치 라고 합니다.
직역하면, '돈을 가짐'이라는 뜻입니다.

설계 회사에 의뢰해서 설계도를 받았다.

설계 회사에 의뢰해서 설계도를 받았다.

우리말의 수수표현은 '주다'와 '받다' 뿐입니다.
하지만 일본어의 수수표현은 남이 나에게 주는지, 내가 남에게 주는지를 구분해서 3종류가 있습니다.

1006

이마 쿄오카이데 켁콘시키오 아게테 이루?

今 教会で 結婚式を 挙げて いる?

1007

켁콘시키데 샤싱오 탁산 톹테 카타즈케루 / 노모 타이헨닫타.

結婚式で 写真を たくさん 撮って 片づける / のも 大変だった。

1008

코노 세에세키데모 다이가쿠니 싱가쿠 데키루 토
오몯테 이루?

この 成績でも 大学に 進学 できると 思って いる?

1009

시아이데 카츠 / 카노오세에가 히쿠이 / 노와 싣테 이루.

試合で 勝つ / 可能性が 低い / のは 知って いる。

1010

소노 히와 켁콘시키니 읻타 / 노데 카레시토와 아이마센 데시타.

その 日は 結婚式に 行った / ので 彼氏とは 会いません でした。

지금 교회에서 결혼식을 올리고 있어?

지금 교회에서 결혼식을 올리고 있다?

일본어에는 동음이의어가 많습니다. 挙げる와 上げる는 모두 아게루 라고 읽지만,
挙げる는 '식을 거행하다', 上げる는 '위로 올리다'라는 뜻입니다.

결혼식에서 사진을 많이 찍었더니 정리하는 것도 큰일이었다.

결혼식에서 사진을 많음 찍어서 정리하다 / 것도 큰일이었다.

결혼식(結婚式 케콘시키)은 입학식(入学式 뉴우가쿠시키),
졸업식(卒業式 소츠교오시키), 여행(旅行 료코오) 등으로 바꿔 쓸 수 있습니다.

이 성적으로도 대학에 갈 수 있다고 생각해?

이 성적으로도 대학에 진학 할 수 있다라고 생각하고 있다?

일본에서는 4년제 대학을 大学 다이가쿠 라고 하고,
전문 대학은 短期大学 탕키다이가쿠 라고 합니다.

시합에서 이길 가능성이 작다는 것은 알고 있다.

시합에서 이기다 / 가능성이 낮다 / 것은 알고 있다.

우리가 중요한 시험을 앞두고 엿을 먹듯이, 일본에서는 돈가스를 먹습니다.
'이기다'라는 뜻의 勝つ 카츠 와 발음이 비슷하기 때문입니다.

그 날은 결혼식에 가서 남자친구와는 만나지 않았습니다.

그 날은 결혼식에 갔다 / 것으로 남자친구와는 만남 하지 않습니다 였습니다.

その日 소노히 는 '그날'이라는 뜻입니다. '어느 날'은 ある日 아루히 라고 합니다.

일본어와 우리말은 지나치게 비슷하다

-첫날부터 잘한다-

1 ~하고 있다.

2 ~하고 있었다.

3 ~하고 있습니다.

4 ~하고 있었습니다.

5 ~하고 있지 않다.

6 ~하고 있지 않았다.

7 ~하고 있지 않습니다.

8 ~하고 있지 않았습니다.

앞으로 소개할 8문형 미리 보기

1 타베 **테 이루.**
食べ て いる。 먹**고 있다.**

2 타베 **테 이타.**
食べ て いた。 먹**고 있었다.**

3 타베 **테 이마스.**
食べ て います。 먹**고 있습니다.**

4 타베 **테 이마시타.**
食べ て いました。 먹**고 있었습니다.**

5 타베 **테 이 나이.**
食べ て いない。 먹**고 있지 않다.**

6 타베 **테 이 나캇타.**
食べ て いなかった。 먹**고 있지 않았다.**

7 타베 **테 이 마셍.**
食べ て いません。 먹**고 있지 않습니다.**

8 타베 **테 이 마센 데시타.**
食べ て いません でした。 먹**고 있지 않았습니다.**

Tip

이루 いる는 '있다'라는 뜻의 2그룹 동사입니다. 단독으로 쓰일 때는 사람이나 동물 등 생물이 '있다', '존재하다'라는 것을 나타냅니다. 하지만 동사의 **테** て 형 + **이루** いる 의 형태가 되면 영어의 ing처럼 현재 진행 중인 상황, 상태 등을 나타냅니다.

パン	を	食べる	
팡	오	타베루	
빵	을	먹다	
パン	を	食べ	ている
팡	오	타베	테 이루
빵	을	먹	고 있다

앞으로 소개할 8문형 미리 보기

1 카 **이테 이루.**
書 いて いる。 쓰고 있다.

2 카 **이테 이타.**
書 いて いた。 쓰고 있었다.

3 카 **이테 이마스.**
書 いて います。 쓰고 있습니다.

4 카 **이테 이마시타.**
書 いて いました。 쓰고 있었습니다.

5 카 **이테 이 나이.**
書 いて いない。 쓰고 있지 않다.

6 카 **이테 이 나캇타.**
書 いて いなかった。 쓰고 있지 않았다.

7 카 **이테 이 마셍.**
書 いて いません。 쓰고 있지 않습니다.

8 카 **이테 이 마센 데시타.**
書 いて いません でした。 쓰고 있지 않았습니다.

Tip

테 て + **이루** いる 표현을 응용할 때는 **이루** いる를 응용하는데,
이때 **이루** いる는 2그룹 동사의 기본 응용법과 같은 방법으로 변화합니다.

手紙	を	書いて	い	ない
테가미	오	카이테	이	나이
편지	를	쓰고	있지	않다

手紙	を	書いて	い	ます
테가미	오	카이테	이	마스
편지	를	쓰고	있	습니다

앞으로 소개할 8문형 미리 보기

1 **시 테 이루.**
して いる。 하고 있다.

2 **시 테 이타.**
して いた。 하고 있었다.

3 **시 테 이마스.**
して います。 하고 있습니다.

4 **시 테 이마시타.**
して いました。 하고 있었습니다.

5 **시 테 이 나이.**
して いない。 하고 있지 않다.

6 **시 테 이 나캇타.**
して いなかった。 하고 있지 않았다.

7 **시 테 이 마셍.**
して いません。 하고 있지 않습니다.

8 **시 테 이 마센 데시타.**
して いません でした。 하고 있지 않았습니다.

Tip
동사의 **테** て 형 + **이루** いる 문형에서, **이루** いる 의 **이** い는 생략할 수 있습니다.

하고 있다

し 시 / ている 테이루 = し 시 / て 테 / る 루

하고 있습니다

し 시 / ています 테이마스 = し 시 / て 테 / ます 마스

1011

비쥬츠니 쿄오미오 탁삼 몯테 이마스.

美術に 興味を たくさん 持って います。

1012

진세에니 만족 시나가라 이키테 이루.

人生に 満足 しながら 生きて いる。

1013

코노 큐우죠센데 킴무시테 이루 / 히토와 난 닌데스카?

この 救助船で 勤務して いる / 人は 何 人ですか?

1014

심푸루나 시루바-링구오 하메테 이루.

シンプルな シルバーリングを はめて いる。

1015

탐펜 쇼오세츠가 세에코오시테,
마타 쇼오세츠오 카이테 이마스.

短編 小説が 成功して、また 小説を 書いて います。

미술에 흥미가 많습니다.

미술에 흥미를 많음 가지고 있습니다.

미술(美術 비쥬츠)은 문학(文学 붕가쿠), 수학(数学 스으가쿠), 음악(音楽 옹가쿠) 등으로 바꿔 쓸 수 있습니다.

인생에 만족하면서 살고 있다.

인생에 만족 함하면서 살고 있다.

동사의 명사형에 ながら 나가라 를 붙이면 '~하면서'라는 표현이 됩니다.
生きながら 이키나가라 라고 하면 '살면서'라는 뜻입니다.

이 구조선에서 근무하는 사람은 몇 명입니까?

이 구조선에서 근무하고 있다 / 사람은 몇 명입니까?

'근무하다(勤務する 킴무스루)'는
비슷한 뜻을 가진 단어인 働く 하타라쿠 (일하다, 활동하다)로 바꿔 쓸 수 있습니다.

심플한 은반지를 끼고 있다.

심플한 은반지를 끼고 있다.

일본어로 '반지를 끼다'는 リング を はめる 링구 오 하메루 라고 합니다.
'목걸이를 하다'는 ネックレス を つける 넥쿠레스 오 츠케루 라고 합니다.

단편 소설이 성공해서, 또 소설을 쓰고 있습니다.

단편 소설이 성공해서, 또 소설을 쓰고 있습니다.

また 마타 는 '또', '다시'라는 뜻의 부사입니다.
'아직'이라는 뜻의 부사 まだ 마다 와 발음이 비슷하므로 주의해야 합니다.

1016

와타시와 켁카니 낟토쿠 데키나쿠테 코오기시타.

私は 結果に 納得 できなくて 抗議した。

1017

난데모 쥬도오테키니 시타라 앙이나 진세에니 낟테 시마우.

何でも 受動的に したら 安易な 人生に なって しまう。

1018

보쿠와 세론니 쿄오칸 데키나쿠테 코맏타.

僕は 世論に 共感 できなくて 困った。

1019

오오보샤 노미니 츠으호오시테 이벤토오 싱코오스루.

応募者 のみに 通報して イベントを 進行する。

1020

돈나 리유우가 앋테모 보오료쿠와 후루이마셍.

どんな 理由が あっても 暴力は ふるいません。

나는 결과를 이해할 수 없어서 항의했다.

나는 결과에 납득 할 수 없어서 항의했다.

우리말과 달리 일본어는 1인칭 대명사가 아주 다양합니다.
私 와타시 는 그중에서도 가장 무난하게 사용할 수 있는 '나'입니다.

무엇이든 수동적으로 하면 안이한 인생이 돼 버려.

무엇이라도 수동적에 하면 안이한 인생에 돼 버리다.

일본어의 가정 표현은 たら 타라, ば 바, なら 나라, と 토 4가지가 있습니다.
이 중에서 たら 타라 는 가장 흔히 사용되는 가정법입니다.

나는 여론에 공감할 수 없어서 곤란했다.

나는 세론에 공감 할 수 없어서 곤란했다.

우리말에서는 보통 '여론(輿論)'이라는 단어를 많이 씁니다.
하지만 일본에서는 世論 세롱 이라는 말을 더 많이 사용합니다.

응모자만 통보하고 이벤트를 진행하다.

응모자 만에 통보하고 이벤트를 진행하다.

のみ 노미 는 '~만'이나 '~뿐' 같이 한정을 나타내는 부조사입니다.
비슷한 의미의 조사로는 だけ 다케 와 ばかり 바카리 가 있습니다.

어떤 이유가 있어도 폭력은 행사하지 않습니다.

어떤 이유가 있어도 폭력은 휘두름하지 않습니다.

일본어에서는 '있다'를 ある 아루 혹은 いる 이루 라고 합니다.
ある 아루 는 사물이나 식물, 추상적인 것이 있다고 할 때 사용합니나.

1021

이로이로 도록시테 미타가 벰피와 나오라 나칻타.

色々 努力して みたが 便秘は 治ら なかった。

1022

이벤토니 상카시테 게–무 소후토오 모라와 나칻타?

イベントに 参加して ゲーム ソフトを もらわ なかった?

1023

로비–데 보–카루 토레–나니 데앋테 하나시타.

ロビーで ボーカル トレーナに 出会って 話した。

1024

케에사츠쇼노 마에데 데앋테 안신시타.

警察署の 前で 出会って 安心した。

1025

쿄오자이오 푸린토시테 미루.

教材を プリントして 見る。

여러 가지로 노력해 봤지만, 변비는 낫지 않았다.

여러 가지 노력해 봤다 지만 변비는 낫지 않았다.

々는 앞의 한자를 1번 더 쓰라는 반복 부호입니다.
色々 이로이로(여러 가지), 時々 도키도키(때때로), 人々 히토비토(사람들)같이 씁니다.

이벤트에 참가해서 게임 소프트를 받지 않았어?

이벤트에 참가해서 게임 소프트를 받지 않았다?

게임 소프트(ゲームソフト 게-무소후토)는 닌텐도(任天堂 닌텐도오)나
노트북컴퓨터(ノートパソコン 노-토파소콩) 등으로 바꿔 쓸 수 있습니다.

로비에서 보컬 트레이너를 만나서 이야기했다.

로비에서 보컬 트레이너에 만나서 이야기했다.

会う 아우는 시간과 장소를 정해서 만나는 것,
出会う 데아우는 약속을 하지 않고 우연히 만나는 것을 의미합니다.

경찰서 앞에서 만나서 안심했다.

경찰서의 앞에서 만나서 안심했다.

경찰서(警察署 케에사츠쇼)는
우체국(郵便局 유우빙쿄쿠)이나 소방서(消防署 쇼오보오쇼) 등으로 바꿔 쓸 수 있습니다.

교재를 프린트해서 보다.

교재를 쓰린트해서 보다.

우리나라와는 달리, 일본은 가로쓰기와 세로쓰기를 혼용하고 있습니다.
그래서 일본 책은 우리나라 책과 페이지 넘기는 방식이 반대인 경우가 많습니다.

1026

케에상키가 나이토 토케나이 / 몬다이다 토 오모우.

計算機が ないと 解けない / 問題だ と 思う。

1027

난 도모 카이기오 시테모 이켄노 잇치 시 나이토 오몯테 이루.

何度も 会議を しても 意見の 一致 し ない と 思って いる。

1028

아시타 카라와 코레요리 몯토 오마에오 무시시테 이지메루.

明日 からは これより もっと お前を 無視して いじめる。

1029

유키가 탁산 훋테 우고케나이.

雪が たくさん 降って 動けない。

1030

카레오 무시시테 게-무오 시테 이마시타.

彼を 無視して ゲームを して いました。

계산기가 없으면 풀 수 없는 문제라고 생각하다.

계산기가 없다라면 풀 수 없다 / 문제다 라고 생각하다.

일본어의 반말 부정 표현인 ない 나이는
'없다'와 '아니다'라는 뜻을 모두 가지고 있습니다.

몇 번이나 회의해도 의견이 일치하지 않는다고 생각한다.

몇 번이나 회의를 해도 의견의 일치 함 않다라고 생각하고 있다.

일본어 조사 も 모는 원래 '~도'라는 뜻입니다.
하지만, 숫자의 뒤에 오면 '~이나'라는 강조의 의미로 사용됩니다.

내일부터는 이것보다 더 너를 무시하고 괴롭힐 거야.

내일부터는 이것보다 더 너를 무시하고 괴롭히다.

明日(내일)은 あした 아시타 혹은 あす 아스 라고 합니다.
あした 아시타 는 일상에서 쓰는 평어고, あす 아스 는 딱딱하고 정중한 말입니다.

눈이 많이 내려서 움직일 수 없다.

눈이 많음 내려서 움직일 수 없다.

일본어로 '눈'은 雪 유키, '비'는 雨 아메, '바람'은 風 카제 라고 합니다.

그를 무시하고 게임을 하고 있었습니다.

그를 무시하고 게임을 하고 있었습니다.

게임(ゲーム 게-무)은
공부(勉強 벵쿄오), 일(仕事 시고토), 이야기(話 하나시) 등으로 바꿔 쓸 수 있습니다.

1031

코노 후쿠 오 스치-무 센타쿠키 니 이레테 쿠레루?

この 服を スチーム 洗濯機に 入れて くれる?

1032

사이바- 스페-스 데 한자이코오이 오 시타 / 히토 가 니게테 이마스.

サイバー スペースで 犯罪行為を した / 人が 逃げて います。

1033

화운데-숑 카시테 쿠레테 아리가토오!

ファウンデーション 貸して くれて ありがとう!

1034

이라이 시타 / 바나- 노 삼푸루 오 미테 이루.

依頼した / バナーの サンプルを 見て いる。

1035

도코 데 잠파- 오 히롣타 카 오시에테 쿠레루?

どこで ジャンパーを 拾ったか 教えて くれる?

이 옷을 스팀 세탁기에 넣어 줄래?

이 옷을 스팀 세탁기에 넣어 주다?

옷(服 후쿠)은 와이셔츠(ワイシャツ 와이샤츠), 바지(ズボン 즈봉),
원피스(ワンピース 완피-스) 등으로 바꿔 쓸 수 있습니다.

사이버 스페이스에서 범죄를 저지른 사람이 도망치고 있습니다.

사이버 스페이스에서 범죄행위를 했다 / 사람이 도망치고 있습니다.

일본은 사형을 실제로 집행합니다.
2012년 12월 집권한 아베 총리의 현 정권은 2018년 2월 현재까지 총 21건의 사형을 집행했습니다.

파운데이션 빌려줘서 고마워!

파운데이션 빌려 줘서 고마워!

일본어의 감사 인사말인 ありがとう 아리가토오는 한자로는 **有難う**라고 씁니다.
직역하면 '있기 힘든 일'이 됩니다.

의뢰했던 배너 샘플을 보고 있다.

의뢰했다 / 배너의 샘플을 보고 있다.

샘플(サンプル 삼푸루)은
'견본'이라는 뜻의 단어 **見本** 미홍으로 바꿔 쓸 수 있습니다.

어디에서 잠바를 주웠는지 알려줄래?

어디에서 잠바를 주웠다인지 가르쳐 주다?

どこ 도코는 '어디'라는 뜻입니다.
'여기'는 ここ 코코, '거기'는 そこ 소코, '저기'는 あそこ 아소코라고 합니다.

1036

와칸테 이루카라 에딧토니 캉요시 나이데 쿠레루?

分かって いるから エディットに 関与し ないで くれる?

1037

캼푸데 카제오 히이테 츄우샤오 웃타.

キャンプで 風邪を ひいて 注射を 打った。

1038

인슈린 츄우샤오 웃테 키타.

インシュリン 注射を 打って 来た。

1039

코코데 후란스 료오리오 시테 이타.

ここで フランス 料理を して いた。

1040

아네와 미신데 지-팡오 슈우젠시테 이루.

姉は ミシンで ジーパンを 修繕して いる。

알고 있으니까 편집에 관여하지 말아 줄래?

알고 있다 니까 편집 에 관여 함 않아 주다?

'알다'는 일본어로 知る 시루 혹은 分かる 와카루 라고 합니다.
分かる 와카루 는 어떤 사실을 이해하거나 깨달았을 때 사용하는 '알다'입니다.

캠프에서 감기에 걸려 주사를 맞았다.

캠프 에서 감기 를 걸려서 주사 를 맞았다.

일본어로 '감기'라는 뜻의 단어인 風邪 카제 는
'바람'이라는 뜻의 風 카제 와 발음이 같습니다.

인슐린 주사를 맞고 왔다.

인슐린 주사 를 맞고 왔다.

히라가나 お와 を는 둘 다 오 라고 하지만, 사용법은 전혀 다릅니다.
を 오 는 '~을(를)'이라는 뜻의 '조사'로만 쓰고, 일반 단어로는 쓰지 않습니다.

여기에서 프랑스 요리를 하고 있었다.

여기 에서 프랑스 요리 를 하고 있었다.

프랑스(フランス 후란스)는
이탈리아(イタリア 이타리아)나 영국(イギリス 이기리스) 등으로 바꿔 쓸 수 있습니다.

언니는 재봉틀로 청바지를 수선하고 있다.

언니 는 재봉틀 로 청바지 를 수선 하고 있다.

일본어로 '바지'를 ズボン 즈봉 이라고 하는데,
'청바지'는 ジーンズ 지-인즈 혹은 ジーパン 지-팡 이라고 합니다.

1041

몬토 쿠와시쿠 오시에테 쿠레마셍카?

もっと 詳しく 教えて くれませんか?

1042

쿠라이막쿠스노 갸쿠텐니 츠이테 세츠메에시테 쿠레루?

クライマックスの 逆転に ついて 説明して くれる?

1043

인타-안십푸오 소오루데 싱코오시테 이마스.

インターンシップを ソウルで 進行して います。

1044

카노죠와 에에가 칸토쿠오 메자시테 이루.

彼女は 映画 監督を 目指して いる。

1045

혼토오니 아노 후타리가 데-토시테 이타?

本当に あの 二人が デートして いた?

더 자세하게 가르쳐 주지 않겠습니까?

더 상세하게 가르쳐 주지 않습니까?

もっと 몯토는 '더', '더욱'이라는 뜻인데,
最も 몯토모라고 하면 '가장', '무엇보다도'라는 의미가 됩니다.

결말의 반전에 관해 설명해 줄래?

클라이맥스의 역전에 관해서 설명해 주다?

'설명해 줄래?(説明してくれる? 세츠메에 시테 쿠레루?)'는
'이야기해 줄래?(話してくれる? 하나시테 쿠레루?)'로 바꿔 쓸 수 있습니다.

인턴십을 서울에서 진행하고 있습니다.

인턴십을 서울에서 진행하고 있습니다.

일본어로 '서울'은 ソウル 소오루, '도쿄'는 東京 토오쿄오, '베이징'은 北京 페킹 이라고 합니다.

그녀는 영화감독을 목표로 하고 있다.

그녀는 영화 감독을 지향하고 있다.

目指す 메자스는 '지향하다', '목표로 하다'라는 뜻의 동사입니다.
장래에 무엇이 되고 싶다고 할 때나 바라는 목표에 관해 이야기할 때 사용합니다.

정말로 저 둘이 데이트하고 있었어?

정말에 저 두 사람이 데이트하고 있었다?

일본어로 '두 사람(2명)'은 二人 후타리, '한 사람(1명)'은 一人 히토리 라고 합니다.
3명부터는 人수를 사용합니다.

1046

센세에니 뎅와시테 시츠몬스루.

先生に 電話して 質問する。

1047

소노 싱고오노 토나리니 아루 / 나이카니 잇테 미타?

その 信号の 隣に ある / 内科に 行って みた?

1048

소노 게-토오 츠으카시테 하싣타.

その ゲートを 通過して 走った。

1049

아나타가 도오이시타 / 죠오켕오 켄토오시테 이마스.

あなたが 同意した / 条件を 検討して います。

1050

푸레젠토 요오데 세-타-오 칻테 와타시노 쿠츠시타모 칻타.

プレゼント 用で セーターを 買って 私の 靴下も 買った。

선생님에게 전화해서 질문하다.

선생님에게 전화해서 질문하다.

우리는 선생님을 선생'님'이라고 존칭을 붙여 부릅니다.
하지만 일본에서는 그냥 先生 센세에 (선생님)라고 합니다.

그 신호등 옆에 있는 내과에 가 봤어?

그 신호의 옆에 있다 / 내과에 가 봤다?

일본어로 '옆'을 뜻하는 단어는 隣 토나리, 横 요코, そば 소바 등이 있습니다.
隣 토나리는 '옆', '이웃', '이웃집'이라는 뜻입니다.

그 게이트를 통과해서 달렸다.

그 게이트를 통과해서 달렸다.

3그룹 동사 중 하나인 する 스루 (하다)는
'명사 + する 스루'의 형태로 동사를 만들 수도 있습니다.

당신이 동의한 조건을 검토하고 있습니다.

당신이 동의했다 / 조건을 검토하고 있습니다.

일본어는 2인칭 대명사가 다양합니다.
あなた 아나타는 그중에서 가장 공손한 표현으로, '당신'이라는 뜻입니다.

선물용으로 스웨터를 사고 내 양말도 샀다.

선물 용으로 스웨터를 사고 나의 양말도 샀다.

스웨터(セーター 세-타-)는
머플러(マフラー 마후라-), 장갑(手袋 테부쿠로) 등으로 바꿔 쓸 수 있습니다.

1051

쿠-라- 오 케시테 쿠다사이 토 타논데 쿠레나이?

クーラーを 消して くださいと 頼んで くれない?

1052

스켓치북쿠 니 에가이타 / 히토 가 다레 카
오시에테 쿠레루?

スケッチブックに 描いた / 人が 誰か 教えて くれる?

1053

아타라시이 / 데지타루카메라 니 츠이테 나얀데 이루.

新しい / デジタルカメラに ついて 悩んで いる。

1054

네-데루란도 데 나츠야스미 오 스고시테 이루.

ネーデルランドで 夏休みを 過ごして いる。

1055

콘츄우 오 칸사츠 시테 키록 시테 오이타.

昆虫を 観察して 記録して おいた。

냉방 장치를 꺼달라고 부탁해주지 않을래?

냉방 장치를 꺼 주세요라고 부탁해 주지 않다?

'냉방 장치'는
クーラー 쿠-라- (쿨러) 혹은 エアコン 에아콩 (에어컨)이라는 표현을 사용합니다.

스케치북에 그린 사람이 누구인지 알려줄래?

스케치북에 그렸다 / 사람이 누구인지 가르쳐 주다?

일본어로 '(그림을) 그리다'라는 뜻의 동사 描く는
えがく 에가쿠 혹은 かく 카쿠 라고 읽습니다.

새 디지털카메라에 대해 고민하고 있다.

새롭다 / 디지털카메라에 대해서 고민하고 있다.

우리가 '디지털카메라'를 '디카'라고 줄여서 부르듯이,
일본에서도 デジタルカメラ 데지타루카메라 를 デジカメ 데지카메 라고 줄여 부릅니다.

네덜란드에서 여름 방학을 보내고 있다.

네덜란드에서 여름 방학을 보내고 있다.

우리는 '방학'과 '휴가'를 구별합니다.
하지만 일본에서는 '방학', '휴가', '휴일', '휴식'을 모두 休み 야스미 라고 표현합니다.

곤충을 관찰하고 기록해 뒀다.

곤충을 관찰하고 기록해 뒀다.

곤충(昆虫 콘츄우)은
식물(植物 쇼쿠부츠), 꽃(花 하나), 토마토(トマト 토마토) 등으로 바꿔 쓸 수 있습니다.

1056

요오인니 츠이테 론리테키나 분세키오 스루.

要因に ついて 論理的な 分析を する。

1057

이마 욘데 이루 / 망가노 츠기노 나이요오가 키니 나루.

今 読んで いる / 漫画の 次の 内容が 気に なる。

1058

스타지오가 아츠이카라 셈푸우키오 카케테 쿠레루?

スタジオが 暑いから 扇風機を かけて くれる?

1059

오레와 보스카라 쥬우요오나 비지네스바카리 모랃테 이타.

俺は ボスから 重要な ビジネスばかり もらって いた。

1060

카레와 이벤토오 카이사이시테 미타 / 케에켕가 아루.

彼は イベントを 開催して みた / 経験が ある。

요인에 관해 논리적인 분석을 한다.

요인에 관해서 논리적인 분석을 하다.

について 니 츠이테는 '~에 대해서', '~에 관해서'라는 뜻입니다.
비슷한 표현으로 に対して 니 타이시테가 있습니다.

지금 보고 있는 만화의 다음 내용이 궁금하다.

지금 읽고 있다 / 만화의 다음의 내용이 기운에 되다.

気になる 키 니 나루는 '궁금하다'라는 뜻 외에,
'신경 쓰이다', '걱정되다'라는 뜻도 있습니다.

스튜디오가 더우니까 선풍기를 틀어줄래?

스튜디오가 덥다니까 선풍기를 걸어 주다?

스튜디오(スタジオ 스타지오)는
교실(教室 쿄오시츠)이나 사무실(事務所 지무쇼) 등으로 바꿔 쓸 수 있습니다.

나는 보스로부터 중요한 비즈니스만 받고 있었다.

나는 보스부터 중요한 비즈니스만 받고 있었다.

俺 오레는 '나'라는 뜻의 1인칭 대명사입니다.
일본어는 1인칭 대명사가 다양해서 상황이나 대화 상대에 따라 적절한 대명사를 골라 써야 합니다.

그는 이벤트를 개최해 본 경험이 있다.

그는 이벤트를 개최해 봤다 / 경험이 있다.

어떤 경험이 있음을 이야기할 때는
してみたことがある 시테 미타 코토 가 아루(해 본 적 있다)는 표현도 쓸 수 있습니다.

1061

카노죠노 켁콘시키니와 슛세키시테 이왇타.

彼女の 結婚式には 出席して 祝った。

1062

카레노 하나시와 난 도모 키이테모 리카이 데키나이.

彼の 話は 何 度も 聞いても 理解 できない。

1063

로시아마데 읻테 시베리아 오오단 테츠도오니 놑타?

ロシアまで 行って シベリア 横断 鉄道に 乗った?

1064

카-도니 펜데 나마에오 카이테 아리마시타카?

カードに ペンで 名前を 書いて ありましたか?

1065

푸레젠토데 로봇토오 모랃타토 닉키쵸오니 카이테 앋타.

プレゼントで ロボットを もらったと 日記帳に 書いて あった。

그녀의 결혼식에는 출석해서 축하했다.

그녀의 결혼식에는 출석해서 축하했다.

彼女 카노죠 는 '그녀'라는 뜻의 3인칭 대명사인데, '여자친구'라는 뜻도 있습니다.
'남자친구'는 彼氏 카레시 라고 합니다.

그의 이야기는 몇 번을 들어도 이해할 수 없다.

그의 이야기는 몇 번이나 들어도 이해 할 수 없다.

일본어 조사 も 모 는 원래 '~도'라는 뜻인데,
숫자의 뒤에서는 '~이나'라는 강조의 의미가 됩니다.

러시아까지 가서 시베리아 횡단 열차를 탔어?

러시아까지 가서 시베리아 횡단 철도에 탔다?

乗る 노루 ((교통수단에) 타다)는 조사 に 니 와 한 쌍을 이루는 동사이므로,
に 乗る 니 노루 의 형태로 외우는 게 좋습니다.

카드에 펜으로 이름을 적어뒀습니까?

카드에 펜으로 이름을 쓰고 있음했습니까?

일본어로 '이름'은 名前 나마에, '성(姓)'은 名字 묘오지 라고 합니다.

선물로 로봇을 받았다고 일기장에 쓰여 있었다.

선물로 로봇을 받았다라고 일기장에 쓰고 있었다.

로봇(ロボット 로봍토)은
봉제 인형(ぬいぐるみ 누이구루미), 그림책(絵本 에홍) 등으로 바꿔 쓸 수 있습니다.

1066

쿠이-잉 야쿠노 히쥬우가 타카이 / 코토니 츠이테 하나시아우.

クイーン 役の 比重が 高い / ことに ついて 話し合う。

1067

로봇토오 콘토로-루시테 미타?

ロボットを コントロールして みた?

1068

코노 학카-노 쇼자이오 싣테 이루 / 히토와 다레데스카?

この ハッカーの 所在を 知って いる / 人は 誰ですか?

1069

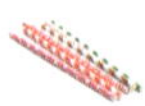

스토로-오 코코니 스테테 읻타.

ストローを ここに 捨てて 行った。

1070

쇼오지키, 손스루 / 코토바카리 심파이시테 이나이?

正直、損する / ことばかり 心配して いない?

여왕 역의 비중이 높은 것에 관해 의논하다.

여왕 역의 비중이 높다 / 일에 관해 의논하다.

話し合う 하나시아우는 話す 하나스(이야기하다)와 合う 아우(합쳐지다)가 합쳐진 형태로, '서로 이야기하다', '의논하다'라는 뜻입니다.

로봇을 제어해 봤어?

로봇을 컨트롤해 봤다?

일본의 고유 글자로는 히라가나와 가타카나 2종류가 있습니다.
이중 가타카나는 외국어나 외래어, 강조하고 싶은 부분 등을 표기할 때 사용합니다.

이 해커의 소재를 아는 사람은 누구입니까?

이 해커의 소재를 알고 있다 / 사람은 누구입니까?

人을 일본어로 ひと 히토 혹은 にん 닝이라고 합니다.
ひと 히토는 '사람'이라는 뜻이고, にん 닝은 사람 수를 셀 때 주로 사용합니다.

빨대를 여기에 버리고 갔다.

빨대를 여기에 버리고 갔다.

일본어로 '쓰레기'는 ゴミ 고미, '쓰레기통'은 ゴミ箱 고미바코,
'쓰레기봉투'는 ゴミ袋 고미부쿠로, '쓰레기장'은 ゴミ捨て場 고미스테바라고 합니다.

솔직히 손해 보는 것만 걱정하고 있지 않아?

정직, 손해보다 / 일만 걱정하고 있지 않다?

正直 쇼오지키는 '정직'이라는 뜻인데, '솔직히'라는 의미로도 사용됩니다.

일본어와 우리말은 지나치게 비슷하다

-첫날부터 잘한다-

1 ~해 있다.

2 ~해 있었다.

3 ~해 있습니다.

4 ~해 있었습니다.

5 ~해 있지 않다.

6 ~해 있지 않았다.

7 ~해 있지 않습니다.

8 ~해 있지 않았습니다.

앞으로 소개할 8문형 미리 보기

1 시메 **테 아루.**
閉め て ある。 닫**혀 있다.**

2 시메 **테 앋타.**
閉め て あった。 닫**혀 있었다.**

3 시메 **테 아리마스.**
閉め て あります。 닫**혀 있습니다.**

4 시메 **테 아리마시타.**
閉め て ありました。 닫**혀 있었습니다.**

5 시메 **테 나이.**
閉め て ない。 닫**혀 있지 않다.**

6 시메 **테 나칻타.**
閉め て なかった。 닫**혀 있지 않았다.**

7 시메 **테 아리 마셍.**
閉め て あり ません。 닫**혀 있지 않습니다.**

8 시메 **테 아리 마센 데시타.**
閉め て あり ません でした。 닫**혀 있지 않았습니다.**

Tip

아루 ある는 '있다'라는 뜻의 1그룹 동사입니다.
단독으로 쓰일 때는 식물이나 사물 등이 '있다'고 할 때 사용합니다.
하지만 동사의 **테** て 형과 조합하면, 무엇이 '돼 있다'라는 뜻이 됩니다.

窓が 마도가 / ある 아루 : 창문이 **있다**

窓が 마도가 / 閉め 시메 / て 테 / ある 아루 : 창문이 **닫혀 있다**

앞으로 소개할 8문형 미리 보기

1 카 **이테 아루.**
書 いて ある。 쓰여 있다.

2 카 **이테 앋타.**
書 いて あった。 쓰여 있었다.

3 카 **이테 아리마스.**
書 いて あります。 쓰여 있습니다.

4 카 **이테 아리마시타.**
書 いて ありました。 쓰여 있었습니다.

5 카 **이테 나이.**
書 いて ない。 쓰여 있지 않다.

6 카 **이테 나칻타.**
書 いて なかった。 쓰여 있지 않았다.

7 카 **이테 아리 마셍.**
書 いて あり ません。 쓰여 있지 않습니다.

8 카 **이테 아리 마센 데시타.**
書 いて あり ません でした。 쓰여 있지 않았습니다.

Tip

이루 いる와 **아루** ある는 둘 다 '있다'라는 뜻의 동사입니다. 단독으로 쓰일 때의 **이루** いる는 '생물'이 있다는 뜻이고, **아루** ある는 '무생물'이 있다는 뜻입니다. 하지만 동사의 **테** て 형과 조합되면, '상황'이 달라집니다.

동사의 て**형** + **이루** いる : 동사의 행동을 지금 하고 있는 중

동사의 て**형** + **아루** ある : 누군가가 동사의 행동을 이미 해 둔 상황

앞으로 소개할 8문형 미리 보기

1 시 테 아루.
し て ある。 해져 있다.

2 시 테 앝타.
し て あった。 해져 있었다.

3 시 테 아리마스.
し て あります。 해져 있습니다.

4 시 테 아리마시타.
し て ありました。 해져 있었습니다.

5 시 테 나이.
し て ない。 해져 있지 않다.

6 시 테 나캍타.
し て なかった。 해져 있지 않았다.

7 시 테 아리 마셍.
し て あり ません。 해져 있지 않습니다.

8 시 테 아리 마센 데시타.
し て あり ません でした。 해져 있지 않았습니다.

Tip

동사의 **테** て 형 + **아루** ある 표현을 응용할 때는, 동사의 **테** て 형 + **이루** いる 문형과 마찬가지로 **아루** ある를 활용합니다. **아루** ある는 1그룹 동사의 기본 응용법과 같은 방법으로 변화하는데, 부정표현은 **아라나이** あらない가 아니라, 그냥 **나이** ない 입니다.

して 시테 해져	ある 아루 있다

して 시테 해져	ない 나이 있지 않다

1071

도아니와 『카요오비와 야스미마스』토 카이테 앋타.

ドアには『火曜日は 休みます』と 書いて あった。

1072

테스토와 오왇타가 슈쿠다이가 탁산 노콛테 아루.

テストは 終わったが 宿題が たくさん 残って ある。

1073

낟토오노 산치가 도코카 카이테 아루.

納豆の 産地が どこか 書いて ある。

1074

아타라시이 / 소화ー오 츄우몬시테 앋타.

新しい / ソファーを 注文して あった。

1075

마치노 츄우신치니 쿠리스마스츠리ー가 셋치시테 아루.

町の 中心地に クリスマスツリーが 設置して ある。

문에는 『화요일은 쉽니다』라고 쓰여 있었다.

문에는 『화요일은 쉼합니다』라고 쓰고 있었다.

일본어도 우리말처럼 조사와 조사를 연결해서 쓸 수 있습니다.
이 문장에서는 に 니 (~에)와 は 와 (~은, 는)가 붙어서 には 니와 (~에는)가 쓰였습니다.

시험은 끝났지만, 숙제가 많이 남아 있다.

시험은 끝났다지만 숙제가 많음 남아 있다.

일본어에서는 '있다'를 ある 아루 혹은 いる 이루라고 합니다.
ある 아루는 사물이나 식물, 추상적인 것이 있다고 할 때 사용합니다.

낫토의 산지가 어디인지 쓰여 있다.

낫토의 산지가 어디인지 쓰고 있다.

納豆 낟토오 (낫토)는 우리의 청국장과 비슷한 일본의 전통 음식입니다.
끈적끈적하고 독특한 냄새가 나는 것이 특징입니다.

새 소파를 주문했다.

새롭다 / 소파를 주문하고 있었다.

일본어의 형용사는 'い 이 형용사'와 'な 나 형용사'로 나뉩니다.
い 이 형용사는 마지막 글자 い 이 뒤에 명사를 연결합니다.

마을 중심지에 크리스마스트리가 설치돼 있다.

마을의 중심지에 크리스마스트리가 설치해 있다.

町은 まち 마치 라고 읽으면 '거리', '동네'라는 뜻이지만,
ちょう 쵸오 라고 하면 일본의 행정구역 명칭이 됩니다.

1076

유우메에나 쇼오세츠 데스 가,
욘데 미타 / 코토와 아리 마셍.

有名な 小説 です が、読んで みた / ことは あり ません。

1077

지칸니 요유우가 앋테, 육쿠리 아루이테 이타.

時間に 余裕が あって、ゆっくり 歩いて いた。

1078

낭쿄쿠마데 키테 나니오 켕큐우시테 이루?

南極まで 来て 何を 研究して いる?

1079

카노죠와 카레시토 히로오엔니 읻타 / 노 데, 이마 이마셍.

彼女は 彼氏と 披露宴に 行った / の で、今 いません。

1080

시-츠노 우에니 휘루무가 아루카 미테 쿠레루?

シーツの 上に フィルムが あるか 見て くれる?

유명한 소설이지만, 읽어본 적은 없습니다.

유명한 소설 입니다 지만,
읽어 봤다 / 일은 있음 하지 않습니다.

1987년 발매된 무라카미 하루키의 소설 '상실의 시대'의 일본 원제는 '노르웨이의 숲(ノルウェ　の森 노르웨-노모리)'입니다.

시간 여유가 있어서, 천천히 걷고 있었다.

시간에 여유가 있어서, 천천히 걷고 있었다.

ゆっくり 육쿠리 는 '천천히', '느긋하게'라는 뜻입니다.
ごゆっくり 고육쿠리 라고 하면 '편안히 쉬세요', '푹 쉬세요'라는 관용어(인사)입니다.

남극까지 와서 뭘 연구하고 있어?

남극 까지 와서 무엇을 연구 하고 있다?

来る 쿠루 (오다)는 응용에 따라 어간까지 바뀌기 때문에 か 카 행 변격 동사라고 부릅니다.
동사의 て 테 형에서는 き 키 로 변합니다.

그녀는 남자친구랑 피로연에 가서, 지금 없습니다.

그녀는 남자친구와 피로연에 갔다 / 것 으로, 지금 없습니다.

일본에서 '애인(愛人 아이징)'은 '정부', '불륜 상대'라는 뜻입니다.
일반적으로는 '연인(恋人 코이비토)'이라는 표현을 씁니다.

시트 위에 필름이 있는지 봐줄래?

시트 의 위에 필름이 있다 인지 봐 주다?

조사 が 가 는 '~이,가'라는 의미입니다. 하지만 か 카 는 '~인지'라는 뜻입니다.
비슷하지만 다른 용법, 다른 의미이므로 잘 구분해야 합니다.

1081

보쿠와 코-히- 쟈 나쿠, 오챠오 논데 이마스.

僕は コーヒー じゃ なく、お茶を 飲んで います。

1082

팃슈페-파-노 삼푸루다케 모랕테 이소이데 읻타.

ティッシュペーパーの サンプルだけ もらって 急いで 行った。

1083

푸랑오 삭세에시테 쿠립푸데 토메테 쿠레루?

プランを 作成して クリップで 留めて くれる?

1084

아타라시이 / 소화-토 쿳숑오 캍테 키모치가 이이.

新しい / ソファーと クッションを 買って 気持ちが いい。

1085

부루존노 화스나-와 나오시테 오이타.

ブルゾンの ファスナーは 直して おいた。

저는 커피가 아니라, 차를 마시고 있습니다.

나는 커피가 아니라, 차를 마시고 있습니다.

일본에서는 음료로 차를 많이 마십니다. 가루 녹차인 '말차'가 유명하기도 합니다.
말차는 抹茶 맛챠 라고 합니다.

티슈 샘플만 받고 급하게 갔다.

티슈의 샘플만 받고 급하게 갔다.

ティッシュペーパー 팃슈페-파- 는 갑 티슈를 의미합니다.
두루마리 화장지는 トイレットペーパー 토이렛토페-파- 라고 합니다.

계획을 작성해서 클립으로 고정해 줄래?

계획을 작성해서 클립으로 고정해 주다?

クリップ 쿠립푸 는 '클립'을 의미합니다.
'스테이플러'는 ホチキス 호치키스, '가위'는 ハサミ 하사미 라고 합니다.

새 소파랑 쿠션을 사서 기분이 좋다.

새롭다 / 소파와 쿠션을 사서 기분이 좋다.

気持ち 키모치 는 '기분', '마음'이라는 뜻입니다.
기분의 좋고 나쁨 뿐만 아니라, '마음이 있다'라는 표현에도 사용할 수 있습니다.

블루종의 지퍼는 고쳐 뒀다.

블루종의 지퍼는 고쳐 뒀다.

블루종(ブルゾン 부루종)은
코트(コート 코-토), 재킷(ジャケット 쟈켓토) 등으로 바꿔 쓸 수 있습니다.

1086

샤와－오 아비테 소화－니 요코니 낟타.

シャワーを 浴びて ソファーに 横に なった。

1087

이마 앋테 이루 / 히토와 오코리 야스이 / 세에카쿠 다.

今 会って いる / 人は 怒り やすい / 性格 だ。

1088

옹가쿠가 나가레테 이루.

音楽が 流れて いる。

1089

지분노 텐스으니 만족시테 이루.

自分の 点数に 満足して いる。

1090

쿄오쥬노 즈본노 화스나－가 히라이테 이루 / 노오 미츠케타.

教授の ズボンの ファスナーが 開いて いる / の を 見つけた。

샤워하고 소파에 누웠다.

샤워를 뒤집어쓰고 소파에 가로에 됐다.

우리는 '샤워를 한다'고 합니다. 하지만 일본어에서는 '뒤집어쓰다(浴びる 아비루)'를 써서
シャワーを浴びる 샤와- 오 아비루라고 합니다.

지금 만나는 사람은 쉽게 화를 내는 성격이다.

지금 만나고 있다 / 사람은 화냄 쉽다 / 성격이다.

会う 아우(만나다)는 시간과 장소를 정해서 만나는 것을 의미합니다.
우연히 만났을 때는 出会う 데아우라는 표현을 씁니다.

음악이 흐르고 있다.

음악이 흐르고 있다.

流れる 나가레루(흐르다)는 물(水 미즈)이나 피(血 치) 외에
음악(音楽 옹가쿠)이나 구름(雲 쿠모) 등과도 함께 사용할 수 있습니다.

자신의 점수에 만족하고 있다.

자신의 점수에 만족하고 있다.

우리는 점수를 '받았다'고 합니다.
하지만 일본어에서는 '점수를 따다(点数を取る 텐스으 오 토루)'라는 표현을 사용합니다.

교수님의 바지 지퍼가 열려 있는 것을 발견했다.

교수의 바지의 지퍼가 열려 있다 / 것을 발견했다.

일본에서는 대학에서도 보통 '선생님(先生 센세에)'이라고 하고,
'교수(教授 쿄오쥬)'라는 표현은 잘 쓰지 않습니다.

1091

쿠우코오데 다이나마이토오 학켄시타/ 노데 싱콕시타.

空港で ダイナマイトを 発見した / ので 申告した。

1092

카레와 타이카이데 유우쇼오시테 푸로 데뷰- 시마시타.

彼は 大会で 優勝して プロ デビュー しました。

1093

홧숀 센스가 이이 / 모데루오 쇼오카이시테 쿠레루?

ファッション センスが いい / モデルを 紹介して くれる?

1094

츄우센가 미 타이 나라, 쟘푸시테 미루 / 노 와 도오?

抽選が 見 たい なら、ジャンプして みる / の は どう?

1095

카노죠와 소노 쇼오죠니 도오죠오시테 시엥오 하지메타.

彼女は その 少女に 同情して 支援を 始めた。

공항에서 다이너마이트를 발견해서 신고했다.

공항에서 다이너마이트를 발견했다 / 것으로 신고했다.

공항(空港 쿠우코오)을
학교(学校 각코오)나 공원(公園 코오엥), 항구(港 미나토) 등으로 바꿔 쓸 수 있습니다.

그는 대회에서 우승해서 프로로 데뷔했습니다.

그는 대회에서 우승해서 프로 데뷔 함 했습니다.

で 데는 '~에서'나 '~으로'처럼 조사로도 사용하지만,
동사의 て 테 형으로도 폭넓게 사용됩니다.

패션 감각이 좋은 모델을 소개해 줄래?

패션 센스가 좋다 / 모델을 소개해 주다?

いい 이이(좋다)는 응용하면 よく 요쿠로 어간이 변합니다.
いい 이이와 よく 요쿠 모두 많이 쓰는 형태이므로 잘 알아두는 게 좋습니다.

추첨이 보고 싶다면, 점프해 보는 건 어때?

추첨이 봄 하고 싶다 라면, 점프해 보다 / 것은 어떻다?

見たい 미타이는 말 그대로 '보는 것을' 하고 싶을 때 사용합니다.
누군가가 그립거나 만나고 싶을 때는 会いたい 아이타이라고 합니다.

그녀는 그 소녀를 동정해서 지원을 시작했다.

그녀는 그 소녀에 동정해서 지원을 시작했다.

소녀(少女 쇼오죠)는
소년(少年 쇼오넨)이나 학생(学生 각세에), 사람(人 히토) 등으로 바꿔 쓸 수 있습니다.

1096

카노죠와 키타이오 우케테 이루 / 유우슈우나 진자이 데스.

彼女は 期待を 受けて いる / 優秀な 人材 です。

1097

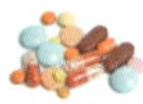

남뵤오니 키쿠 / 싱야쿠오 카이하츠시테 이루.

難病に 効く / 新薬を 開発して いる。

1098

이에마데 이쿠 / 바스가 아루카 켄삭시테 앋타.

家まで 行く / バスが あるか 検索して あった。

1099

토시니와 항카가이가 탁상 앋테 이츠모 니기야카 다.

都市には 繁華街が たくさん あって いつも 賑やか だ。

1100

아타라시이 / 카메라오 츠칻테 샤싱오 톧테 이마스.

新しい / カメラを 使って 写真を 撮って います。

그녀는 기대를 받는 인재입니다.

그녀는 기대를 받고 있다 / 우수한 인재 입니다.

일본어로 '받다'를 受ける 우케루 혹은 もらう 모라우 라고 합니다.
受ける 우케루는 피해나 혜택, 상황 등 '물건이 아닌 것'을 받을 때 씁니다.

난치병에 효과 있는 신약을 개발하고 있다.

난치병에 듣다 / 신약을 개발하고 있다.

우리는 '약을 먹는다'고 합니다.
하지만, 일본에서는 '약을 마시다(薬を飲む 쿠스리 오 노무)'라는 표현을 사용합니다.

집까지 가는 버스가 있는지 검색해 두었다.

집까지 가다 / 버스가 있다인지 검색하고 있었다.

家를 일본어로 いえ 이에 혹은 うち 우치 라고 합니다.
いえ 이에는 실제 건물을 뜻하는 '집'을, うち 우치는 심리적인 '우리 집'을 말합니다.

도시에는 번화가가 많아서 항상 활기차다.

도시에는 번화가가 많음 있어서 언제나 활기참 이다.

일본에서는 도시(都市 토시)나 도회(都会 토카이)를 비슷하게 사용합니다.

새 카메라로 사진을 찍고 있습니다.

새롭다 / 카메라를 써서 사진을 찍고 있습니다.

동사의 て 테 형은 중지형(~하고)으로도,
원인과 이유(~해서)로도 사용됩니다.

1101

소노 아파-토니 마타 읻테 나니오 스루?

その アパートに また 行って 何を する?

1102

아레루기-가 앋테 모모와 타베 마셍.

アレルギーが あって 桃は 食べ ません。

1103

와타시가 타베루 / 사라다오 츠쿧테 쿠레루?

私が 食べる / サラダを 作って くれる?

1104

혼샤니 로이야루티-오 시하랃테 이루.

本社に ロイヤルティーを 支払って いる。

1105

쿠우코오 마데와 쿠루마데 읻테,
소노 아토와 히코오키니 노리마스.

空港 までは 車で 行って、その 後は 飛行機に 乗ります。

그 아파트에 또 가서 뭐해?

그 아파트에 또 가서 무엇을 하다?

일본의 アパート 아파-토는 우리나라의 다세대 주택에 가까운 건축물입니다.
우리나라의 아파트와 비슷한 건축물은 マンション 만숀이라고 합니다.

알레르기가 있어서 복숭아는 먹지 않습니다.

알레르기가 있어서 복숭아는 먹음 하지 않습니다.

알레르기(アレルギー 아레루기-)를 유발하는 대표적인 음식으로는
우유(牛乳 규우뉴우), 달걀(卵 타마고), 게(カニ 카니) 등이 있습니다.

내가 먹을 샐러드를 만들어 줄래?

나가 먹다 / 샐러드를 만들어 주다?

'만들다'라는 뜻의 동사 作る 츠쿠루는
사물을 만드는 것이나 조직을 세우는 것, 요리하는 것에도 사용할 수 있습니다.

본사에 로열티를 지급하고 있다.

본사에 로열티를 지급하고 있다.

히라가나 お와 を는 둘 다 오라고 발음하지만, 사용법은 전혀 다릅니다.
を 오는 '~을(를)'이라는 뜻의 '조사'로만 사용할 수 있습니다.

공항까지는 차로 가고, 그 뒤는 비행기를 탑니다.

공항까지는 차로 가고, 그 다음은 비행기에 탐합니다.

차(車 쿠루마)는
자동차(自動車 지도오샤)나 버스(バス 바스), 지하철(地下鉄 치카테츠)로 바꿔 쓸 수 있습니다.

1106

스이에에가 토쿠기데, 우미니 요쿠 읻테 아소비마스.

水泳が 特技で、海に よく 行って 遊びます。

1107

와타시토 이모오토와 렌락시테 이마셍.

私と 妹は 連絡して いません。

1108

소노 토키, 보쿠라모 요-롭파니 읻테 시아이 시마시타.

その 時、僕らも ヨーロッパに 行って 試合 しました。

1109

오레와 삭카-데 렏도카-도오 모랃테, 아우토니 낟타.

俺は サッカーで レッドカードを もらって、アウトに なった。

1110

넴마츠노 보-나스오 모랃테, 숍핑구시타.

年末の ボーナスを もらって、ショッピングした。

수영이 특기로, 바다에 자주 가서 놉니다.

수영이 특기로, 바다에 자주 가서 놀음합니다.

いい 이이 는 '좋다'는 뜻 외에도,
'자주', '잘'이라는 의미도 있습니다.

나와 여동생은 연락하지 않습니다.

나와 여동생은 연락하고 있지 않습니다.

일본에서는 타인과 대화할 때, 자신의 가족을 낮춰 말합니다.
'아버지'를 집에선 お父さん 오토오상 이라고 하고, 밖에선 父 치치 라고 하는 식입니다.

그때, 우리도 유럽에 가서 시합했습니다.

그 때, 우리도 유럽에 가서 시합 함했습니다.

일본어에서는 '나'를 뜻하는 1인칭 대명사에 たち 타치 나 ら 라 를 덧붙여서
'우리'라는 표현을 만듭니다.

나는 축구에서 레드카드를 받아서 아웃이 됐다.

나는 축구에서 레드카드를 받아서, 아웃에 됐다.

우리는 '~이(가) 되다'라는 표현을 씁니다.
일본은 に なる 니 나루 라는 표현을 쓰는데, 직역하자면 '~에 되다'라는 의미입니다.

연말 보너스를 받아서 쇼핑했다.

연말의 보너스를 받아서, 쇼핑했다.

일본어로 '받다'는 受ける 우케루 혹은 もらう 모라우 를 씁니다.
もらう 모라우 는 물건이나 돈 등 구체적인 무언가를 받을 때 주로 사용합니다.

1111

메-루오 스마호데 첵쿠시테 오키마스.

メールを スマホで チェックして おきます。

1112

카제토 키이테 비타민 도링쿠오 캇테 키타.

風邪と 聞いて ビタミン ドリンクを 買って 来た。

1113

쿠라식쿠 피아노오 히이테 미타.

クラシック ピアノを 弾いて みた。

1114

츠마토 하로-와-쿠니 잇테 키타.

妻と ハローワークに 行って 来た。

1115

파소콘니 돈나 몬다이가 아루카 카쿠닌시테 쿠레루?

パソコンに どんな 問題が あるか 確認して くれる?

메일을 스마트폰으로 확인해 둡니다.

메일을 스마트폰으로 체크해 둠합니다.

スマホ 스마호는 スマートフォン 스마-토훵(스마트폰)의 줄임말입니다.
스마트폰 이전의 2G 핸드폰은 携帯 케에타이라고 합니다.

감기라고 들어서 비타민 음료수를 사 왔다.

감기라고 들어서 비타민 음료수를 사서 왔다.

일본어에서 바람(風)과 감기(風邪)는 모두 かぜ 카제라고 발음하므로,
사용할 때 주의해야 합니다.

클래식 피아노를 쳐봤다.

클래식 피아노를 쳐 봤다.

클래식 피아노(クラシック ピアノ 쿠라식쿠 피아노)는
그랜드피아노(グランドピアノ 구란도피아노)라고도 합니다.

아내와 공공 직업 안정소에 갔다 왔다.

아내와 공공 직업 안정소에 가고 왔다.

'헬로워크(ハローワーク 하로-와-쿠)'는 일본의 공공 직업 안정소입니다.
우리나라의 '한국고용정보원'과 비슷한 곳입니다.

컴퓨터에 어떤 문제가 있는지 확인해 줄래?

컴퓨터에 어떤 문제가 있다인지 확인해 주다?

パソコン 파소콩은
Personal computer를 일본식으로 발음한 뒤 줄인 말입니다.

1116

센세에노 아츠이 / 시셍오 무시시테 즏토 하나시타.

先生の 熱い / 視線を 無視して ずっと 話した。

1117

즏토 무리나 야칸 신료오오 시테 이루.

ずっと 無理な 夜間 診療を して いる。

1118

보쿠와 이에토 토치니 지코가 오콛타니모 카카와라 즈 나니모 시테 이나칻타.

僕は 家と 土地に 事故が 起こったにも 関わらず 何も して いなかった。

1119

카레시토 와카레타 / 리유우오 토모다치니 세츠메에시테 이타.

彼氏と 別れた / 理由を 友達に 説明して いた。

1120

옹와나 키코오노 이나카데 육쿠리 야슨데 켕코오니 낟타.

温和な 気候の 田舎で ゆっくり 休んで 健康に なった。

선생님의 뜨거운 시선을 무시하고 계속 이야기했다.

선생님의 뜨겁다 / 시선을 무시하고 계속 이야기했다.

일본어는 동음이의어가 많습니다.
예를 들어, '뜨겁다(熱い)', '덥다(暑い)', '두껍다(厚い)'를 모두 あつい 아츠이 라고 읽습니다.

계속 무리한 야간 진료를 하고 있다.

계속 무리인 야간 진료를 하고 있다.

ずっと 즈토 는 '계속'이라는 뜻 외에 '훨씬'이라는 뜻도 있습니다.
'훨씬 옛날'이라는 표현도 ずっと昔 즈토무카시 라고 합니다.

나는 집과 땅에 사고가 일어나도 상관하지 않고 무엇도 하지 않았다.

나는 집과 토지에 사고가 일어났다에도 관계되지 않고 무엇도 하고 있지 않았다.

家는 いえ 이에 혹은 うち 우치 라고 합니다.
いえ 이에 는 실제 건물과 같은 '집'이나 '집안', '가문' 등을 의미합니다.

남자친구와 헤어진 이유를 친구에게 설명하고 있었다.

남자친구와 헤어졌다 / 이유를 친구에게 설명하고 있었다.

우리는 '애인'이라는 표현을 흔히 사용하지만,
일본에서 '애인(愛人 아이징)'은 '정부', '불륜 상대'라는 의미입니다.

온화한 기후의 시골에서 푹 쉬어서 건강해졌다.

온화한 기후의 시골에서 천천히 쉬어서 건강에 됐다.

'시골'을 일본어로 田舎 이나카 라고 합니다.
'도시'는 都市 토시 혹은 都会 토카이 라고 합니다.

1121

맛치데 히오 츠케테 오키마시타.

マッチで 火を つけて おきました。

1122

칸탄니 쇼리스루 / 코토오 미테
칸로쿠와 다이지나 모노다 토 키즈이타.

簡単に 処理する / ことを 見て 貫禄は 大事な もの だ と 気づいた。

1123

이벤토데 모랕타 / 아이롱오 미세테 쿠레마셍카?

イベントで もらった / アイロンを 見せて くれませんか?

1124

세-타-오 키테 엥게키오 미니 잍타.

セーターを 着て 演劇を 見に 行った。

1125

아노 후타리와 나카요시다 토 시라레테 이루.

あの 二人は 仲良し だ と 知られて いる。

성냥으로 불을 붙여뒀습니다.

성냥으로 불을 붙여 둠했습니다.

일본어 조사 で 데는 장소, 이유, 수단 등 다양한 표현에 사용되는 조사입니다.
'~에서', '~으로' 등으로 해석됩니다.

간단히 처리하는 걸 보고 관록은 중요한 것이라고 깨달았다.

간단에 처리하다 / 일을 보고 관록은 중요한 것 이다 라고 깨달았다.

일본어 大事는 だいじ 다이지 혹은 おおごと 오오고토 라고 합니다.
だいじ 다이지는 '소중함', '중요함'을, おおごと 오오고토는 '중대사'를 의미합니다.

이벤트로 받은 다리미를 보여주시지 않겠습니까?

이벤트로 받았다 / 다리미를 보여 주지 않습니까?

アイロン 아이롱은 원래 '다리미'라는 뜻이지만,
젊은 층에서는 '고데기'를 뜻하기도 합니다.

스웨터를 입고 연극을 보러 갔다.

스웨터를 입고 연극을 봄에 갔다.

연극(演劇 엥게키)은
가부키(歌舞伎 카부키), 영화(映画 에에가) 등으로 바꿔 쓸 수 있습니다.

저 두 사람은 사이가 좋다고 알려져 있다.

저 두 사람은 사이 좋음 이다 라고 알려져 있다.

仲 나카는 '사이'라는 뜻입니다. '사이가 좋다'나 '사이가 나쁘다'라는 표현 외에
'부부 사이', '친구 사이'라는 표현으로도 쓰입니다.

1126

소노 케에약쇼와 와타시가 츄우이시테 욘데 사인시타.

その 契約書は 私が 注意して 読んで サインした。

1127

코노 쥬우타쿠와 와타시가 쿄오바이데 캇테
이마마데 슨데 이루.

この 住宅は 私が 競売で 買って 今まで 住んで いる。

1128

에에고노 잣시오 캇테 욘다.

英語の 雑誌を 買って 読んだ。

1129

세카이노 도코니모 나이 / 바쇼토 오못테 이마시타.

世界の どこにも ない / 場所と 思って いました。

1130

카레와 시카쿠노 나이 / 히토다토 싯테 이마스.

彼は 資格の ない / 人だと 知って います。

그 계약서는 내가 주의해서 읽고 사인했다.

그 계약서는 나가 주의해서 읽고 사인했다.

우리말과 달리 일본어는 1인칭 대명사가 아주 다양합니다.
私 와타시는 그중에서도 가장 무난하게 어디에서나 사용할 수 있는 '나'입니다.

이 주택은 내가 경매로 사서 지금까지 살고 있다.

이 주택은 나가 경매로 사서 지금까지 살고 있다.

住む 스무는 '거처하다', '거주하다'라는 뉘앙스의 '살다'입니다.
비슷한 단어인 暮す 쿠라스는 생계를 꾸린다는 뉘앙스의 '살다'입니다.

영어 잡지를 사서 읽었다.

영어의 잡지를 사서 읽었다.

영어(英語 에에고)는 한국어(韓国語 캉코쿠고), 중국어(中国語 츄우고쿠고),
스페인어(スペイン語 스페엥고) 등으로 바꿔 쓸 수 있습니다.

세계 어디에도 없는 장소라고 생각하고 있었습니다.

세계의 어디에도 없다 / 장소라고 생각하고 있었습니다.

일본어의 부정 표현인 ない 나이는
'없다'와 '아니다' 둘 다에 사용할 수 있습니다.

그는 자격이 없는 사람이라고 알고 있습니다.

그는 자격의 없다 / 사람이다 라고 알고 있습니다.

と 토는 '~와(과)'라는 '조사'뿐만 아니라,
전언 표현이나 가정 표현으로도 사용할 수 있습니다.

일본어와 우리말은 지나치게 비슷하다

-첫날부터 잘한다-

1 ~해 두다.

2 ~해 두었다.

3 ~해 둡니다.

4 ~해 두었습니다.

5 ~해 두지 않다.

6 ~해 두지 않았다.

7 ~해 두지 않습니다.

8 ~해 두지 않았습니다.

앞으로 소개할 8문형 미리 보기

1 시메 **테 오쿠.**
閉め て おく。 닫**아 두다.**

2 시메 **테 오이타.**
閉め て おいた。 닫**아 두었다.**

3 시메 **테 오키마스.**
閉め て おきます。 닫**아 둡니다.**

4 시메 **테 오키마시타.**
閉め て おきました。 닫**아 두었습니다.**

5 시메 **테 오카 나이.**
閉め て おか ない。 닫**아 두지 않다.**

6 시메 **테 오카 나칻타.**
閉め て おか なかった。 닫**아 두지 않았다.**

7 시메 **테 오키 마셍.**
閉め て おき ません。 닫**아 두지 않습니다.**

8 시메 **테 오키 마센 데시타.**
閉め て おき ません でした。 닫**아 두지 않았습니다.**

Tip

오쿠 置く 는 '두다', '놓다'라는 뜻의 1그룹 동사입니다. 그런데, 동사의 **테** て 형과 조합되면, '~해 두다'라는 뜻이 됩니다. 어떤 행동을 해서 완료해 두었다는 뉘앙스입니다. 이때는 한자를 쓰지 않고, 히라가나로만 **오쿠** おく 라고 씁니다.

ドア 도아 / の 노 / 前 마에 / に 니 / 置く 오쿠 : 문 앞에 **두다**

ドア 도아 / を 오 / 閉め 시메 / ておく 테 오쿠 : 문을 닫**아 두다**

앞으로 소개할 8문형 미리 보기

1 카 **이테 오쿠.**
書 いて おく。 써**두다.**

2 카 **이테 오이타.**
書 いて おいた。 써**두었다.**

3 카 **이테 오키마스.**
書 いて おきます。 써**둡니다.**

4 카 **이테 오키마시타.**
書 いて おきました。 써**두었습니다.**

5 카 **이테 오카 나이.**
書 いて おか ない。 써**두지 않다.**

6 카 **이테 오카 나캇타.**
書 いて おか なかった。 써**두지 않았다.**

7 카 **이테 오키 마셍.**
書 いて おき ません。 써**두지 않습니다.**

8 카 **이테 오키 마셍 데시타.**
書 いて おき ません でした。 써**두지 않았습니다.**

Tip

동사의 **테** て 형 + **오쿠** おく 문형을 응용할 때는 **오쿠** おく 를 활용하는데, 활용법은 1그룹 동사의 기본 응용법과 같습니다.

言って 읻테 말해	おいた 오이타 두었다	読んで 욘데 읽어	おき ません 오키 마셍 두지 않습니다

앞으로 소개할 8문형 미리 보기

1 **시 테 오쿠.**
して おく。 해 **두다.**

2 **시 테 오이타.**
して おいた。 해 **두었다.**

3 **시 테 오키마스.**
して おきます。 해 **둡니다.**

4 **시 테 오키마시타.**
して おきました。 해 **두었습니다.**

5 시 **테 오카 나이.**
し て おか ない。 해 **두지 않다.**

6 시 **테 오카 나캇타.**
し て おか なかった。 해 **두지 않았다.**

7 시 **테 오키 마셍.**
し て おき ません。 해 **두지 않습니다.**

8 시 **테 오키 마센 데시타.**
し て おき ません でした。 해 **두지 않았습니다.**

Tip

동사의 **테** て 형 + **오쿠** おく 의 부정형은 2가지 방법으로 만들 수 있습니다.

첫 번째는 **오쿠** おく 를 부정형으로 만드는 것이고,

して	おかない
시테	오카 나이
해	두지 않다

두 번째는 동사의 **테** て 형을 부정형으로 만드는 것입니다.

し	ないで	おく
시	나이데	오쿠
하지	않고	두다

1131

메-루 아도레스오 츠쿤테 오이타.

メール アドレスを 作って おいた。

1132

테-부루노 우에니 보-루펭오 오이테 오키마시타.

テーブルの 上に ボールペンを 置いて おきました。

1133

네쿠타이토 스-츠케-스오 캍테 오키마센 데시타.

ネクタイと スーツケースを 買って おきません でした。

1134

가이코쿠진노 타메노 안나이죠오 츠쿤테 오키마시타.

外国人の ための 案内所を 作って おきました。

1135

아타라시이 / 나이후토 훠-쿠와 츄우몬시테 오이타?

新しい / ナイフと フォークは 注文して おいた?

메일 주소를 만들어 뒀다.

메일 주소를 만들어 뒀다.

휴대전화 문자 메시지를
일본에서는 携帯メール 케에타이메-루 라고 합니다.

테이블 위에 볼펜을 놓아두었습니다.

테이블의 위에 볼펜을 놓아 둠했습니다.

일본어로 '아래'는 下 시타 라고 합니다.
'위'는 上 우에, '왼쪽'은 左 히다리, '오른쪽'은 右 미기 라고 합니다.

넥타이랑 슈트케이스를 사두지 않았습니다.

넥타이와 슈트케이스를 사 둠 하지 않습니다 였습니다.

슈트케이스(スーツケース 스-츠케-스)는
우리가 알고 있는 바퀴 달린 가방, 여행용 캐리어를 말합니다.

외국인을 위한 안내소를 만들어뒀습니다.

외국인의 위함의 안내소를 만들어 둠했습니다.

우리말에서는 '~을(를) 위해'라고 합니다.
하지만 일본어에서는 の ため 노 타메 (~의 위해)라는 표현을 씁니다.

새 나이프와 포크는 주문했어?

새롭다 / 나이프와 포크는 주문해 뒀다?

일본어의 형용사는 'い 이 형용사'와 'な 나 형용사'로 나뉩니다.
い 이 형용사는 마지막 글자 い 이 뒤에 명사를 연결합니다.

1136

보-루펜노 스푸링구데 나니오 핫샤시테 이타?

ボールペンの スプリングで 何を 発射して いた?

1137

세에카츠히가 제로니 낟테 코마리마스.

生活費が ゼロに なって 困ります。

1138

캭칸테키니 요오야쿠 데키루 요오니 로오료쿠 카케테 이루.

客観的に 要約 できる ように 労力 かけて いる。

1139

소노 후우후가 리콘시타 / 리유우오 키이테
혼토오니 오도로이타.

その 夫婦が 離婚した / 理由を 聞いて 本当に 驚いた。

1140

리-구 사이다이노 라이바루셍가 이마 오코나와레테 이루.

リーグ 最大の ライバル戦が 今 行われて いる。

볼펜 스프링으로 무엇을 발사하고 있었어?

볼펜의 스프링으로 무엇을 발사하고 있었다?

일본어로 '연필'은 鉛筆 엠피츠, '샤프'는 シャーペン 샤-펭,
'펜'은 ペン 펭, '지우개'는 消しゴム 케시고무라고 합니다

생활비가 다 떨어져서 곤란합니다.

생활비가 제로에 돼서 곤란합니다.

일본어로 숫자 '0'은 ゼロ 제로 혹은 零 레에라고 합니다.

객관적으로 요약할 수 있도록 노력하고 있다.

객관적에 요약할 수 있다 듯에 노력 걸고 있다.

できる 데키루는 '할 수 있다', '가능하다'라는 뜻인데,
'(일이나 무언가가) 생기다'라는 뜻도 있습니다.

그 부부가 헤어진 이유를 듣고 정말 놀랐다.

그 부부가 이혼했다 / 이유를 듣고 정말에 놀랐다.

聞く 키쿠는 원래 '듣다'라는 뜻의 동사지만, '묻다', '질문하다'라는 의미도 있습니다.

리그 최대의 라이벌전이 지금 열리고 있다.

리그 최대의 라이벌전이 지금 열리고 있다.

일본어 문장에서 行이 보이면 뒤를 잘 봐야 합니다.
行く 이쿠는 '가다'라는 뜻이지만, 行う 오코나우는 '(의식을) 행하다'라는 뜻이기 때문입니다.

1141

푸랑오 츄우시시테 호오콕쇼오 카키마시타.

プランを 中止して 報告書を 書きました。

1142

톤네루데 타이야노 팡쿠 지코가 오키테 코맏타.

トンネルで タイヤの パンク 事故が 起きて 困った。

1143

시뮤레-숀노 사이 에라-오 학켄시테 슈우세에시타.

シミュレーションの 際 エラーを 発見して 修正した。

1144

모쿠요오비와 미-팅구오 캰세루시테 장교오시타.

木曜日は ミーティングを キャンセルして 残業した。

1145

캼파스데 쟝쿠후-도노 함바이와 킨시사레테 이루.

キャンパスで ジャンクフードの 販売は 禁止 されて いる。

계획을 중지하고 보고서를 썼습니다.

계획을 중지하고 보고서를 씀했습니다.

일본 회사에서 가장 강조하는 것 중 하나인 **報連相** 호오렌소오는
보고(報告 호오코쿠), 연락(連絡 렌라쿠), 상담(相談 소오당)을 말합니다.

터널에서 타이어 펑크 사고가 나서 곤란했다.

터널에서 타이어의 펑크 사고가 일어나서 곤란했다.

이 문장에서 '곤란했다(困った 코맡타)'는
'큰일이었다(大変だった 타이헨닫타)'나 '놀랐다(驚いた 오도로이타)'로 바꿔 쓸 수 있습니다.

시뮬레이션 때 에러를 발견해서 수정했다.

시뮬레이션의 때 에러를 발견해서 수정했다.

'수정했다(修正した 슈우세에시타)'는 명사에 **する** 스루가 연결된 표현입니다.
直した 나오시타라고 쓸 수도 있습니다.

목요일은 미팅을 취소하고 야근했다.

목요일은 미팅을 취소하고 잔업했다.

일본에서 '야근(夜勤 야킹)'이란 '야간에 근무하는 것'을 의미합니다.

캠퍼스에서 정크푸드 판매는 금지돼 있다.

캠퍼스에서 정크푸드의 판매는 금지 되어 있다.

이 문장의 정크푸드(ジャンクフード 쟝쿠후-도)는
담배(タバコ 타바코), 술(酒 사케) 등으로 바꿔 쓸 수 있습니다.

1146

콘토로-루 가 니가테 데 게-무 와 아마리 시 마셍.

コントロールが 苦手で ゲームは あまり し ません。

1147

미라이 니와 우츄우 료코오 모 데키테,
츠키 데 스메루 카모 시레마셍.

未来には 宇宙 旅行も できて、月で 住める かも しれません。

1148

인슈운텡 와 젠타이 니 시테 와 이케마셍.

飲酒運転は 絶対に しては いけません。

1149

사이킹 와 코노 삭카 노 쇼오세츠 오 욘데 이루.

最近は この 作家の 小説を 読んで いる。

1150

코노 마라송 와 도오부츠엔 노 마와리 오 하시루 토 키이테
상카 시테 미타.

この マラソンは 動物園の 周りを 走ると 聞いて 参加して みた。

컨트롤이 서툴러서 게임은 그다지 하지 않습니다.

컨트롤이 서툼으로 게임은 그다지 함 하지 않습니다.

苦手 니가테는 주관적으로 서툴거나 곤란한 것을 표현할 때 쓰는 '서툴다'입니다.
객관적으로 평가가 가능할 때는 下手 헤타라는 표현을 씁니다.

미래에는 우주여행도 할 수 있고, 달에서 살 수 있을지도 모릅니다.

미래에는 우주 여행도 할 수 있고,
달에서 살 수 있다 일지도 알 수 없습니다.

かもしれない 카모시레나이는 '~일지도 모른다'라는 뜻입니다.
일상 회화에서는 짧게 かも 카모로 줄여 말하기도 합니다.

음주운전은 절대로 하면 안 됩니다.

음주운전은 절대에 해서는 안 됩니다.

이 문장에서 음주운전(飲酒運転 인슈운텡)은
도둑질(盗み 누스미)이나 살인(殺人 사츠징)으로 바꿔 쓸 수 있습니다.

최근에는 이 작가의 소설을 읽고 있다.

최근은 이 작가의 소설을 읽고 있다.

노벨 문학상을 받은 일본 작가는 2명입니다.
'카와바타 야스나리(川端 康成, 1968년)'와 '오오에 켄자부로(大江 健三郎, 1994년)'입니다.

이 마라톤은 동물원 주변을 달린다고 들어서 참가해봤다.

이 마라돈은 동물원의 주번을 달리다라고 들어서 찬가해 봤다.

동물원(動物園 도오부츠엥)은
식물원(植物園 쇼쿠부츠엥)이나 역 앞(駅前 에키마에) 등으로 바꿔 쓸 수 있습니다.

1151

도라이아이스데 직켕오 시테 미타.

ドライアイスで 実験を して みた。

1152

이이 / 아도바이스오 탁상 키이테 스람푸카라 닷시타.

いい / アドバイスを たくさん 聞いて スランプから 脱した。

1153

아노 코–루마네–노 코–루레–토와 이쿠라데 카이테 아루?

あの コールマネーの コールレートは いくらで 書いて ある?

1154

콘도노 직켕와 다이세에코오다 토 칵신시테 이루.

今度の 実験は 大成功だと 確信して いる。

1155

직켄노 사키, 츄우이지코오오 챤토 욘데 오키마시타카?

実験の 先、注意事項を ちゃんと 読んで おきましたか?

드라이아이스로 실험을 해봤다.

드라이아이스로 실험을 해 봤다.

드라이아이스(ドライアイス 도라이아이스)는
백합(ユリ 유리)이나 개구리(カエル 카에루) 등으로 바꿔 쓸 수 있습니다.

좋은 조언을 많이 듣고 슬럼프에서 벗어났다.

좋다 / 조언을 많음 듣고 슬럼프부터 벗어났다.

'좋다'는 뜻의 い이 형용사 いい이이는 어미가 く쿠로 변하면,
어간도 い이에서 よ요로 바뀝니다.

저 콜머니의 금리는 얼마라고 쓰여 있어?

저 콜머니의 금리는 얼마라고 쓰고 있다?

いくら 이쿠라는 '얼마'라는 뜻입니다.
양을 물어볼 때도 쓰지만, 가격을 물어보기 위해 가장 흔히 사용합니다.

이번 실험은 대성공일 거라 확신하고 있다.

이번의 실험은 대성공이다 라고 확신하고 있다.

대성공(大成功 다이세에코오)은
성공(成功 세에코오)이나 실패(失敗 십파이), 대실패(大失敗 다이십파이)로 바꿔 쓸 수 있습니다.

실험 전에 주의사항 제대로 읽어보셨나요?

실험의 앞, 주의사항을 확실하게 읽어 둠했습니까?

先 사키는 '앞', '먼저'라는 뜻입니다.
이 문장에서는 비슷한 의미를 가진 前 마에(앞, 먼저)로 바꿔 쓸 수 있습니다.

1156

아나타가 에란데 오이타 / 규우뉴우와 난데스카?

あなたが 選んで おいた / 牛乳は 何ですか?

1157

코노 다무와 산 넴 마에카라 켄세츠 츄우 다.

この ダムは 3 年 前から 建設 中 だ。

1158

이모오토와 테레비모 미 나이데 슈쿠다이오 시테 이타.

妹は テレビも 見 ないで 宿題を して いた。

1159

세에후노 스파이 쟈 나이토 잇테 타스캇타.

政府の スパイ じゃ ないと 言って 助かった。

1160

오나지 야큐우 치-무니 카뉴우시테 카츠도오시타.

同じ 野球 チームに 加入して 活動した。

당신이 골라둔 우유는 무엇입니까?

당신이 골라 뒀다 / 우유는 무엇입니까?

우유(牛乳 규우뉴우)는
간장(醤油 쇼오유)이나 주스(ジュース 쥬 스) 등으로 바꿔 쓸 수 있습니다.

이 댐은 3년 전부터 건설하고 있다.

이 댐은 3 년 전부터 건설 중 이다.

일본어에서 年은 ねん 넹 이나 とし 토시 로 읽는데,
ねん 넹 은 '몇 년', '몇 년도'라고 할 때 주로 쓰입니다.

여동생은 TV도 보지 않고 숙제를 하고 있었다.

여동생은 TV도 봄 않고 숙제를 하고 있었다.

일본어에서 '동생'은 '여동생(妹 이모오토)'과 '남동생(弟 오토오토)'으로 구분되어 있습니다.
성별과 무관하게 쓸 수 있는 '동생'이란 단어는 없습니다.

정부의 간첩이 아니라고 말해서 살았다.

정부의 간첩이 아니다라고 말해서 살았다.

と 토 는 '~와(과)'라는 '조사'뿐만 아니라,
전언 표현이나 가정 표현으로도 사용할 수 있습니다.

같은 야구팀에 가입해서 활동했다.

같음 야구 팀에 가입해서 활동했다.

야구(野球 야큐우)는 배구(バレーボール 바레-보-루)나
농구(バスケットボール 바스켇토보-루) 등으로 바꿔 쓸 수 있습니다.

1161

참피옹가 탄죠오스루 / 스가타오 미테 이마시타.

チャンピオンが 誕生する / 姿を 見て いました。

1162

칸탄나 몬다이가 탁상 앋테 유단시타.

簡単な 問題が たくさん あって 油断した。

1163

카노죠와 칸로쿠노 아루 / 쿄오시다 카라 신지테 이마스.

彼女は 貫禄の ある / 教師だ から 信じて います。

1164

셈몽카니 소오당오 우케테 마스마스 요쿠 낟테 이루.

専門家に 相談を 受けて ますます 良く なって いる。

1165

세에후노 타이도니 하라가 탇테 가만 데키마셍.

政府の 態度に 腹が 立って 我慢 できません。

챔피언이 탄생하는 모습을 보고 있었습니다.

챔피언이 탄생하다 / 모습을 보고 있었습니다.

姿 스가타 는 '모습'뿐만 아니라, 차림새나 행동거지도 포함하는 말입니다.
예를 들어, 女姿 온나스가타 라고 하면 여성스러운 차림새나 행동을 말합니다.

간단한 문제가 많이 있어서 방심했다.

간단한 문제가 많음 있어서 방심했다.

우리말 '방심'은 한자로 '마음을 놓는다(放心)'고 합니다.
일본어는 油断 유당 이라고 하는데, '방심', '부주의'라는 뜻입니다.

그녀는 관록 있는 교사니까 믿고 있습니다.

그녀는 관록의 있다 / 교사 다 니까 믿고 있습니다.

일본어에서는 '있다'를 ある 아루 혹은 いる 이루 라고 합니다.
ある 아루 는 사물이나 식물, 추상적인 것이 있다고 할 때 사용합니다.

전문가에게 상담을 받아서 점점 좋아지고 있다.

전문가에게 상담을 받아서 점점 좋게 되고 있다.

ますます 마스마스 는 '점점', '더욱'이라는 뜻입니다.
まずまず 마즈마즈 는 비슷하게 생겼지만 '그럭저럭', '우선'이라는 뜻입니다.

정부의 태도에 화가 나서 참을 수 없습니다.

정부의 태도에 배가 서서 참음 할 수 없습니다.

'화가 나다'의 일본어 관용 표현으로는
腹が立つ 하라 가 타츠 와 頭にくる 아타마 니 쿠루 가 있습니다.

1166

타이시칸노 뎅와 방고오와 오보에테 이타.

大使館の 電話 番号は 覚えて いた。

1167

죠슈토 다-츠오 시테 이마시타.

助手と ダーツを して いました。

1168

테키스토데 에라-오 학켄시타 / 노데 나오시테 이마시타.

テキストで エラーを 発見した / ので 直して いました。

1169

캄부노 신라이오 에테 쇼오신스루.

幹部の 信頼を 得て 昇進する。

1170

뎅와 방고오오 카에테 렌라쿠가 데키나칸타.

電話 番号を 変えて 連絡が できなかった。

대사관의 전화번호는 외우고 있었다.

대사관의 전화 번호는 외우고 있었다.

覚える 오보에루는 '외우다', '기억하다', '배우다'라는 뜻입니다.
감정이나 추위, 더위를 '느끼다'라는 뜻도 있습니다.

조수와 다트를 하고 있었습니다.

조수와 다트를 하고 있었습니다.

다트(ダーツ 다-츠)는
게임(ゲーム 게-무), 가루타(カルタ 카루타), 장기(将棋 쇼오기) 등으로 바꿔 쓸 수 있습니다.

텍스트에서 에러를 발견해서 고치고 있었습니다.

텍스트에서 에러를 발견했다 / 것으로 고치고 있었습니다.

'발견했다(発見した 학켄시타)'는 명사에 する 스루(하다)가 붙은 형태입니다.
같은 뜻의 동사 見つけた 미츠케타로 바꿔 쓸 수 있습니다.

간부의 신뢰를 얻어서 승진하다.

간부의 신뢰를 얻어서 승진하다.

이 문장에서 간부(幹部 캄부)는
보스(ボス 보스)나 사장(社長 샤쵸오) 등으로 바꿔 쓸 수 있습니다.

전화번호를 바꿔서 연락할 수 없었다.

전화 번호를 바꿔서 연락이 할 수 없었다.

일본어 동사 できる 데키루는 '할 수 있다', '가능하다'라는 뜻인데,
'(일이나 무언가가) 생기다'라는 뜻도 있습니다.

1171

미라이 니와 타이무토라베루 모 데키루 토 오몯테 이마스.

未来には タイムトラベルも できると 思っています。

1172

펭긴 노 도큐멘타리- 오 미테 이타.

ペンギンの ドキュメンタリーを 見て いた。

1173

츠마 다케 칸쟈 노 캄뵤오 오 시테 이마스.

妻だけ 患者の 看病を して います。

1174

셈파이 가 쇼오카이 시테 쿠레타 / 히토 토 엥게키 오 미타.

先輩が 紹介して くれた / 人と 演劇を 見た。

1175

약쿄쿠 노 우시로 니 아루 / 톤네루 마데 읻테 나니 오 시타?

薬局の 後ろに ある / トンネルまで 行って 何を した?

미래에는 시간여행도 할 수 있을 거라 생각하고 있습니다.

미래 에는 시간여행 도 할 수 있다 라고 생각하고 있습니다.

タイムトラベル 타이무토라베루 는 영어 단어인 time travel을 일본식으로 읽은 것입니다.
'시간여행'은 時間旅行 지칸료코우 라고 합니다.

펭귄 다큐멘터리를 보고 있었다.

펭귄 의 다큐멘터리 를 보고 있었다.

펭귄(ペンギン 펭깅)은
고릴라(ゴリラ 고리라)나 하마(河馬 카바), 여우(狐 키츠네) 등으로 바꿔 쓸 수 있습니다.

아내만 환자의 병간호를 하고 있습니다.

아내 만 환자 의 병간호 를 하고 있습니다.

だけ 다케 는 '~만', '~뿐'이라는 뜻으로, 영어의 only와 같은 의미입니다.
A だけ 라고 하면, A 외에는 아무것도 없다는 것을 의미합니다.

선배가 소개해 준 사람과 연극을 봤다.

선배 가 소개 해 줬다 / 사람 과 연극 을 봤다.

선배(先輩 셈파이)는
상사(上司 죠오시)나 친구(友達 토모다치) 등으로 바꿔 쓸 수 있습니다.

약국 뒤에 있는 터널까지 가서 뭐했어?

약국 의 뒤 에 있다 / 터널 까지 가서 무엇 을 했다?

일본어에서 後ろ 우시로 는 '뒤', '뒤쪽'이라는 뜻으로, 방향의 '뒤'를 의미합니다.
後 아토 는 순서상의 '나음', '뒤'라는 뜻입니디.

1176

다이나마이토가 바쿠하츠시테 탁산노 히토가 신다.

ダイナマイトが 爆発して たくさんの 人が 死んだ。

1177

도-나츠오 카케테 체스오 시테 이루.

ド-ナツを 賭けて チェスを して いる。

1178

와타시와 모데루토시테노 카노죠오 츄우목시테 이마스.

私は モデルとしての 彼女を 注目して います。

1179

카레와 소오리토 인타뷰-오 시테 이루.

彼は 総理と インタビュ-を して いる。

1180

콘사-토모 잇테, DVD모 캇타.

コンサ-トも 行って、DVDも 買った。

다이너마이트가 폭발해서 많은 사람이 죽었다.

다이너마이트가 폭발해서 많음의 사람이 죽었다.

우리는 '죽다'와 '돌아가시다'를 구분해서 사용합니다.
일본도 마찬가지로, 死ぬ 시누 (죽다)와 亡くなる 나쿠나루 (돌아가시다)를 구분해서 사용합니다.

도넛을 걸고 체스를 하고 있다.

도넛을 걸고 체스를 하고 있다.

도넛(ドーナツ 도-나츠)은
햄버거(ハンバーガー 함바-가-)나 상금(賞金 쇼오킹) 등으로 바꿔 쓸 수 있습니다.

저는 모델로서의 그녀를 주목하고 있습니다.

나는 모델로서의 그녀를 주목하고 있습니다.

모델(モデル 모데루)은
탤런트(タレント 타렌토), 가수(歌手 카슈) 등으로 바꿔 쓸 수 있습니다.

그는 총리와 인터뷰를 하고 있다.

그는 총리와 인터뷰를 하고 있다.

우리나라는 행정 수반이 '대통령'인 대통령제입니다.
일본은 입헌군주제와 의원내각제를 채택하고 있습니다.

콘서트도 가고, DVD도 샀다.

콘서트도 가고, DVD도 샀다.

일본어 조사 も 모는 원래 '~도'라는 뜻입니다.
하지만, 숫자의 뒤에 오면 '~이나'라는 강조의 의미로 사용됩니다.

1181

카레와 이츠모 료쿠챠오 츄우몬시테 논다.

彼は いつも 緑茶を 注文して 飲んだ。

1182

바구니 소나에테 챤토 데-타오 박쿠압푸시테 오이타.

バグに 備えて ちゃんと データを バックアップして おいた。

1183

치-즈바-가-오 츄우몬시테 오이타.

チーズバーガーを 注文して おいた。

1184

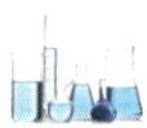

직켄노 토키 비-카-오 요쿠 칸사츠시테 오카 나칻타.

実験の 時 ビーカーを よく 観察して おか なかった。

1185

보쿠와 탕고오 메모시테 오카 나칻타.

僕は 単語を メモして おか なかった。

그는 언제나 녹차를 주문해서 마셨다.

그는 언제나 녹차를 주문해서 마셨다.

일본은 차 문화가 발달해 있습니다.
일본 차로는 기루 녹차인 말차가 유명합니다. 말차는 抹茶 맛챠라고 합니다.

버그에 대비해서 확실히 데이터를 백업해뒀다.

버그에 대비해서 확실히 데이터를 백업해 뒀다.

ちゃんと 챤토는 '확실히', '정확하게'라는 뜻입니다.
비슷한 의미로는 きちんと 키친토(정확히, 단정히)라는 표현이 있습니다.

치즈버거를 주문했다.

치즈버거를 주문해 뒀다.

치즈버거(チーズバーガー 치-즈바-가-)는
치킨버거(チキンバーガー 치킨바-가-), 새우버거(エビバーガー 에비바-가-)로 바꿔 쓸 수 있습니다.

실험할 때 비커를 잘 관찰해두지 않았다.

실험의 때 비커를 잘 관찰해 두지 않았다.

時는 とき 토키 혹은 じ 지라고 읽습니다.
'~때'라는 의미로 쓸 땐 とき 토키, '~시'라는 의미로 쓸 땐 じ 지라고 발음합니다.

나는 단어를 메모해 두지 않았다.

나는 단어를 메모해 두지 않았다.

일본어는 1인칭 대명사가 私 와타시, 僕 보쿠, 俺 오레 등 다양합니다.
그래서 성별이나 상황에 따라 잘 골라서 써야 합니다.

1186

『샤-롴쿠』와 모쿠요오비니 호오소오시테 이마스.

『シャーロック』は 木曜日に 放送して います。

1187

소노 레스링구 센슈오 타이호시테 소오사 시마시타.

その レスリング 選手を 逮捕して 捜査 しました。

1188

가-도레-루토 쿠레-엥가 쇼오토츠시테 산 닝가 케가시타.

ガードレールと クレーンが 衝突して 3 人が 怪我した。

1189

키혼테키나 코뮤니케-숑카라 벵쿄오시테 이마스.

基本的な コミュニケーションから 勉強して います。

1190

타스으케츠데 토오센샤오 키메테 이루.

多数決で 当選者を 決めて いる。

『셜록』은 목요일에 방송하고 있습니다.

『셜록』은 목요일에 방송하고 있습니다.

'금요일'은 金曜日 킹요오비, '토요일'은 土曜日 도요오비,
'일요일'은 日曜日 니치요오비 라고 합니다

그 레슬링 선수를 체포해서 수사했습니다.

그 레슬링 선수를 체포해서 수사 함했습니다.

레슬링(レスリング 레스링구)은
복싱(ボクシング 복싱구), 무에타이(ムエタイ 무에타이) 등으로 바꿔 쓸 수 있습니다.

가드레일과 크레인이 충돌해서 3명이 다쳤다.

가드레일과 크레인이 충돌해서 3 명이 부상했다.

일본어로 '1명'은 一人 히토리, '2명'은 二人 후타리 라고 합니다.
3명부터는 기수로 셉니다.

기본적인 커뮤니케이션부터 공부하고 있습니다.

기본적인 커뮤니케이션부터 공부하고 있습니다.

일본어로 '공부'는 勉強 벵쿄오 라고 합니다.
우리말 '공부'와 한자가 같은 工夫 쿠후우는 '궁리', '연구'라는 뜻입니다.

다수결로 당선자를 정하고 있다.

다수결로 당선자를 정하고 있다.

일본의 투표 방법은 우리나라와 다릅니다.
투표용지에 지지하는 후보자의 이름을 직접 적는 '자서식 투표제'를 시행하고 있습니다.

1191

토렉킹구오 시테 아토와 나니오 스루?

トレッキングを して 後は 何を する?

1192

케에상키오 츠캍테 스으가쿠 몬다이오 토이타.

計算機を 使って 数学 問題を 解いた。

1193

이로이로나 카구오 히카쿠데키루 / 사이토데
벧도오 사가시테 이타.

色々な 家具を 比較できる / サイトで ベッドを 探して いた。

1194

무료오데 망가오 미루 / 사이토오 싵테 이루?

無料で 漫画を 見る / サイトを 知って いる?

1195

훠루테와 가쿠후니 에후데 효오지스루.

フォルテは 楽譜に fで 表示する。

트레킹 하고 다음은 뭘 하지?

트레킹을 하고 다음은 무엇을 하다?

일본어로 '등산'은 登山 토장 혹은 山登り 야마노보리 라고 합니다.
登山 토장 은 장비를 갖추고 하는 전문적 등산, 山登り 야마노보리 는 가벼운 등산입니다.

계산기를 써서 수학 문제를 풀었다.

계산기를 써서 수학 문제를 풀었다.

답이 맞았을 때, 우리는 '바른 답'이라는 뜻의 정답(正答)이라고 씁니다.
일본은 正解 세에카이 라고 하는데, '바른 풀이'라는 뜻입니다.

여러 가지 가구를 비교할 수 있는 사이트에서 침대를 찾고 있었다.

여러 가지 가구를 비교할 수 있다 / 사이트에서 침대를 찾고 있었다.

침대(ベッド 벧도)는
소파(ソファー 소화-), 테이블(テーブル 테-부루), 책상(机 츠쿠에) 등으로 바꿔 쓸 수 있습니다.

무료로 만화를 보는 사이트 알아?

무료로 만화를 보다 / 사이트를 알고 있다?

일본어로 '만화'는 漫画 망가, '소설'은 小説 쇼오세츠, '영화'는 映画 에에가 라고 합니다.

포르테는 악보에 f로 표시한다.

포르테는 악보에 f로 표시하다.

'포르티시모'는 フォルティッシモ 훠루팃시모,
'메조포르테'는 メゾフォルテ 메조훠루테 라고 합니다.

1196

소노 카슈노 아타라시이 / 아루바무가
이츠 합표오 사레루카 싣테 이루?

その 歌手の 新しい / アルバムが いつ 発表 されるか 知って いる?

1197

쥬교오 츄우니 스마호오 츠카우 / 각세에오 미테 시칻타.

授業 中に スマホを 使う / 学生を 見て 叱った。

1198

캉케에가 와루쿠 낟테, 리콤모 캉가에테 이마스.

関係が 悪く なって、離婚も 考えて います。

1199

보쿠노 시츠몽와 즏토 무시시테 이루.

僕の 質問は ずっと 無視して いる。

1200

캄뵤오니 츠이테 나얀데 이루.

看病に ついて 悩んで いる。

그 가수의 새 앨범이 언제 발표되는지 알고 있어?

그 가수의 새롭다 / 앨범이 언제 발표 되다인지 알고 있다?

いつ 이츠는 '언제'라는 뜻입니다.
뒤에 も 모를 붙여서 いつも 이츠모라고 하면 '언제나', '늘'이라는 뜻이 됩니다.

수업 중에 스마트폰을 쓰는 학생을 혼냈다.

수업 중에 스마트폰을 쓰다 / 학생을 보고 혼냈다.

スマホ 스마호는 スマートフォン 스마-토훵 (스마트폰)의 줄임말입니다.

관계가 나빠져서, 이혼도 생각하고 있습니다.

관계가 나쁘게 돼서, 이혼도 생각하고 있습니다.

い 이 형용사의 어미를 く 쿠로 바꾸고 なる 나루를 붙이면 '(형용사) 해지다'라는 표현이 됩니다.
寒くなる 사무쿠나루는 '추워지다'라는 뜻입니다.

내 질문은 계속 무시하고 있다.

나의 질문은 계속 무시하고 있다.

ずっと 즛토는 '계속'이라는 뜻 외에 '훨씬'이라는 뜻도 있습니다.
'훨씬 옛날'이라는 표현도 ずっと昔 즛토무카시라고 합니다.

병간호에 대해 고민하고 있다.

병간호에 대해서 고민하고 있다.

悩む 나야무는 '괴로워하다', '고민하다'라는 뜻의 동사입니다.
비슷한 표현으로는 考える 캉가에루 (생각하다)가 있습니다.

종조사

지금 몇 시야?
지금 몇 시니?
지금 몇 시냐?

위의 3문장은 모두 같은 뜻의 반말 문장입니다. 하지만, 이 3문장이 모두 같다고 볼 수는 없습니다. 마지막에 **야, 니, 냐** 중 어느 것이 오느냐에 따라 조금씩 뉘앙스가 달라지기 때문이지요. 이렇게 문장의 가장 마지막에 붙어서 뉘앙스의 차이를 만드는 것을 종조사라고 합니다.

종조사 덕분에 우리는 말하는 사람이 남자인지 여자인지, 또는 어떤 생각으로 이 말을 하는지를 좀 더 편리하게 알 수 있습니다. 하지만 그뿐입니다. 종조사 때문에 내용 자체가 바뀌거나 하는 일은 잘 일어나지 않습니다. 왜냐하면, 종조사는 이미 완성된 문장 뒤에 추가로 붙여주는 표현에 불과하기 때문입니다.

おいしい	오이시이	O	
おいしいな	오이시이나	O	맛있다
おいしいわ	오이시이와	O	
おいしいね	오이시이네	O	

종조사 하나에 의미 하나, 이런 공식이 있는 건 아닙니다. 종조사 하나를 여러 방법으로 사용하기도 하거든요. 앞에 나왔던 예문들을 떠올려 보세요. **맛있다**라는 감탄 표현에 종조사가 な 나 , わ 와 , ね 네 까지 3개나 사용할 수 있었죠.

그렇다면, 이들은 어떤 차이를 가지는 걸까요? 우리말에도 비슷한 경우를 찾을 수 있습니다. 종조사는 아니지만 말이죠.

맛있다.
맛있어.
맛있구나.
맛있구려.
맛있네.

위의 표현들은 모두 같은 의미지만, 뒤에 오는 말 **~다**나 **~어**, **~구나**, **~구려**, **~네** 등에 따라서 조금씩 다른 뉘앙스를 보입니다. 그리고 그 뉘앙스의 차이는 뭔가 딱 집어 설명하기 어려운 것이죠. 종조사 역시 마찬가지입니다. 수많은 상황과 예문을 보고 들으면서 시나브로 느낌을 알아가는 것이죠.

일본어는 아직도 남성어와 여성어의 차이가 뚜렷한데, 특히 종조사가 그렇습니다. 남자가 わ 와 를 쓴다거나, 여자가 ぞ 조 를 쓴다면 굉장히 특이하고 이상하게 보죠. 우선은 뉘앙스 차이가 없다고 생각하고, 남성과 여성의 종조사만 구별해서 사용하면 좋겠습니다.

그렇다면, 성별에 따라 어떤 종조사를 쓸 수 있는지 알아보겠습니다.

감탄	おいしい な。 오이시이 나.	맛있네.
	おいしい わ。 오이시이 와.	맛있네.
	おいしい ね。 오이시이 네.	맛있네.
결심	行く ぜ。 이쿠 제.	간다.
	行く わ。 이쿠 와.	간다.
금지	走る な。 하시루 나.	뛰지 마.
단정	関係ない さ。 캉케에나이 사.	상관없어.
	関係ない の。 캉케에나이 노.	상관없어.

소원	来て よ。 키테 요.	와 줘.	남·여
	あったら いい な。 앗타라 이이 나.	있으면 좋을텐데.	남·여
정보 전달	テスト は 1時 よ。 테스토 와 이치지 요.	시험은 1시야.	남·여
주장	全部 言う よ。 젬부 이우 요.	전부 말할 거야.	남·여
	全部 言う ぞ。 젬부 이우 조.	전부 말할 거야.	남
	全部 言う わ。 젬부 이우 와.	전부 말할 거야.	여
확인	テスト は 2時 ね? 테스토 와 니지 네?	시험은 2시지?	남·여

남자분들은 남성용 종조사만, 여자분들은 여성용 종조사만 외워두시면 충분합니다. 종조사는 뉘앙스일 뿐이라, 기초 학습자 입장에서는 상대가 하는 말까지 정확하게 알아들을 필요가 없습니다. 또한, 종조사를 모른다 하더라도, 상대의 말투, 표정 등에서 충분히 뉘앙스를 짐작할 수 있기 때문이죠.

종조사는 보통 1글자, 길어야 2글자이지만, 이에 비해 상당히 큰 차이가 만들어지기도 합니다. 예시를 한 번 볼까요?

明日が発表です。 내일이 발표입니다.
아시타 가 핫표오 데스.

明日が発表ですわ。 내일이 발표네요.
아시타 가 핫표오 데스 와.

明日が発表ですよ。 내일이 발표예요.
아시타 가 핫표오 데스 요.

먼저, 아무런 종조사도 붙지 않은 첫 번째 문장을 보겠습니다. 이 문장은 **내일이 발표입니다.** 라는 단순한 사실을 적시하고 있습니다. 어떤 감정이나 뉘앙스의 차이도 느낄 수 없죠.

그렇다면, 두 번째 문장은 어떨까요? 여기에서는 わ 와 가 종조사로 사용됐군요. 이걸로 우리는 이 문장을 **말하는 사람이 여성**이라는 것을 알 수 있습니다. 그리고, 그녀는 **벌써 내일이 발표**라며 놀라고 있습니다. 어떤가요? 문장에 붙은 한 글자로 우리는 2개나 되는 정보를 얻을 수 있습니다.

마지막 문장을 보겠습니다. よ 요 는 남성, 여성을 불문하고 쓸 수 있는 종조사니까 말하는 사람의 성별을 알 수 없네요. 하지만 よ 요 는 정보 전달, 주장, 훈계를 의미하는 종조사죠. 이걸로 우리는 이 말을 듣는 사람이 **내일 발표**라는 정보를 몰랐을 것으로 추측해볼 수 있습니다. よ 요 는 특히 주장과 정보 전달을 나타낼 때 두루두루 쓰이는 종조사입니다. 특히 상대방이 모르는 정보를 알려줄 때 많이 쓰이죠. 다만, 이때 이 정보를 듣는 사람이 과연 이 정보를 원했는지는 알 수 없습니다.

한 번 더 예시를 살펴볼까요?

すごかった。 대단했다.
스고캇타.

すごかったね? 대단했지?
스고캇타 네?

すごかったな。 대단했지.
스고캇타 나.

위 3문장은 모두 무언가가 **대단했다** 라고 평가하고 있습니다. 하지만 앞의 예시와 마찬가지로, 종조사에 따라 조금씩 다른 뉘앙스를 풍기고 있죠. 이번에도 하나하나 문장별로 알아보겠습니다.

첫 번째, 아무 종조사도 붙지 않은 すごかった。 스고캇타. 는 그냥 평가나 개인 소견일 뿐입니다. 여기에서는 어떠한 감정이나 뉘앙스, 정보를 얻을 수 없네요.

두 번째 문장을 볼까요? 여기에서는 종조사 ね 네 가 사용됐습니다. ね 네 는 어떤 감정을 표현하기 위해서 사용하는지에는 상관없이, **동의** 의 뉘앙스를 가지고 있습니다. 예를 들면, すごかったね? 스고캇타네? 라고 하면, 굉장했다는 **감탄** 과 함께, **너도 그렇게 생각하지?** 라는 무언의 뉘앙스를 함께 갖추고 있는 것입니다. 그래서, ね 네 는 문장 기호가 물음표가 아니더라도 질문처럼 생각하는 게 좋습니다.

마지막 문장을 보면, 여기에서는 な 나 가 사용됐군요. な 나 는 혼잣말에 많이 사용되는 종조사입니다. 가벼운 단정의 뉘앙스를 가지고 있어서, **너는 대단하다고 생각하지 않더라도, 나는 대단하다고 생각한다.** 라는 뉘앙스를 풍기는 것이죠.

마지막으로 각 종조사별 용법과 예문을 볼까요? 이번에도 남성이 사용하는 종조사, 여성이 사용하는 종조사, 남녀 구분 없이 사용하는 종조사로 나뉘어 있습니다.

종조사	용법	예문
わ 와	놀람이나 감탄을 나타냄	おいしい わ。 오이시이 와. 맛있네.
	가벼운 주장을 나타냄	全部 言う わ。 젬부 이우 와. 전부 말할 거야.
	결심을 나타냄	行く わ。 이쿠 와. 간다.
の 노	단정할 때 사용	関係ない の。 캉케에나이 노. 상관없어.
	의문을 나타낼 때 사용	知らない の? 시라나이 노? 몰라?
ね 네	놀람이나 감탄, 감동을 나타냄	おいしい ね。 오이시이 네. 맛있네.
	동의를 구하는 의미로 사용	青色 です ね? 아오이로 데스 네? 파란색이죠?
よ 요	주장을 나타냄	全部 言う よ。 젬부 이우 요. 전부 말할 거야.
	소원, 권유를 나타냄	来て よ。 키테 요. 와 줘.

な 나	감탄을 나타냄	おいしい な。 오이시이 나. 맛있네.
	동사 기본형 + な 나 의 형태로 금지 명령형을 나타냄	走る な。 하시루 나. 뛰지 마.
	소원을 나타냄	あったら いい な。 앗타라 이이 나. 있으면 좋을텐데.
さ 사	가볍게 단언, 단정하는 느낌을 나타낼 때	関係ない さ。 캉케에나이 사. 상관없어.
	확인의 의미로 사용	全部 言う さ。 젬부 이우 사. 전부 말할 거야.
ぞ 조	강한 주장을 나타냄	全部 言う ぞ。 젬부 이우 조. 전부 말할 거야.
ぜ 제	가벼운 결심을 나타냄	行く ぜ。 이쿠 제. 간다.

日本語と韓国語はあまりにも似ている

외워두면* 유용한 8문형

食べてみる

외워두면 유용한 8문형

1 타베 **테 미루.**
食べ てみる。 먹어 보다.

2 타베 **테 미타.**
食べ てみた。 먹어 봤다.

3 타베 **테 미마스.**
食べ てみます。 먹어 봅니다.

4 타베 **테 미마시타.**
食べ てみました。 먹어 봤습니다.

5 타베 **테 미 나이.**
食べ てみない。 먹어 보지 않다.

6 타베 **테 미 나칻타.**
食べ てみなかった。 먹어 보지 않았다.

7 타베 **테 미 마셍.**
食べ てみません。 먹어 보지 않습니다.

8 타베 **테 미 마센 데시타.**
食べ てみませんでした。 먹어 보지 않았습니다.

외워두면 유용한 8문형

1 카 이테 미루.
書いてみる。써 보다.

2 카 이테 미타.
書いてみた。써 봤다.

3 카 이테 미마스.
書いてみます。써 봅니다.

4 카 이테 미마시타.
書いてみました。써 봤습니다.

5 카 이테 미 나이.
書いてみない。써 보지 않다.

6 카 이테 미 나칻타.
書いてみなかった。써 보지 않았다.

7 카 이테 미 마셍.
書いてみません。써 보지 않습니다.

8 카 이테 미 마센 데시타.
書いてみませんでした。써 보지 않았습니다.

してみる

외워두면 유용한 8문형

1 시 테 미루.
し てみる。해보다.

2 시 테 미타.
し てみた。해봤다.

3 시 테 미마스.
し てみます。해봅니다.

4 시 테 미마시타.
し てみました。해봤습니다.

5 시 테 미 나이.
し てみない。해보지 않다.

6 시 테 미 나칻타.
し てみなかった。해보지 않았다.

7 시 테 미 마셍.
し てみません。해보지 않습니다.

8 시 테 미 마센 데시타.
し てみませんでした。해보지 않았습니다.

외워두면 유용한 8문형

1 키 테 미루.
き てみる。 와 보다.

2 키 테 미타.
き てみた。 와 봤다.

3 키 테 미마스.
き てみます。 와 봅니다.

4 키 테 미마시타.
き てみました。 와 봤습니다.

5 키 테 미 나이.
き てみない。 와 보지 않다.

6 키 테 미 나캇타.
き てみなかった。 와 보지 않았다.

7 키 테 미 마셍.
き てみません。 와 보지 않습니다.

8 키 테 미 마센 데시타.
き てみませんでした。 와 보지 않았습니다.

외워두면 유용한 8문형

1 타베 **테 시마우.**
食べ てしまう。 먹어 **버리다.**

2 타베 **테 시맛타.**
食べ てしまった。 먹어 **버렸다.**

3 타베 **테 시마이마스.**
食べ てしまいます。 먹어 **버립니다.**

4 타베 **테 시마이마시타.**
食べ てしまいました。 먹어 **버렸습니다.**

1 카 **이테 시마우.**
書 いてしまう。 써 **버리다.**

2 카 **이테 시맛타.**
書 いてしまった。 써 **버렸다.**

3 카 **이테 시마이마스.**
書 いてしまいます。 써 **버립니다.**

4 카 **이테 시마이마시타.**
書 いてしまいました。 써 **버렸습니다.**

외워두면 유용한 8문형

1 시 테 시마우.
し てしまう。 해버리다.

2 시 테 시맏타.
し てしまった。 해버렸다.

3 시 테 시마이마스.
し てしまいます。 해버립니다.

4 시 테 시마이마시타.
し てしまいました。 해버렸습니다.

1 키 테 시마우.
き てしまう。 와버리다.

2 키 테 시맏타.
き てしまった。 와버렸다.

3 키 테 시마이마스.
き てしまいます。 와버립니다.

4 키 테 시마이마시타.
き てしまいました。 와버렸습니다.

教えてくれる

외워두면 유용한 8문형

1 오시에 **테 쿠레루.**
教え てくれる。가르쳐 **주다.** (나에게)

2 오시에 **테 쿠레타.**
教え てくれた。가르쳐 **줬다.** (나에게)

3 오시에 **테 쿠레마스.**
教え てくれます。가르쳐 **줍니다.** (나에게)

4 오시에 **테 쿠레마시타.**
教え てくれました。가르쳐 **줬습니다.** (나에게)

5 오시에 **테 쿠레 나이.**
教え てくれない。가르쳐 **주지 않다.** (나에게)

6 오시에 **테 쿠레 나칻타.**
教え てくれなかった。가르쳐 **주지 않았다.** (나에게)

7 오시에 **테 쿠레 마셍.**
教え てくれません。가르쳐 **주지 않습니다.** (나에게)

8 오시에 **테 쿠레 마센 데시타.**
教え てくれませんでした。가르쳐 **주지 않았습니다.** (나에게)

외워두면 유용한 8문형

1 카 이테 쿠레루.
書いてくれる。써주다. (나에게)

2 카 이테 쿠레타.
書いてくれた。써줬다. (나에게)

3 카 이테 쿠레마스.
書いてくれます。써줍니다. (나에게)

4 카 이테 쿠레마시타.
書いてくれました。써줬습니다. (나에게)

5 카 이테 쿠레 나이.
書いてくれない。써주지 않다. (나에게)

6 카 이테 쿠레 나칻타.
書いてくれなかった。써주지 않았다. (나에게)

7 카 이테 쿠레 마셍.
書いてくれません。써주지 않습니다. (나에게)

8 카 이테 쿠레 마센 데시타.
書いてくれませんでした。써주지 않았습니다. (나에게)

してくれる

외워두면 유용한 8문형

1 시 **테 쿠레루.**
し てくれる。해 **주다.** (나에게)

2 시 **테 쿠레타.**
し てくれた。해 **줬다.** (나에게)

3 시 **테 쿠레마스.**
し てくれます。해 **줍니다.** (나에게)

4 시 **테 쿠레마시타.**
し てくれました。해 **줬습니다.** (나에게)

5 시 **테 쿠레 나이.**
し てくれない。해 **주지 않다.** (나에게)

6 시 **테 쿠레 나캇타.**
し てくれなかった。해 **주지 않았다.** (나에게)

7 시 **테 쿠레 마셍.**
し てくれません。해 **주지 않습니다.** (나에게)

8 시 **테 쿠레 마센 데시타.**
し てくれませんでした。해 **주지 않았습니다.** (나에게)

외워두면 유용한 8문형

1 키 테 쿠레루.
き てくれる。와 주다. (나에게)

2 키 테 쿠레타.
き てくれた。와 줬다. (나에게)

3 키 테 쿠레마스.
き てくれます。와 줍니다. (나에게)

4 키 테 쿠레마시타.
き てくれました。와 줬습니다. (나에게)

5 키 테 쿠레 나이.
き てくれない。와 주지 않다. (나에게)

6 키 테 쿠레 나칻타.
き てくれなかった。와 주지 않았다. (나에게)

7 키 테 쿠레 마셍.
き てくれません。와 주지 않습니다. (나에게)

8 키 테 쿠레 마센 데시타.
き てくれませんでした。와 주지 않았습니다. (나에게)

教えてあげる

외워두면 유용한 8문형

1 오시에 **테 아게루.**
教え てあげる。 가르쳐 **주다.** (남에게)

2 오시에 **테 아게타.**
教え てあげた。 가르쳐 **줬다.** (남에게)

3 오시에 **테 아게마스.**
教え てあげます。 가르쳐 **줍니다.** (남에게)

4 오시에 **테 아게마시타.**
教え てあげました。 가르쳐 **줬습니다.** (남에게)

5 오시에 **테 아게 나이.**
教え てあげない。 가르쳐 **주지 않다.** (남에게)

6 오시에 **테 아게 나캇타.**
教え てあげなかった。 가르쳐 **주지 않았다.** (남에게)

7 오시에 **테 아게 마셍.**
教え てあげません。 가르쳐 **주지 않습니다.** (남에게)

8 오시에 **테 아게 마센 데시타.**
教え てあげませんでした。 가르쳐 **주지 않았습니다.** (남에게)

외워두면 유용한 8문형

1 카 **이테 아게루.**
書 **いてあげる。** 써 **주다.** (남에게)

2 카 **이테 아게타.**
書 **いてあげた。** 써 **줬다.** (남에게)

3 카 **이테 아게마스.**
書 **いてあげます。** 써 **줍니다.** (남에게)

4 카 **이테 아게마시타.**
書 **いてあげました。** 써 **줬습니다.** (남에게)

5 카 **이테 아게 나이.**
書 **いてあげない。** 써 **주지 않다.** (남에게)

6 카 **이테 아게 나캇타.**
書 **いてあげなかった。** 써 **주지 않았다.** (남에게)

7 카 **이테 아게 마셍.**
書 **いてあげません。** 써 **주지 않습니다.** (남에게)

8 카 **이테 아게 마센 데시타.**
書 **いてあげませんでした。** 써 **주지 않았습니다.** (남에게)

してあげる

외워두면 유용한 8문형

1 시 **테 아게루.**
し てあげる。 해 **주다.** (남에게)

2 시 **테 아게타.**
し てあげた。 해 **줬다.** (남에게)

3 시 **테 아게마스.**
し てあげます。 해 **줍니다.** (남에게)

4 시 **테 아게마시타.**
し てあげました。 해 **줬습니다.** (남에게)

5 시 **테 아게 나이.**
し てあげない。 해 **주지 않다.** (남에게)

6 시 **테 아게 나캇타.**
し てあげなかった。 해 **주지 않았다.** (남에게)

7 시 **테 아게 마셍.**
し てあげません。 해 **주지 않습니다.** (남에게)

8 시 **테 아게 마센 데시타.**
し てあげませんでした。 해 **주지 않았습니다.** (남에게)

외워두면 유용한 8문형

1 키 **테 아게루.**
き てあげる。와 **주다.** (남에게)

2 키 **테 아게타.**
き てあげた。와 **줬다.** (남에게)

3 키 **테 아게마스.**
き てあげます。와 **줍니다.** (남에게)

4 키 **테 아게마시타.**
き てあげました。와 **줬습니다.** (남에게)

5 키 **테 아게 나이.**
き てあげない。와 **주지 않다.** (남에게)

6 키 **테 아게 나칻타.**
き てあげなかった。와 **주지 않았다.** (남에게)

7 키 **테 아게 마셍.**
き てあげません。와 **주지 않습니다.** (남에게)

8 키 **테 아게 마센 데시타.**
き てあげませんでした。와 **주지 않았습니다.** (남에게)

教えてもらう

외워두면 유용한 8문형

1	오시에 **테 모라우.** 教え **てもらう。**	가르쳐 **받다.** (나에게) 가르쳐 주다.
2	오시에 **테 모랃타.** 教え **てもらった。**	가르쳐 **받았다.** (나에게) 가르쳐 줬다.
3	오시에 **테 모라이마스.** 教え **てもらいます。**	가르쳐 **받습니다.** (나에게) 가르쳐 줍니다.
4	오시에 **테 모라이마시타.** 教え **てもらいました。**	가르쳐 **받았습니다.** (나에게) 가르쳐 줬습니다.
5	오시에 **테 모라와 나이.** 教え **てもらわない。**	가르쳐 **받지 않다.** (나에게) 가르쳐 주지 않다.
6	오시에 **테 모라와 나캍타.** 教え **てもらわなかった。**	가르쳐 **받지 않았다.** (나에게) 가르쳐 주지 않았다.
7	오시에 **테 모라이 마센.** 教え **てもらいません。**	가르쳐 **받지 않습니다.** (나에게) 가르쳐 주지 않습니다.
8	오시에 **테 모라이 마센 데시타.** 教え **てもらいませんでした。**	가르쳐 **받지 않았습니다.** (나에게) 가르쳐 주지 않았습니다.

외워두면 유용한 8문형

1	카 이테 모라우. 書いてもらう。	써 받다. (나에게) 써 주다.
2	카 이테 모랕타. 書いてもらった。	써 받았다. (나에게) 써 줬다.
3	카 이테 모라이마스. 書いてもらいます。	써 받습니다. (나에게) 써 줍니다.
4	카 이테 모라이마시타. 書いてもらいました。	써 받았습니다. (나에게) 써 줬습니다.
5	카 이테 모라와 나이. 書いてもらわない。	써 받지 않다. (나에게) 써 주지 않다.
6	카 이테 모라와 나캍타. 書いてもらわなかった。	써 받지 않았다. (나에게) 써 주지 않았다.
7	카 이테 모라이 마셍. 書いてもらいません。	써 받지 않습니다. (나에게) 써 주지 않습니다.
8	카 이테 모라이 마센 데시타. 書いてもらいませんでした。	써 받지 않았습니다. (나에게) 써 주지 않았습니다.

してもらう

외워두면 유용한 8문형

1	시 테 모라우. してもらう。	해받다. (나에게) 해 주다.
2	시 테 모랃타. してもらった。	해받았다. (나에게) 해 줬다.
3	시 테 모라이마스. してもらいます。	해받습니다. (나에게) 해 줍니다.
4	시 테 모라이마시타. してもらいました。	해받았습니다. (나에게) 해 줬습니다.
5	시 테 모라와 나이. してもらわない。	해받지 않다. (나에게) 해 주지 않다.
6	시 테 모라와 나칻타. してもらわなかった。	해받지 않았다. (나에게) 해 주지 않았다.
7	시 테 모라이 마셍. してもらいません。	해받지 않습니다. (나에게) 해 주지 않습니다.
8	시 테 모라이 마센 데시타. してもらいませんでした。	해받지 않았습니다. (나에게) 해 주지 않았습니다.

외워두면 유용한 8문형

1	키 테 모라우. き てもらう。	와 받다. (나에게) 와 주다.
2	키 테 모랕타. き てもらった。	와 받았다. (나에게) 와 줬다.
3	키 테 모라이마스. き てもらいます。	와 받습니다. (나에게) 와 줍니다.
4	키 테 모라이마시타. き てもらいました。	와 받았습니다. (나에게) 와 줬습니다.
5	키 테 모라와 나이. き てもらわない。	와 받지 않다. (나에게) 와 주지 않다.
6	키 테 모라와 나캇타. き てもらわなかった。	와 받지 않았다. (나에게) 와 주지 않았다.
7	키 테 모라이 마셍. き てもらい ません。	와 받지 않습니다. (나에게) 와 주지 않습니다.
8	키 테 모라이 마센 데시타. き てもらい ませんでした。	와 받지 않았습니다. (나에게) 와 주지 않았습니다.

'왜 동물 귀?' 라고 본인들 모두가 물었다.
어차피 '당연히 귀여우니까 그렇지?' 라고 대답할 것을 어렴풋이 알면서도.

그들은 수호정령—— 에이티식스☆

86

— 에이티식스 —

When you call their names,
Don't forget the central star.

[Alter.2]

— 마법소녀 레지나☆레나
~싸워라! 은하항행전함 산마그놀리아~ —

EIGHTY SIX

The number is the land which isn't admitted in the country.
And they're also boys and girls from the land.

ASATO ASATO PRESENTS
[글] 아사토 아사토
[일러스트] 시라비
[메카닉 디자인] I-IV
[본문 일러스트] 소메미야 스즈메

DESIGN／AFTERGLOW

THE GUARDIAN SPIRITS

수호정령

에이티식스

마법소녀(핸들러)의 파트너로
은하항행함대를 지키는
마법무장.

[EIGHTY SIX]

The number is the land which isn't admitted in the country.
And they're also boys and girls from the land.

[신에이 노우젠]

섬멸의 낫 〈언더테이커〉
코멘트 : 싫어하게 된 음식은 문어와 오징어. 형 때문에. 형 때문에.

[크레나 쿠쿠미라]

필중의 마탄 〈건슬링어〉
비고 : 평범한 푸딩이 체감상 양동이 푸딩 사이즈가 되는 것을 만끽 중.

[카이에 타니야]

칼날의 꽃보라 〈키르쉬블리테〉
코멘트 : 모처럼 무장 형태가 수리검 비슷하니까, 이참에 개구리라도 타보고 싶군…….

[세오토 릿카]

와이어 앵커 〈래핑폭스〉
특기사항 : 여우 귀와 꼬리
코멘트 : 저기, 하루토! 내 꼬리를 붓으로 쓰지 마!

[하루토 키츠]

깃털 칼날 〈팔케〉
코멘트 : 쿠션 트램펄린! 커튼 그네! ……아, 창문 열려 있었다. 그리고 밖에는 닭이.

[라이덴 슈가]

개틀링건 〈베어볼프〉
비고 : 이 기회에 자기보다 커다란 팬케이크를 만들어 볼지 생각할 때가 있다.

[쿠조 니코]

푸르스름한 화염방사 〈시리우스〉
코멘트 : 그 고양이! 또 나타났는데, 나를 완전히 자기 먹잇감이라고 생각하는 거 아니야?!

[앙쥬 에마]

다연장 미사일 〈스노윗치〉
비고 : 아네트의 닭(흉폭함)과 눈씨름을 벌였다가 이긴 것이 조금 쇼크.

[다이야 이루마]

곡사포 〈블랙독〉
비고 : 대나무 프로펠러에 매달려서 하늘을 날아봤는데, 너무 돌아서 멀미가 났다.

[시덴 이다]

산탄총 〈키클롭스〉
특기사항 : 고양이 귀와 꼬리
비고 : 물론 마르셀의 저주 때문은 아니지만, 가끔 하악 소리를 낸 다음 놀린다.

[레르케]

거대 로봇 〈차이카〉
비고 : 더 멋진 변신 포즈를 제안할 때마다 비카가 죽상을 하는 걸 이해할 수 없다.

THE MAGICAL GIRL

마법소녀
핸들러

마법소녀 무투의상(저거노트)으로 몸을 감싸고, 파트너인 수호정령 에이티식스와 함께 수수께끼의 군단 〈레기온〉과 싸운다. 에이티식스를 두는 대가로, 마법소녀는 일상생활에서 작은 불편함을 감수해야 한다.

레지나☆레나

저주 : 이상하게 잘 넘어진다.
코멘트 : '수도꼭지를 돌려본 적도 없어요.' 라고 했더니 다들 믿는 거예요……. 그럴 리가 없잖아요!

엠프레스☆프레데리카

저주 : 숨바꼭질에서 바로 들킨다.
코멘트 : 테레자, 어떻게 여기를?! 혹시 장난을 치고 숨어도 숨바꼭질로 치는 것이냐?!

아울렛☆아네트

저주 : 제과에 실패한다.
비고 : 피시 케이크가 과자로 판정되어 실패한 것은 지금도 이해할 수 없어.

류넷☆유진

저주 : 아침에 안경이 행방불명.
비고 : 사실은 상당히 대식가.

라커☆비카

저주 : 자 뒤에 잉크가 묻는다.
비고 : 무투의상 색깔이 금색이라서 어머니와 같은 것이 조금 부끄러운 나이.

등장인물 소개

Alter. 86 2

When you call
their names,
Don't forget
the central star.

86

[EIGHTY SIX]

The number is the land which isn't
admitted in the country.
And they're also boys and girls from the land.

마법소녀 레지나☆레나

~싸워라! 은하항행전함 산마그놀리아~

86 ALTER VOLUME TWO

1

캐터펄트에 불이 들어온다.

"술식 기동(시스템 스타트). 마법소녀 무투의상(저거노트), 전개."

과거에 있었던 철도 레일처럼, 모래사장에 남은 연인들의 발자국처럼, 한 쌍으로 이루어진 그것은 사출 마법의 선형 마법진이 그려내는 광채다. 어두운 우주 공간을 향해 똑바로 뻗은 그 빛의 길 속으로, 반짝이는 무지갯빛 입자를 두르고 레나는 걸어간다.

형태 가변 마술적 의사만능물질(Theurgical Pseud-elixir) 입자—— TP 입자가 특유의 냐옹냐옹! 하는 효과음과 함께 몸의 곳곳에 집결, 수렴. 프리즘의 일곱 색깔을 뿌리며 우주간마법전투용 의상을 자아낸다. 장미 꽃잎처럼 겹친 시폰과 프릴. 나비들 같은 리본과 마술적인 방어와 보조를 위한 일련의 장신구—— 티아라와 브로치, 팔찌에 귀고리, 목걸이. 옛날이야기 속에 나오는 귀여운 요정이나 신부의 화사한 드레스 같은 모습.

색채는 모두 스카이 블루로, 그것은 머나먼 모성의 지상에서 올려다본 하늘색이다. 은하항행전함에서 나고 자란 레나는 영상으로밖에 본 적 없는, 너무나도 머나먼 색채.

캐터펄트 덱 전체에 색조가 미묘하게 다른 파란빛을 퍼뜨리면서, 저거노트(무투의상)의 마지막 파츠인 별 모양 브로치가 형성된다. 새하얀 드레스 글러브로 감싼 오른손을 쳐들고, 의상의 전개와 함께 아름다운 화장——물론 마술적인 효과가 있는 것이다——이 된 얼굴을 들고, 윤기 있는 핑크색 입술로 계속해서 외쳤다.

"무투전용 마술장(레이드 디바이스) 형성, 동조 개시(파라레이드 액티베이트)."

냐옹냐옹냐옹냐옹! 소리를 내며 오른손에 모인 TP 입자가 레나의 키 정도 될 만큼 거대한 완드 모양 무투장을 형성했다. 마찬가지로 스카이 블루색 커다란 리본을 정점에 퍼뜨리고, 검은 실린더 형태의 길고 가는 자루와 앞쪽에만 장비된 메마른 뼈색의 경장갑을 가졌다. 어울리지 않도록 커다란 자루 끝은 곤충이나 그 번데기처럼 유기적인 형태에 투박한 티피 하우스(TP 입자탄창)를 장비하고, 그 끝부분의 붉은 보옥이 거미의 커다란 겹눈처럼 둔하게 빛났다.

이 지팡이는 사실 레나를 위한 장비가 아니고, 탄창 안에 가득 수납된 TP 입자와 동조하는 것 역시 레나가 아니다. 레나는 브로치에 왼손을 드리우며, 동조 대상인 그들의 술식발동명(퍼스널 네임)을 불렀다.

"수호정령 관제 시스템(Familiar Control System (FCS)), 세트업——. 〈베어볼프〉, 〈건슬링어〉, 〈시리우스〉, 〈키르쉬블리테〉, 스탠바이."

심장 위, 별 모양 브로치의 정점 네 곳에 빛의 결정 조각이 모이고, 작은 보석 형태로 변하여 박힌다. 강인한 쇳빛과 맑은 금색, 푸르스름하게 불타는 화염색과 부드러운 핑크색.

나의—— 소중한 네 정령들.

관제관의 목소리가 말한다.

[진로 클리어. ——마법소녀(핸들러) 〈레지나☆레나〉, 발함하세요!]

사출 마법진의 빛이 강해진다. 색깔을 바꾼다. 경고색인 적색에서 준비 완료를 뜻하는 맑은 청색으로.

레이드 디바이스의 끝을 캐터펄트의 셔틀 블록에 꽂고, 한 차례 숨을 들이마시고 드높게 응했다.

"블라디레나 밀리제, 〈레지나☆레나〉—— 갑니다!"

요정의 날개 모양인 추진 마법을 등 뒤에 전개하고 우주 공간의 진공을 비상.

함대의 최종방어결계를 돌파한 뒤 정지한 레나는 숨을 한 번 내뱉었다. 저거노트의 결계는 우주복으로서 내부 기압을 유지하고, 적의 저급 공격 마법을 포함한 모든 것에서 마법소녀를 지킨다.

돌아보니 모함인 은하항행전함 〈산마그놀리아〉가 별의 바다에 그 위용을 드러내고 있다. 나라 하나를 통째로 내부에 둘 정도인 초거대 이민전함은 사출 마법과 추진 마법의 효과로 상당한 거리가 벌어졌는데도 아직 크게 보인다.

최종방어결계 밖으로 나와도 아직 모함의 관제통신 마법 범위에 있다. 귓속에 직접 관제관의 목소리와 거기에 응하는 다른 마법소녀의 목소리가 닿는다. ——FCS 세트업. 〈래핑폭스〉, 〈블랙독〉, 〈스노윗치〉, 〈팔케〉, 스탠바이.

[마법소녀(핸들러) 〈아울렛☆아네트〉, 발함하세요!]

[예이, 예이. 앙리에타 펜로즈, 〈아울렛☆아네트〉, 나갈게.]

바늘구멍보다도 작게 보이는 마법소녀 발함 캐터펄트에서 레나와 같은 궤도로 민트 그린색 그림자가 날아올랐다.

추진 마법의 빛나는 결정 조각을 뿌리면서 옆에서 딱 멈춘다. 쇼트컷으로 다듬은 은발과 곤두선 느낌의 은색 눈. 동기 마법소녀인 아네트다.

참고로 아네트의 의상과 레이드 디바이스(무투장)의 리본 색깔은 민트 그린으로, 이 색채는 타고난 마력의 파장으로 정해진다. 다만 포피 레드라든가, 카나리아 옐로우라든가, 오키드 퍼플처럼 귀여운 색채가 대부분이라서 남자 마법소녀들에게는 불평이 많다.

"〈아울렛☆아네트〉. 같은 출격 타임이었네."

"최소한 앞으로 한 달 동안은 같은 시간대야, 〈레지나☆레나〉."

마법소녀는 작전 중 본명이 아니라 콜사인으로 서로를 호칭하는 것이 의무다. ☆도 필수다.

이유는 레나도, 아네트도 모른다.

시야 밖의 저 멀리, 제1방어선의 한곳으로 시선을 주며――물론 천리안 마법을 전개했다――아네트가 눈을 가늘게 떴다.

"예측대로 공성결계는 뚫린 모양이야. 〈파이드〉들의 제2방어선도."

은하항행함대의 기본 방어는 제1방어선인 공성결계 〈그랑 뮬〉과 제2방어선의 자동전투기 〈파이드〉들로 구축된 이중 자동방어 시스템이지만, 적 전력에 따라서는 돌파당하는 경우가 있다.

그 경우 요격을 맡는 것이 레나 같은 마법소녀다.

광역 전개한 색적결계의 반응에 귀를 기울이면서 레나는 대답했다. 다행이라고 할까.

"하지만 돌파한 적은 별로 많지 않은 것 같아."

"그런가 보네. 얼른 정리하자."

"응."

천리안의 시야에 적 선발대가 들어온다.

동시에 두 사람은 주문을 외웠다.

"〈스노윗치〉, 액티베이트!"

"〈베어볼프〉, 액티베이트! 술식효과부여(인챈트), 〈시리우스〉!"

아네트가 가슴에 단 브로치에서 하얀색 보옥이 빛의 거품으로 변하여 소실한다. 그리고 마찬가지로 하얗게 빛나는 안개로 변한 TP 입자가 마술장에서 뿜어져 나왔다.

레나의 브로치에서는 쇳빛과 푸르스름한 보옥이 역시나 빛의 거품으로 변해 사라지고, 쇳빛과 푸르스름한 색의 TP 입자가 광채를 뿌리는 불꽃이 되었다.

또한 효과음은 역시 냐옹냐옹! 이며, 이 탓도 있어서 TP 입자는 마법소녀 사이에서 [조그만 호랑이 입자(Tiny panthera)]나 [반짝반짝 불꽃 입자(Twinkle Pyro-Particle)]라는 이름으로 불리기도 한다.

냐~오~옹! 소리와 함께 TP 입자들이 일제히 한층 높은 포효를 내는 동시에.

아네트가 머리 위로 쳐든 레이드 디바이스 끝에 미사일 포드가 나타났다.

레나가 날카롭게 앞으로 내민 레이드 디바이스를 중심으로 6연장 총신── 개틀링건이 출현하고, 그 총구에 하얗게 일렁대는 고온의 화염이 흔들렸다.

〈눈의 마녀(스노윗치)〉, 〈늑대인간(베어볼프)〉, 〈천랑성(시리우스)〉── 그런 퍼스널네임을 가진 수호정령(에이티식스)들이, 마법무장으로서 현현한 형태.

""파이어!""

사무치게 차디찬 눈색 미사일 포드에서 발사된 미사일들이.

쇳빛 개틀링건이 토해낸, 화염을 두른 총탄의 빗발이.

우주 공간 저 멀리에 있는 적 선발대에게 꽂혔다.

☆☆☆☆☆

이주할 수 있는 행성을 찾아 머나먼 은하의 항로를 나아가는 은하항행함대. 그중의 한 척, 민주공화제를 펴는 은하항행전함 〈산마그놀리아〉.

별의 바다를 나아가는 그 함대는 100여 년에 달하는 오랜 전쟁 속에 있다.

☆☆☆☆☆

저거노트를 해제하고 대기실로 돌아오자, 한발 먼저 돌아온 아네트가 한 손을 들었다.

"수고했어, 레나."

"너도 고생했어, 아네트. 그리고 모두도……."

웃으며 대답하자, 테이블 위에서 뒹굴대거나 인간이 사과를 통째로 씹어먹듯 마력보충용 에테르 크리스털을 와작와작 씹거나 하던 일동이 각각 대답했다.

"수고, 레나. 라이덴과 크레나도."

"수고 많았어, 카이에. 쿠조 군도."

의자를 끌고 레나가 앉자, 그 어깨나 머리 위에 있던 이들도 미끄러져 내려와서 테이블 위의 뒹굴뒹굴와작와작에 합류했다.

'너도 먹을래?' 라며 아네트가 에테르 크리스털을 가리키기에, 한 손을 들어 필요 없다고 했다.

아네트가 고개를 갸웃했다.

"그럼 그냥 간식으로 쿠키 안 먹을래? 신작. 진짜 달걀."

"그건 역시 있지도 않은 치즈 맛이 난다든가, 검은 연기가 입에서 나올 것 같은…… 그런 거……?"

아네트가 대답하기도 전에 테이블 위에서 대답이 돌아왔다.

"으음, 아쉽지만 검은 연기가 나올 것 같은 쪽이야."

말한 것은 테이블 위의 일동 중 한 명이다. 푸른빛이 도는 긴 은

발과 하늘색 눈의 소녀——라고 하기에는 너무 작은 느낌도 들지만, 역시 소녀라고 표현할 수밖에 없는 존재다.

30센티미터도 안 되는 키에 머리가 크고 팔다리가 짧은 유아 체형 혹은 인형 체형, 어째서인지 사막 위장용 야전복과 은색 귀고리 차림. 머리와 같은 색의 털이 난 강아지의 삼각형 귀와 푹신푹신한 꼬리를 가진, 하지만 전체적으로 인간과 비슷한 모습을 한 마법적 존재.

에이티식스.

마법소녀의 파트너이자, 은하항행함대를 지키는 마법무장.

100여 년에 걸친 이 기나긴 전쟁 동안 함대와 사람들을 지켜 온 수호정령, 에이티식스 중 한 명이다.

"그런데 아네트. 왜 얘들을 에이티식스라고 불러?"

아네트가 고개를 끄덕였다.

"그게 말이지, 최초의 에이티식스가 전부 합쳐서 1010110명 있었으니까 그렇다나 봐."

"뭐……?"

무슨 의미인지 모르겠는데.

"2진수 1010110은 10진수로 86이야."

"으음……."

"뭐, 억지 같기는 하지……."

푸른 기운이 감도는 긴 은발을 가진 소녀 모습을 한, 아네트의 에이티식스——〈스노윗치〉=앙쥬는 귀여운 삼각형 귀를 가볍게 흔들면서 쓴웃음을 지었다.

"이야기를 되돌리겠는데."

금갈색 머리에 비취색 눈, 유니크한 여우 귀와 여우 꼬리의 세오가 말을 받았다. 퍼스널네임(술식발동명)은 〈래핑폭스〉인, 역시나 아네트의 에이티식스다.

"쿠키, 연기를 내뱉을 것 같은 게 아니라 정말로 시꺼먼 연기를 토하는 녀석이니까 안 먹는 게 좋아. 그렇지, 하루토, 다이야?"

"응."

"이거 봐."

입을 연 적동색 개 귀의 〈팔케〉=하루토와 금색 귀의 〈블랙독〉=다이야가 검은 연기 덩어리를 토해냈다.

레나는 모호하게 웃는 모습으로 굳어 버렸다……. 아네트의 에이티식스 중에서 특히나 시끄러운 이 두 사람이 오늘만큼은 조용하다 싶었는데, 그래서인가.

"와하하하하하하!"

이쪽은 레나의 에이티식스인 〈시리우스〉=쿠조가 그걸 손가락질하면서 폭소를 터뜨렸기에, 나무라기 위해서 그 흑단색 귀를 꼬집었다.

"에잇."

"우왓."

쿠조가 눈이 뱅글뱅글 도는 모습으로 주저앉았다. 에이티식스의 귀와 꼬리는 민감한 감각기관이라서, 거길 만지거나 주물거리면 힘이 빠진다는 모양이다.

그걸 무시하면서, 역시나 레나의 에이티식스인 〈베어볼프〉=

라이덴이 말했다.

"아네트, 슬슬 제과는 포기하는 게 어때? 거의 다 숯덩이가 나오잖아."

"싫어."

"그보다 그게 당신의 〈저주〉잖아."

"못 하는 걸로 되었으니까, 억지로 거스르지 않아도 될 건데."

레나의 나머지 에이티식스인 〈키르쉬블리테〉 카이에와 〈건슬링어〉 크레나가 그렇게 말을 받는 바람에 아네트가 울컥했다.

마법소녀는 모두가 에이티식스를 다루는 대가로 일상생활에서 사소한 불편을 겪는다.

그것이 일반적으로 〈저주〉라고 부르는 제약이다. 아네트의 경우는 '제과에 반드시 실패한다' 는 것이라서, 원래 취미가 제과였던 아네트에게는 꽤나 괴로운 〈저주〉라나 보다.

"저기…… 미안하지만, 쿠키는 사양할게, 아네트."

시꺼먼 연기를 내뿜는 것은 아무래도 사양하고 싶다.

아네트는 한층 더 기분 상한 기색이었다.

삐친 듯이 매서운 눈초리로 이쪽을 보더니 삿대질을 했다.

"아니, 남이 만든 음식에 시꺼먼 연기가 나올 것 같다느니 냉장고 안에서 이상한 신음 소리가 들릴 것 같다느니 대수롭잖게 말하는데. 애초에 넌 요리 이전에 달걀 껍질 깨는 법도 모르잖아."

찔리는 게 있어서 레나는 눈을 돌렸다.

"그치만…… 손이 거칠어진다고 어머님이 집안일을 시켜 주지 않고, 주방은 주방장의 영토니까 출입 금지고……."

그 말처럼, 레나는 달걀을 깨 본 적도 없고 깨는 법도 모른다.

"이런 세상만 아니라면 네가 귀족 집안 아가씨답게 자랐을 건 알고 있고, 그러니까 모르는 것도 어쩔 수 없다지만. 나한테 뭐라고 할 처지는 아니잖아."

"아니……. 다소 태우는 정도라면 몰라도, 시꺼먼 숯덩이를 태연히 남에게 먹이려고 하면 군소리를 들어도 어쩔 수 없지 않나 싶은데……."

콜록콜록 소리와 함께 시꺼먼 연기를 토하면서 다이야가 말했다. 그 말에 아네트는 입을 다물었다.

이어서 세오가 한심하다는 듯이, 라이덴도 거들어서 말한다.

"잘사는 집 사람인 건 지켜보면서 대충 알았지만."

"정말로 귀족 아가씨였구나, 레나. 달걀도 못 깨다니."

"그, 그렇게 말하지만요!"

'당신들은 할 수 있나요!' 라고 하려다가 레나는 말을 삼켰다.

에이티식스들의 자그만 손으로 달걀을 깰 수 있을 것 같지 않으니까 그런 식으로 말하면 안 되겠지. 듣자 하니 달걀 껍질은 아주 딱딱하고 튼튼하다고 하고.

하지만 에이티식스들은 태연히 끄덕였다.

"알아."

"달걀 깨는 법 정도는 알아."

"아니, 아마도 아직 할 수 있을걸."

"한 손으로 깨는 건 아무래도 무리겠지만."

"둘이서 덤비면 대충 될 것 같은데."

"잠깐만요. 한 손……이라고요……?!"

레나가 경악해서 신음하고, 에이티식스들은 다시 끄덕였다.

아무래도 좋지만 달걀을 깨는 인형 사이즈 정령의 모습은 참으로 메르헨 느낌이라고 할까, 동화책에 나올 모습이라고, 아네트는 생각했다.

장을 보러 간다는 아네트와 헤어져서 레나가 혼자 방어구역의 통로를 걷고 있자, 적의 제2파가 온 모양이다. 관제관의 목소리가 또 들려왔다.

[진로 클리어. ——마법소녀(핸들러) 〈드렁큰☆샌더스〉, 〈글러터너스☆존〉, 〈슈퍼쿨☆톰〉, 발함하세요!]

샌더스 씨와 존 씨와 톰 씨의 각각의 응답이 이어진다.

왠지 비통한 말들.

[그 마법소녀란 명칭, 이제 그만 좀 바꾸지?! 마법전사 같은 느낌으로 말이야!]

[저거노트 디자인도 좀 더 군복 같게 해주면 안 되나?! 우리는 명색이 군인이니까!]

[그보다 내 콜사인, 아무리 그래도 너무 대충 지었잖아……!]

그런 호소에 응하는 것은 관제관이 아닌, 톤이 꽤 높은 소녀의 목소리다.

각각 렛카, 미쿠리, 마이나라고 하는, 세 사람의 에이티식스다.

[어쩔 수 없잖아. 전통이니까.]

[의상도, 프릴도 리본도 보옥도 마술방어의 일환이고.]

[뭐, 분명히 슈퍼쿨은 너무 대충이네.]

그리고 관제관이 말했다. 냉철하게.

[됐으니까 어서 발함하세요. ——강제 사출. 에잇.]

[[[젠자아아아아아아아아아앙!!]]]

세 갈래 비상 마법의 색채가 별바다 저 멀리로 날아갔다.

창문 대신 일정 거리마다 투영되는, 외부를 비추는 홀로스크린으로 그 궤적을 지켜본 레나는 이상한 웃음을 떠올렸다.

참고로 다들 이해했겠지만, 샌더스 씨, 존 씨, 톰 씨는 셋 다 마법소녀라는 명칭과 달리 성인 남성이다.

애당초 100여년 전, 최초로 에이티식스와 함께 싸운 마법소녀 〈세인트☆마그놀리아〉에서 그런 명칭으로 굳어졌을 뿐이지, 마법소녀가 되는 데는 딱히 성별이나 나이의 제한이 없다.

그렇다고 해서 전원이 다 마법소녀의 명칭이나 이상하게 장식이 많은 저거노트나 일상생활에서 불리면 창피한 콜사인(거듭 말하지만 ☆도 필수)에 불만이 없는 건 아니다.

개정 요구는 항상 전통이라는 말로 강경하게 거부되고 있지만.

또 〈슈퍼쿨☆톰〉 씨는 분명히 너무 대충 지었다.

그런 생각을 하며 걷는데.

"아."

툭 하고 발끝에 뭔가 걸리는 감각이 있어서.

레나는 아무것도 없는 데서 넘어졌다.

기술의 정수를 모은 은하항행함에 있는, 접합선 하나 없는 구조에 돌멩이는 고사하고 실오라기 하나 떨어지지 않은 청결한 방어구역의 통로에서, 아무런 흔들림도 없는데도 성대하게 넘어졌다.

"아, 아야야야야……. 또야……."

재빨리 두 손과 두 팔꿈치로 짚어서 얼굴은 지켰지만, 세게 부딪친 손과 팔꿈치, 두 무릎이 아프다. 전혀 기쁘지 않지만…… 이것도 익숙해진 아픔이다.

이것이 레나의 〈저주〉—— '이상하게 자주 넘어진다' 다.

다치지 않더라도 아픈 건 아프고, 남들 앞에서 발동하면 창피하다. 레나가 주방에 들어간 적이 없는 것도 불이나 식칼을 쓸 때에 만에 하나라도 〈저주〉가 발동하지 않을까 하고 어머니가 걱정한 탓도 있다.

한숨을 쉬면서 레나는 몸을 일으켰다. 무릎을 털면서 고개를 들었더니.

넘어지기 전에는 분명히 없었을 터인 것이 그 시야에 비쳤다.

한 아름 정도 크기의 종이 박스.

옆면에는 '산지 직송 감귤' 이라고 인쇄된 글자가 있어서, 그야말로 원래 주인이 집에 방치된 종이 박스를 대충 유용한 느낌이다. 요즘 세상에 보기 드문 종이 전단 뒷면에 매직으로 대충 휘갈긴 '예뻐해 주세요' 라는 말. 가로등 본체는 어디에도 없는데, 빛나는 형광등의 약한 불빛이 희미하게 종이 박스를 비추었다.

게다가 왜인지 차가운 비까지 내리기 시작해서 순식간에 레나와 종이 박스를 적셨다.

이건 마법이 그런 형태로 발동하는 거다. 은하항행전함 안에서, 거주구역이라면 또 모를까 방어구역 통로에서 어떻게 비가 내리냐는 생각은 하면 안 된다.

레나는 말도 없이 지켜보았다.

어중간하게 열린 뚜껑을 안에서 들어 올리며, 삼각형의 검은 동물 귀가 쑥 튀어나왔다.

작은 머리가, 그리고 이어서.

핏빛 눈과 시선이 마주쳤다.

은하항행함대의 함장실에는 새로 세탁된 목욕 타월과 일반 타월이 항상 준비되어 있다.

왜냐면 에이티식스의 현현은 랜덤으로 선택된 마법소녀의 앞에 차가운 빗속, 종이 박스에 담겨 출현하는 형태로 이루어지고, 그런 마법소녀의 통괄은 각 함 함장의 업무 중 하나이기에.

다만.

비서관이 꺼내 준 그 목욕 타월을 어깨에 걸치고, 그러면서 흘딱 젖은 머리나 옷도 건성으로 닦으면서 레나는 말했다.

마찬가지로 비서관이 꺼내 준 타월로 머리를 닦고 있는 흑발의 에이티식스를 두 손으로 품에 꼭 껴안고서.

"이 애, 제가 데리고 있어도 되지요……?! 숙부님!"

"음……."

버려진 강아지를 주워 오는 유치한 상황극을 재현하는 듯한 바보 같은 현현의식 좀 지금에라도 못 바꾸나 생각하는, 은하항행전함 〈산마그놀리아〉 함장 제롬 칼슈타르.

그리고 눈앞에 있는 친구의 딸이 착하게 커 준 것은 기쁘긴 하지만, 솔직히 도가 조금 지나쳤다.

머리를 닦다가 갑자기 그 품에 안긴, 흑발에 붉은 눈을 가진 에이티식스 소년은 새까만 삼각형 귀를 납작 깔고 털 많은 검은 꼬리를 파닥파닥 천천히 좌우로 흔들고 있다.

짖거나 으르렁대거나 깨무는 정도는 아니더라도 결코 유쾌한 기분이 아닐 때의 개가 꼬리를 저렇게 흔든다고 칼슈타르는 생각했다.

물론 에이티식스는 개가 아니지만, 잔뜩 힘이 들어간 두 눈과 미간에 잡은 주름을 보면 꼭 틀린 것만도 아니겠지.

칼슈타르의 시선을 알아차렸는지 시선으로 '헬프 미' 라고 호소하지만, 모르는 척하면서 사교적인 웃음과 함께 끄덕여 주었다. 에이티식스의 미간에 생긴 주름이 한층 깊어졌지만, 딱하긴 해도 알 바가 아니다.

애초에 도를 넘을 정도로 착하게 자라 준, 친딸 같은 소녀다. 저렇게 꼭 껴안고 있는 것을 함부로 빼앗았다가 '숙부님, 이제 얼굴도 보기 싫어요!' 같은 소리를 들으면 정신적 타격이 크다. 정말 장난 아니게 크다.

거기에 비교하면 에이티식스 한 명에게 다소 원한을 사는 정도야 아무렇지도 않다.

그건 넘어가고, 따로 유의해야 할 점을 넌지시 지적해 보았다.

"너는 이미 에이티식스를 넷이나 데리고 있을 텐데, 레나. 한 마법소녀(핸들러)가 소유할 수 있는 에이티식스의 상한은 다섯 명이지만, 그 상한을 지킨다고 해서 꼭 문제가 없는 건 아니다……. 전투 시 마력 공급의 부족이 핸들러와 에이티식스, 쌍방에게 불행한 결과로 끝나는 것은 너도 알고 있겠지."

"그렇지만요, 그래도 빗속에서 눈이 마주쳤어요……!"

그건 칼슈타르의 지적에 대한 답이 될 수 없는데.

"그리고 마력 공급도 제 마력량이라면 다섯 명을 데리고 있어도 문제없다고 계측 결과가 나왔으니까요!"

답이 되었다.

정령—— 물리적 육체를 갖지 않는 마법적인 존재인 에이티식스는 스스로도 강대한 마력을 갖는다. 하지만 인간 형태나 무장 형태로의 실체화 상태를 유지하려면 자신의 마력만이 아니라 마법소녀의 마력 공급이 필요하다.

특히나 무장 형태로 전투 가동할 때 공급마력이 부족하면 에이티식스 자신의 파괴, 최악의 경우에는 마법소녀의 전사로도 이어진다. 그렇기에 마법소녀 개개인이 가질 수 있는 에이티식스의 숫자는 그 보유마력량이나 최대 출력치를 기반으로 엄밀하게, 신중하게 정해진다.

그리고 레나의 마력량은 본인의 주장처럼 상한치인 에이티식스 다섯 명을 채우고도 충분히 여유롭다는 보증이 있을 정도로, 달리 찾아보기 어렵게 막대하다.

그래도 여태까지 수많은 부모가 버려진 강아지를 주워 온 자식에게 할 만한 말을, 원래 있던 곳에 돌려놓고 오라는 말을, 칼슈타르는 입 밖으로 꺼내고 싶었다.

에이티식스를 반납하는 장소는 함대 최심부의 신전함으로, 마법소녀는 물론이고 함장조차도 임의로 반납할 권한은 없지만, 그건 큰 문제가 아니다.

왜냐면.

왜냐면 에이티식스 소녀라면 모를까, 소년이니까.

못된 벌레가 들러붙는 것 같아서 왠지 싫다.

숙부님……! 이라며 마치 버려진 강아지 같은 눈을 하는 레나에게 탄식과 함께 말해 주었다.

"레나."

그 강한 울림에 레나가 입을 다물었다.

그 시선에 칼슈타르는 풋 하고 웃었다.

"너는 정말로 바츨라프를 닮았군."

레나는 빙그레 웃었다.

"지금 갑자기 아버님 말씀을 하시면서 은근슬쩍 넘어가시려고 해도 그렇게는 안 되지요, 숙부님."

칼슈타르는 묵묵히 두 손을 들었다. 대충 넘어가 주지 않는군.

"애초에…… 지금 이야기의 대체 어느 부분을 두고 아버지를 닮았다는 말을 한 겁니까?"

여태까지 말없던 에이티식스 소년이 넌지시 의문을 표했기에 레나가 대답했다.

전혀 때 묻지 않은 모습으로.

"단신부임 중인 아버님도 마법소녀입니다."

"에이티식스에게 퍽이나 사랑받아서, 나타날 때마다 거부하지 못하고 받아들이는 바람에 상한인 다섯 명을 데리고 있지."

"아, 살아 계시는군요."

닮았다고 과거형으로 언급했던 건 대체 뭐였을까.

아무튼 레나는 새롭게 그녀의 에이티식스가 된 조그만 정령과 시선을 교환했다. 함장실의 응접 세트인 낮은 테이블에 그를 세우고, 웅크려 앉아서 눈높이를 맞춘 모습으로.

조그만 두 손을 두 손으로 맞잡고, 무슨 혼례의 맹세처럼 미소지었다.

"저는 마법소녀(핸들러) 블라디레나 밀리제. 레나라고 불러 주세요. 앞으로 잘 부탁할게요."

"……."

에이티식스는 시선을 내리깔고 작게 탄식했다. 아무튼.

"옷을 갈아입어 주지 않겠습니까, 핸들러."

젖어서 착 달라붙은 블라우스 밑으로 군청색 바탕에 하얀 프릴이 강렬하게 자기주장을 하는 바람에 눈 둘 곳이 곤란하기에.

새로운 에이티식스는 신에이 노우젠이라고 이름을 밝혔다.

"퍼스널네임은 〈언더테이커〉로군요. 평소에는 신이라고 부르면 될까요?"

"편할 대로 하시죠. 핸들러."

방어구역을 나서서 배 중앙부의 거주구역. 세련되고 섬세한 아름다움을 사랑하는 〈산마그놀리아〉다운 우아한 건물들이 늘어서고, 천장에 투영된 함대 표준시에 맞춰 오후 배경을 그리는 푸른 하늘. 오랜 항행으로 몇 번이나 보수되어서 꽤나 고풍스러워진 벽돌 타일에, 폐쇄공간용으로 유전자 조작된 가로수의 그림자가 길게 드리워진 대로. 레나는 신을 껴안고 그 길을 걸었다.

지금도 강아지나 인형처럼 껴안고 가는 것에 대해서는 아마 신도 체념했는지 더 이상 저항도 하지 않았다.

한편 레나는 쌀쌀맞게 돌아온 말에 눈썹을 찌푸렸다. 쌀쌀맞은 것은 그의 성격일 테니까 개의치 않지만, 호칭은.

"레나예요, 신."

"………………그럼 레나. 실례입니다만, 좀 특이하군요."

"그런가요?"

고개를 갸웃거리는 레나를, 신은 힐끗 올려다보았다.

붉은 눈.

"에이티식스는 함대방어를 위한 병기입니다……. 마력 소비를 줄이기 위해 전투가 없을 때는 실체화 없이 마법진 형태로 휴면시키는 게 일반적이라고 생각합니다만."

레나는 한 차례 눈을 깜빡였다.

실제로 마법소녀의 태반은 에이티식스를 하나 두는 게 한계고, 그런 이들은 평소 전용 포트 안에 에이티식스를 휴면시켜서 전투를 대비해 마력을 온존해야만 하지만.

레나, 그리고 아네트의 경우는.

"제 마력량과 회복량이라면 휴면시키지 않아도 전투에는 충분하니까요. 그리고 일어나서 실체화하는 편이 더 다양한 경험을 할 수 있어 즐거울 거예요."

육체가 없는 마법적 존재라고 해도 인간과 마찬가지로 감정이나 의지를 가진 존재다. 재워둘 필요가 없다면, 전투가 없는 동안은 마음대로 행동하게 놔두고 싶고, 그렇게 해 주고 싶다.

"그러니까 내 곁에 있는 다른 아이들도 평소에도 일어나 놀면서 보내지요."

"음……. 그러고 보면 이미 네 명을 데리고 있다고 했지요."

레나는 가볍게 미소 지었다.

"예. 다들 착한 애들이니까요. 돌아가면 소개할게요."

소개할 것도 없었다.

"아, 신!"

"누군가 했더니 신이잖아. 오랜만이야."

방에 돌아오자마자 크레나와 라이덴의 그런 목소리가 맞아 주었기에, 신은 살짝 눈을 크게 떴고 레나는 놀랐다.

"크레나, 라이덴. 그쪽에는…… 카이에에 쿠조까지 있나."

"응, 나도 있어, 신. 오랜만."

"그보다 너 그거, 아하하하하하하! 뭐냐고, 공화국 제1전선의 목 없는 저승사자께서 인형 같은 모습으로, 아하하하하하!"

카이에가 한 손을 들고, 쿠조는 삿대질을 해대며 폭소를 터뜨렸다. 신은 말없이 휙 몸을 틀어서 레나의 손에서 벗어나더니 넷이 있는 테이블에 착지, 설탕 종지 안에서 에테르 크리스털을 하나 붙잡아 던졌다.

그것은 쿠조의 이마에 딱 하고 명중해 멋지게 깨졌다.

쿠조는 뒤로 발라당 넘어졌지만, 떨어지는 에테르 크리스털 조각을 입으로 받아 물어 그대로 와작와작 씹는 걸 보면 단순히 장난을 친 모양이다. 레나는 신과 라이덴 일행에게 시선을 돌렸다.

"아는 사이인가요?"

"뭐, 예전부터 좀."

"다른 핸들러 밑에서, 몇 번인가."

듣고 보니 에이티식스들은 100년 이상 전부터 역대 마법소녀와 함께 은하항행함대를 지키며 싸웠다. 같은 전장에 선 적도, 같은 마법소녀의 밑에서 현현한 적도 몇 번이나 있었겠지.

그 사실을 떠올린 레나는 몸을 깊게 내밀었다. 그렇다면 현대의 마법소녀에게 위대한 선배이자 동경하는 영웅인.

"혹시 초대 마법소녀(핸들러) 〈세인트☆마그놀리아〉와 실제로 만난 적도……?"

이번에는 아주 미묘한 침묵이 돌아왔다.

모른다거나 기억 못 한다는 게 아니다. 떠올리고 싶지도 않은 질문을 받은 사람 특유의 침묵.

전원이 노골적으로 시선을 돌린 채로 대답했다.

"아니……." "만난 적 없어."

"나도 모르겠는데." "나도." "나도 없으려나."

딱 봐도 거짓말이다.

뭔가 있었겠지……. 그 이전에.

대체 어떤 사람이었던 걸까…….

왠지 모를 공포를 느끼면서도 조금 더 물어보려고 입을 여는데.

출격 명령의 경보가 반지형 휴대 단말에서 울려 퍼졌다.

"아니, 같은 날에 두 번 출격이라니. 그보다 이번 게 본대인가 봐, 〈레지나☆레나〉."

"그래, 〈아울렛☆아네트〉. 우리가 아까 대처한 〈레기온〉은 선발대와 본대가 아니라, 죄다 선발대였던 거야."

슬슬 지겹겠지만, 마법소녀는 작전 중에 본명이 아니라 콜사인으로 서로를 호칭하는 것이 의무이며 ☆도 필수다.

스카이 블루와 민트 그린의 저거노트에 메마른 뼈 색깔의 레이드 디바이스. 보옥 모양 대기 형태로 에이티식스들이 깃들어 있는 별 모양 금 브로치에 진짜 별빛을 비추며 아네트와 레나는 말을 주고받았다. 적의 숫자에 맞춰 현재 시간대의 인원이 죄다 출격한 모양인지, 샌더스 씨, 존 씨, 톰 씨의 아저씨 3인조의 레몬 옐로우와 멜론 오렌지와 스트로베리 레드의 그림자도 저쪽에서 보인다.

레이드 디바이스를 든 것과 반대쪽 손으로 레나는 별 모양 브로치를 가볍게 눌렀다.

지금은 별 모양의 다섯 개 정점 모두에 보옥이 빛나는 브로치. 라이덴의 쇳빛, 크레나의 금색, 쿠조의 푸르스름한 빛, 카이에의 핑크색. 그리고 한없이 깊고 투명한―― 선혈의 진홍색.

신이 변한 대기 형태의 보옥 색깔.

에이티식스는 인간 형태만이 아니라 보옥 형태나 무장 형태에서도 사념파나 발성으로 마법소녀와 의사소통이 가능하다. 계약으로 이어진 경로를 타고 전해지는 냉철한 전의 너머, 한층 조용한 목소리가 담담히 말했다.

"핸들러…… 옵니다."

"예."

곧 죽어도 〈레지나☆레나〉라고는 부르기 싫은 모양이다.

공성결계(그랑뮬)와 자동전투기(파이드)의 이중 방어선을 뛰어넘어서, 놈들의 대군이 밀려든다.

너무나도 막대한 그 숫자 때문에 〈군단(레기온)〉으로 명명된 적성 존재. 100년에 걸친 전쟁으로도 바닥을 드러내지 않는, 은하항행함대 모든 함의 적군.

모든 마법소녀와 에이티식스의 적.

아네트가 코웃음을 쳤다.

"불행 중 다행이라면―― 〈양〉뿐이야."

그것들의 형태는 그 이름처럼 양과 비슷하다.

비틀린 바늘을 뭉쳐 놓은 듯한, 어린애가 크레용으로 그린 선을 색깔도 굵기도 길이도 아랑곳 않고 마구 긁어모아서 형태를 이룬 듯한. 앙증맞게 생긴 양떼다.

기묘하게 평면적인, 눈에 보일 뿐이지 물질이 아닌 그것들이 우주 공간의 무한한 어둠에 와글와글 모여서 개미 떼처럼 밀려든다.

내 이름은 레기온—— 우리는 많기에.

무수한 양을 구성하는 선 중에서 한 곳이 갑자기 흩어진다.

한곳에 모여서 똬리를 틀고, 무수한 선이 순식간에 복잡한 도형을 자아낸다. 그 선이 바로 〈레기온〉의 본체. 선 하나하나가 하나의 〈레기온〉이다.

에이티식스와 같은 마법적 존재, 의사소통이 불가능할 뿐 정령과 비슷하다는 그들은 그 하나하나가 막대한 마력을 갖는다.

그 〈레기온〉들이 자아내는 복잡한 도형—— 마법진이 완성과 동시에 발동을 뜻하는 섬광을 발했다.

〈레기온〉, 포격마법진(디노자우리아) 형태. 그 사선 위에는.

아네트.

"읏, 〈래핑폭스〉, 액티베이트! ——부탁할게, 세오!"

[말 안 해도 알아. 혀 깨물지 마, 〈아울렛☆아네트〉!]

포격마법진이 복제, 증식, 앞뒤로 이어져서 가상의 포신을 형성하더니 엄청난 빛의 탁류를 해방한다. 그것은 일직선으로 전장을 꿰뚫고, 아득히 저 멀리에서 우연히 사선에 들어간 소행성을 증발시키고야 간신히 사라졌다.

그 고열량 사격에서도 아네트는 재빨리 이탈했다. 가상의 와이어 앵커를 임의의 좌표에 사출, 고정하고, 와이어를 감아서 고속으로 이동하는 세오의 〈래핑폭스〉의 마법 효과.

동시에 레나도 주문 영창을 완료했다.

"〈건슬링어〉, 액티베이트. ――인챈트, 〈키르쉬블리테〉!"

[맡겨 줘, 〈레지나☆레나〉.]

[알겠다, 〈레지나☆레나〉.]

금색 보옥이, 이어서 핑크색 보옥이 빛의 거품이 되어 흩어진다. 레이드 디바이스에서 뿜어져 나온 TP 입자가 냐오옹! 하며 포효한다.

포격마법진을 겨눈 레이드 디바이스가 금색과 핑크색 입자를 두르고 기다란 총신의 저격총을 형성한다. 크레나의 〈건슬링어〉는 필중의 마탄을 쏘는 저격 마법. 거기에 카이에의 〈키르쉬블리테〉, 일대를 베어내는 꽃잎 형태 칼날들의 효과를 부여하고.

"파이어!"

냐~옹~!

솟아난 황금색 빛줄기가 정확하게 포격마법진 중심에 명중, 〈키르쉬블리테〉의 효과가 발동. 가상포신 내부에 빛의 꽃보라가 소용돌이를 이루고, 포신을 구성하는 〈레기온〉들을 조각조각 썰어버린다.

포격마법진은 몸을 떨고 전체에 몇 개의 균열이 생겼지만, 그래도 다음 사격을 하려고 이번에는 레나에게 조준을 맞추고.

"이건 답례야. ――〈블랙독〉, 액티베이트! 인챈트, 〈팔케〉!"

냐냐옹~!

아네트의 추격타가 꽂혔다.

다이야의 〈블랙독〉은 전장을 쓸어 버리는 고폭탄의 비. 또한 매의 깃털 모양 칼날을 부채꼴로 날리는 하루토의 〈팔케〉의 효과를 부여.

포신 내부는 〈키르쉬블리테〉의 효과로, 밖에서는 고폭탄이 착탄할 때마다 퍼지는 폭발과 참격에 찢기고 부서져서, 디노자우리아는 괴로워했다.

견디다 못해 결국 굴복하고, 한탄의 소리를 내며 사라졌다.

그걸 지켜보며 아네트는 날카롭게 숨을 내뱉었다.

"아아, 진짜로 귀찮아……. 나랑 〈레지나☆레나〉가 한 방씩 먹여서 겨우 잡나……!"

아네트는 네 명, 레나는 다섯 명의 에이티식스를 보유하고, 비전투 때도 실체화할 정도의 마력을 가졌다. 둘 이상의 에이티식스를 가졌을 경우, 한쪽에게 다른 한쪽의 마법효과를 부여하는 것으로 위력을 증가시킬 수도 있다.

그렇게 강화된 공격 마법을 아네트와 레나가 함께 날려야 간신히 파괴할 수 있을 강도의 포격마법진.

일반적인 전투 능력을 보유한 마법소녀라도 여럿이 덤비면 못 해치울 일은 없지만, 적이 많은 지금은 전부 대처할 수 없어질 우려가 있다. 레나와 아네트, 둘이서 쓰러뜨린 디노자우리아조차도 〈레기온〉 본대에서 보자면 극히 일부에 불과하다.

"일단 숫자를 조금이라도 줄여야……!"

전장의 여기저기서 또다시 양이 흩어져서 무수한 선이 모이고 마법진을 구축한다. 그 모습을 지켜보며 라이덴의 〈베어볼프〉

를——광범위를 쓸어 버릴 수 있는 개틀링건을 현현하고자, 레나는 한 차례 숨을 삼키고.

갑자기 신이 말했다.

"핸들러."

역시나 〈레지나☆레나〉라고 부르기는 싫은 모양이다.

"저 숫자라면 나를 쓰는 게 더 빠릅니다."

"그건……."

만난 지 얼마 되지 않았고, 급한 출격이었기 때문에, 신의 〈언더테이커〉 능력에 대해서는 전함의 데이터베이스를 찾아보지도 않았다. 효과도, 소비하는 마력량도, 그 위력도.

그러니까 이 전투에서는 아직 그를 쓸 생각이 없었는데…….

레나는 입술을 꾹 깨물었다.

자기라면 이 전투에서 도움이 된다고, 일부러 가르쳐 주었다. 알려주었다.

그걸 마법소녀인 내가 믿지 않으면 어쩐단 말인가.

"부탁하겠습니다. ——〈언더테이커〉, 액티베이트!"

가슴의 브로치에서 핏빛 보옥이 발광한다.

아련한 빛의 거품처럼 녹아서 사라지고, 같은 색채의 맑으면서도 불길한 붉은 빛이 레이드 디바이스를 휘감으며 소용돌이친다. 끝부분에 모여서 형태를 취한다.

얼어붙은 화염처럼 붉고 구부러진 칼날.

예리하면서도 위험천만한, 어딘가 흉흉한 빛을 띠고 있는.

거대한 낫이다.

접근전 타입인 걸까? 그렇다면…….

"인챈트——."

파괴력을 더하기 위해 쿠조의 〈시리우스〉의 화염을 부여하려던 순간, 라이덴이 말했다.

"안 돼, 〈레지나☆레나〉. 그 녀석은——〈언더테이커〉는 반드시 단독으로 써. 아무리 너라도 마력경로가 타버릴 거야."

"예……?"

시야에 붉은 선이 그어진다.

〈레기온〉 본대를 통째로 양단하듯이 후리는 궤적. 여기를 베라고 말하듯이.

머릿속으로는 의문을 품은 채로, 몸만이 마치 매료된 것처럼, 수중의 낫에 휘둘려 움직이듯이 크게 쳐들었다가 베었다.

별바다에 퍼진 광대한 전장, 그 전체를. 붉은 광선이 궤적대로 베었다.

그것은 아무런 소리가 없는 채로, 공간 그 자체에 붉은 상처를 퍼뜨리고——무수한 양을, 〈레기온〉 본대를 통째로 찢고 지워버렸다.

막대한 적들이 모조리 사라졌다. 파괴된 〈레기온〉이 한탄의 소리를 지르며 일으키는 폭렬이, 전장 끝에서 끝까지 이어졌다.

"뭐……?!"

바로 옆에 있던 아네트가, 일격을 날린 레나 자신조차도 넋이

나갔다.

여태껏 본 적 없을 정도의 고위력, 폭위라고 형용할 정도로 절대적인 파괴력이다. 손꼽는 마력량을 가진 레나조차도 현기증을 느낄 정도로 마력이 뭉텅 소비됐지만―― 본인이 보유한 마력량과 마찬가지로 지극히 높은 최대 출력치에 거의 필적하는 마력이 사라졌지만, 이 파괴력이라면 그것도 당연하겠지.

〈레기온〉과의 전투에서 비장의 카드라도 해도 과언이 아닌―― 강대한 위력.

〈언더테이커〉의 발동과는 거리가 있었기 때문에 동요가 적은, 나른 좌표에 전개했던 샌더스 씨 등이 〈레기온〉 본대의 소탕에 임한다. 아네트나 레나가 가세하러 가지 않아도 괜찮을 거라고 한눈에 알 정도로 숫자가 줄어든 〈레기온〉들.

아연해진 채로 전율하며, 레나는 무슨 벼락이라도 맞은 것처럼 중얼거렸다.

이것이.

"〈언더테이커〉――!"

신이 놓친 〈레기온〉은 나머지 마법소녀들이 쓸어서 자동전투기들이 정리할 수 있을 정도로 줄어든 모양이다. 떠다니는 〈레기온〉의 잔해를, 살아남은 양들을, 개와 비슷한 형태의 자동전투기 〈파이드〉가 와작와작 씹어 버리는, 어딘가 한가로운 전투가 창문 형태의 홀로스크린에 비춰지고 있다.

막대한 마력을 가졌다고 해도── 어쩌면 그렇기에. 좀처럼 볼 수 없는 최대 출력의 마법을 날려서 역시나 피곤했던 모양이다. 자기 방에 돌아온 레나는 바로 침실로 들어가고, 침실과 붙어 있는 거실에는 현재 다섯 명의 에이티식스밖에 없다.

레나가 공급하는 마력으로 전투 외의 시간에도 실체화하고 활동할 수 있는 그들이지만, 일정 시간은 휴면하고 스스로의 마력 회복에도 의존하는 쪽이 효율이 좋다. 에이티식스가 잠들기 위한 달걀 형태의 크리스털 포트. 자기 몫인 거기에 들어간 신은 자신을 부르는 목소리에 감기던 눈을 떴다.

옆 포트에서 휴면 시의 마법진 형태가 아니라 인간 형태인 채로 누워 있던 라이덴이 이쪽으로 쇳빛 눈을 돌리고 있었다.

"네가 여기에 왔단 소리는, 슬슬 오는 건가."

"……그래."

신은 가만히 탄식했다. 가까운 존재는 서로 공명하고. ……서로를 부르니까.

"형이 나를. ── 부른 거겠지."

막간1 마법소녀 더스틴 예거

더스틴 예거는 은하항행전함 〈산마그놀리아〉 소속의 마법소녀다. 저거노트의 고유색은 허니 옐로우, 콜사인은 〈발리스타☆더스틴〉.

"무슨 가쎄 점원 같네, 더스틴!"

"그런 소리 자주 듣는데 말이지, 발리스타는 고대의 석궁이야……. 그보다 네 무장 형태가 활인 탓에 내 콜사인이 발리스타가 된 거잖아, 미나."

"그러고 보니 그랬어!"

기운 찬 에이티식스 미나가 씩씩하게 말했지만, 더스틴이 기운 빠진 기분으로 대답하는 바람에 미나는 힘없이 고개 숙였다. 두 갈래로 땋아 내린 호박색 머리에 풀빛 눈동자, 어째서인지 새하얀 토끼 귀가 땋은 머리와 함께 가볍게 흔들렸다.

비번인 오늘은 미나를 포함해서 두 명의 에이티식스와 함께 자연공원으로 개방된 환경보존함에 놀러 나왔다. 함대나 〈산마그놀리아〉가 무수하게 데리고 있는 비거주용도함—— 공장함이나 연구함이나 함체제조함이나 농장함이나 묘비명보존함 등 중 하나. 내부 환경 보호를 위해 기본적으로는 출입 불가인 자연환

경보존함이지만, 극히 일부는 함대 시민의 레저나 바캉스 용도로 개방되어 있다.

온대의 활엽수림을 모방했다는 이 환경보존함은 계절이 봄인 지금이라면 재현된 햇볕도 바람도 기분 좋고, 지저귀는 새들의 소리도 흐드러지게 핀 꽃의 색채도 상쾌한 떡잎의 향기도 〈산마그놀리아〉 시가지와는 전혀 다르게 농밀하다.

이런 환경이 전장 30킬로미터의 함내 정도가 아니라 행성 하나 정도 크기의 표층 전체에 펴져 있었다고 생각하니, 더스틴은 항상 뭔가 불안한 기분이 든다. 전혀 상상할 수 없는 광대함이다.

또 한 명의 에이티식스인 매쉬가, 과묵하고 침착한 그치고 정말로 드물게 재미있다는 듯이 웃으며 말했다. 어두운 느낌의 금발에 보라색 눈인 소년 에이티식스다.

"저주도 커피 관련이니까, 그냥 카페 점원이라도 좋을 텐데."

"안 돼. 아니, 어떻게 봐도 안 되잖아. 커피를 끓일 때에 반드시 다른 것이 커피밀에 들어가는 점원이라니."

더스틴은 떨떠름한 얼굴로 대꾸했다. 그렇다. 이것이 그의 〈저주〉. '커피밀에 실수로 다른 것을 넣는다' 이다.

매쉬는, 그리고 미나도 재미있다는 얼굴로 더스틴을 놀렸다.

"기본적으로는 후추가 들어가는 경우가 많았던가. 그리고 가끔은 산초."

"그래도 먹으면 안 되는 걸 넣는 일은 없고, 대부분은 갈기 전에 알아차리니까 괜찮잖아! 저번에는 실수로 뜨거운 물을 붓고 마실 뻔하기도 했지만!"

"그때는 콘플레이크라서 그나마 다행이었지……. 오늘 아침에는 건조 고추를 넣고서야 알았다고. 그걸 갈았으면 대참사가 났을 거야."

"으음……. 미안, 오늘 아침에는 아무래도 큰일이다 싶어서 막으려고 했는데."

"한발 늦었지……. 미안."

매쉬가 눈썹을 늘어뜨리고, 미나가 고개를 꾸벅 숙였다. 더스틴은 웃으며 고개를 내저었다.

"신경 쓰지 마. 슬슬 홍차로 바꿔도 될 텐데 괜히 고집을 부리던 건 나였으니까. 게다가 가끔은 재미도 있어. 스스로도 생각하지 못한 것을 마실 수 있어서."

그런가 싶어서 다소 안도한 얼굴을 하는 두 사람에게, 더스틴은 웃는 채로 그걸 보여 주었다. 산책 도중에 마시려고 준비해 나온 음료병.

"그런고로…… 산책하면서 마시는 한 잔은 드라이 민트를 듬뿍 갈아서 뜨거운 물까지 부은 것입니다."

"평범한 허브티잖아."

"아, 나 민트티 좋아해! 설탕이나 벌꿀도 넣어줘!"

매쉬가 단적으로 말하고, 미나가 두 손을 번쩍 들었다.

"그래, 그래, 그렇겠지."

그렇게 말하며 준비해 온 각설탕을 꺼내면서 더스틴은 샛길 옆의 벤치에 앉았다.

2

마법소녀는 개, 고양이, 매나 올빼미, 뱀이나 악어 등등, 아무튼 사냥감을 포식하는 종류의 동물을 애완동물로 기르는 것이 금지되어 있다. 다만 수조에서 나올 수 없는 생물, 이를테면 상어나 문어나 말미잘 등은 가능.

왜냐하면.

"우오오오오오오옷?! 아니, 누가 좀 도와 줘!"

레나는 개나 고양이도, 물론 올빼미도 악어도 기르지 않지만, 열려 있던 창문으로 이웃집의 고양이가 들어온 모양이다.

방의 책상 위, 다리 끝부분만 흰색인 검정 새끼 고양이가 버둥대는 쿠조의 야전복 목덜미를 입에 물고서는 보란 듯이 가슴을 떡 펴고 있는 모습을 레나는 문을 열고 목격했다.

그렇다.

에이티식스는 은하항행함대의 위대한 수호자지만, 아무래도 신장이 30센티미터도 안 되는 까닭에.

실수로 개나 고양이와 맞닥뜨리면, 이렇게 붙잡히거나 쫓기거나 장난감 신세가 된다.

새끼 고양이나 새끼 쥐처럼 붙잡힌 쿠조는 버둥버둥 몸부림치고, 신을 포함한 다른 네 명은 방에서 제일 높은 책상의 천장 부분까지 피난해서 한 덩어리로 뭉쳐 쿠조를 현재진행형인 수난을 내려다보고 있다.

그런데 고양이는 도약력도 등반 능력도 대단히 뛰어나기에, 사실 책장 위로 도망가 봤자 별로 의미가 없다. 책장 도중을 발판 삼아 올라갈 수 있는 만큼, 고양이에게는 사다리와 마찬가지로 오르기 쉽다.

"도와줘~! 살려줘~!"

그 말에 카이에가 중얼거렸다.

"그 상태로 목소리 흉내라니 여유만만하군, 쿠조."

"자주지뢰 흉내 내는 거 아니야!"

참고로 자주지뢰란 〈레기온〉의 공격 형태 중 하나다. 말하자면 미사일인데, 어째서인지 마법소녀나 은하항행함을 향해 날면서 '살려줘!' 라든가 '엄마!' 같은 소리를 외치는 특징이 있다. 또 어째서인지 어중간하게 인간형이라서 괜한 포즈 같은 것을 취하면서 돌진해 온다.

"진짜로 보지만 말고 도와줘! 부탁이니까 좀 살려줘!"

"아니, 어떻게 하라고."

라이덴이 한마디 하자, 쿠조는 멋진 웃음과 함께 엄지를 번쩍 쳐들었다.

"너희 중 누군가가 존귀하게 희생이 되어준다는 느낌으로."

크레나가 조용히 기도하듯이 손을 모으고 눈을 감았다.

"고마워, 쿠조. 당신의 희생은 잊지 않을 테니까."

"젠장!"

버둥버둥, 버둥버둥.

신이 의아한 눈치로 말했다.

"아니, 장난치는 거 아니었나?"
"이게 장난으로 보이냐고!"
역시나 의아한 눈치인 채로 신이 말했다.
"그러면 실체화를 풀면 될 뿐이잖아."
쿠조가 신음하더니 손발의 움직임이 우뚝 멈추었다.
"아, 그러네."
그렇게 말하자마자 거품이 흩어지듯 쿠조의 모습이 사라졌다.
입에 물고 있던 사냥감이 갑자기 사라지자 검정 고양이가 놀란 듯이 커다란 눈을 더욱 크게 떴다. 한동안 사냥감이 사라진 공간을 바라본 뒤에, '어디로 갔어?' 라고 말하듯이 레나를 돌아보았다.
방구석에 나란히 놓인 다섯 개의 에이티식스의 휴면용 크리스털 포트 중 하나에서 푸르스름한 마법진이 순간 반짝이고 쿠조의 형태를 취하더니 느릿느릿 나왔다.
"휴우, 못 볼 꼴 봤네……."
에이티식스들, 그리고 레나도 숨을 삼켰다.
"아, 이 바보가!"
"아직 나오면 안 돼, 쿠조!"
"고양이, 아직 못 잡았어요!"
레나는 문 앞에 서 있고, 고양이는 아직 자유롭고.
당연히 고양이는 눈을 번쩍번쩍 빛내면서 용감하게 쿠조를 덮쳤다.
"냐오옹!!!"

"우오오오오오옷?! 저기, 누가 좀 도와줘……!"

다시금 쿠조가 실체화를 풀고, 이번에는 레나가 간신히 고양이를 안아 들었을 때, 마침 옆집의 부인이 고양이를 찾으러 온 모양이다. 어머니 마르가레타가 와서 고양이를 회수하고, 소동 동안 밖에서 대기하던 아네트가 교대하듯 들어왔다.

물론 그 에이티식스들도 함께다.

"아……! 신이잖아!"

눈을 빛낸 다이야가 아네트의 어깨에서 가볍게 뛰어내려서, 책장에서 테이블로 내려온 신에게 뛰어들었다.

"우왓."

"오오! 신, 오랜만!"

이어서 하루토가 껴안는다기보다는 달라붙는다는 느낌으로.

"아, 나도 할래!"

이 상태에서 이미 하나의 눈 덩어리 같은 모습인데, 거기에 편승하여 세오가 또 덤벼들고,

"좋았어! 나도 해볼까!"

어째서인지 쿠조가 결정타를 꽂았다.

셋이 덤벼드는 바람에 테이블 가장자리까지 비틀비틀 뒷걸음질 치던 신이 쿠조의 결정타 때문에 쿠조와 다이야하루토세오와 함께 떨어졌다.

아네트의 머리 위에 혼자 남아 있던 앙쥬는 쓴웃음을 짓고, 대

충 예상하고 있던 레나와 아네트는 테이블 너머에 켜켜이 쌓여서 장난치는 다섯 명을 지켜보았다.

특히나 넷의 밑에 깔린 신은 꿈쩍도 못 하는 채로 네 명에게 마구 당하고 있는 모양이다. 미묘하게 비명 같은 소리가 들린다.

"아니……!"

그리고 네 명은 그 말을 신경도 쓰지 않는다.

또 버둥대기 시작한 그 덩어리 밑에서 가까스로 보이는 검은색 꼬리만이, 보기 싫은 개와 맞닥뜨린 고양이처럼 털이 곤두선 모습이었다.

와글와글. 간질간질.

우당쿵탕. 바둥바둥.

그만해, 적당히 해. 응? 뭐라고? 안 들려!

와아아갸아아와아아갸아아…….

"저기, 슬슬 괜찮을까요?"

"너희, 이제 그만 놔줘."

아무래도 좀 길어졌다 싶기도 하고 계속 시달리는 신이 불쌍해졌기에, 레나와 아네트는 각자의 에이티식스를 붙잡아서 신을 구출했다.

융단 위, 간신히 일어설 수 있었던 신은 노골적으로 뚱한 얼굴로 묻지도 않은 머리의 먼지를 털고 있다.

끝까지 쓴웃음과 함께 지켜보던 앙쥬가 느릿하게 물었다.

"괜찮아, 신 군?"

"도와줘, 앙쥬."

그래도.

조금 전에 신 자신이 쿠조에게 말했다시피 실체화를 풀면 도망칠 수 있었을 테니까, 그도 일단 나름대로 동료들의 거친 환영을 받아들인 거겠지.

아마도.

또 다이야 등과도 아는 사이인 모양이란 것은 레나도 언급하지 않았다.

무사히 고양이를 주인에게 인계한 어머니가 돌아와서, 티 세트와 과자로 카트르 카르(파운드케이크)를 테이블에 내려놓았다. 레나와 아네트 몫과 에이티식스들의 작은 손으로도 들기 쉽도록 작게 자른 것들.

바로 우르르 모여드는 에이티식스들에게, 마르가레타가 말했다.

"설탕과자나 초콜릿도 평소처럼 레나가 없는 동안에 몰래 보충해 둘 테니까요."

"와아!"

"고맙습다."

레나는 무심코 한 소리 했다.

"어머님, 이 애들은 딱히 과자를 먹는 게 금지된 것도 아니니까, 몰래 하지 말고 당당히 줘도 되는데요……."

영문을 모르겠다는 얼굴의 딸을 바라보며 마르가레타는 코웃음으로 답했다.

참고로 마르가레타 또한 아버지와의 결혼으로 현역에서 은퇴했다고 하지만, 한때는 마법소녀였다.

“무슨 말이니, 레나. 마법소녀(핸들러)의 눈을 피해 몰래 먹으니까 맛있는 간식인 거란다.”

“그런가요…….”

좀처럼 납득하지 못하는 레나를 무시하고, 마르가레타는 자리를 떠났다. 아직 어머니보다는 많이 부족한 레나였다.

아네트는 예쁘게 구워진 파운드케이크를 복잡한 표정으로 바라보고 있었다.

“으음……. 어머님은 케이크도 잘 구우시네……. 이 정도라면 나도…….”

“““““““““그만둬.”””””””””

레나, 그리고 신을 뺀 에이티식스 모두가 입을 모아 말했다.

놀란 눈치로 혼자 둘러보는 신에게, 아네트가 씨익 웃으며 물었다.

“오, 아무 말 없는 걸 보니 혹시 너는 먹어 보고 싶어? 신작인 커스터드푸딩이 괜찮은데 어때?”

무슨 눈치를 챘는지 신은 진지하게 대답했다.

“사양하겠습니다.”

“뭐야, 먹으면 목소리가 좀 높아질 뿐이야.”

“왜 달걀을 재료로 만든 과자를 먹는다고, 분필을 먹은 늑대처럼 되는 겁니까……?”

왠지 모르게 창백한 얼굴로 신이 신음했지만, 아네트는 딱히 개의치 않는 기색으로 흘려 넘겼다.

아니다. 아마 아네트도 왜 그렇게 되는지 모르는 거겠지.

고개를 갸웃거리며 레나는 물었다.

"그런데 아네트, 그건 누가 먹었어?"

누군가가 희생이 되었으니까 목소리가 예뻐진다는, 이해 안 되는 효과를 확인했을 텐데.

"아버지. 마침 돌아오셨거든."

아네트의 아버지인 요제프 씨는 마법소녀가 아니지만, 〈산마그놀리아〉의 함미 전역에서 관제관을 맡고 있다. 레나의 아버지이며 마법소녀인 바츨라프와 마찬가지로 레나나 아네트가 사는 함수 제1구역에서 단신부임으로 집을 떠난 상태다.

거듭해서 하는 말이지만, 마법소녀가 되는 데에 성별이나 나이 제한은 없다.

그러니 은하항행함대 대령 바츨라프 밀리제 씨가 마법소녀로 일하는 것에도 물론 아무런 문제도 없다(단언).

간식을 다 먹은 에이티식스들은 아홉 명이서 얼른 놀기 시작했고, 그 모습을 보면서 아네트는 말했다.

"그 아버지한테서 함미 전역 이야기를 좀 들었어."

"분필을 먹은 예쁜 목소리로?"

"그건 넘어가고."

몇 명이 덤벼서 커다란 도화지로 종이비행기를 만들더니, 책장 각 층마다 한 명씩 서서 양동이 릴레이의 요령으로 책장 위로. 레나의 키보다도 높은 꼭대기에서 기다리던 라이덴이 "에잇!" 소리와 함께 자기 몸집보다 큰 종이비행기를 던졌다.

천천히 나는 그 날개 위에, 마찬가지로 꼭대기 위에 있던 신이 가볍게 올라탔다.

종이비행기는 그대로 비상을 계속하다가 완만히 선회하며 고도를 낮추더니, 방 구석에 연착륙했다. 그 뒤를 따라서 이번에는 새롭게 올라간 카이에가 던진 두 번째 종이비행기가 그 밑에 매달린 라이덴을 늘어뜨린 채로 날아갔다.

마법적 존재인 에이티식스는 물리적인 육체를 갖지 않는다.

즉, 물질이 아니니까 무게도 없다.

그러니까 종이비행기에 올라타거나 매달려도 종이비행기가 추락하는 일은 없고, 이렇게 간단히 유람 비행을 즐길 수 있다.

그 모습을 보면서 아네트가 말했다. 하늘을 나는 파란 종이비행기, 세 번째 비행기인 노란색 종이비행기. 융단을 밟으며 책장으로 돌아가는 신이 머리 위로 치켜들고 있는 붉은 종이비행기.

"신이라고 했던가? 저기 있는, 네 새로운 에이티식스."

[너희 아버지, 밀리제 대령님 말인데.]

갑자기 아네트의 목소리가 이중으로 들려서, 레나는 아네트를 돌아보았다.

입가를 숨기듯이 턱을 짚은 아네트의 그 손, 그 중지에서는 작은 보석 반지가 빛나고 있고, 그것은 대화의 내용을 숨기기 위한 마법구다. 일정 범위 안에서 오가는 대화를 범위 밖에서는 다른 내용으로 들리게 하는, 고도의 비밀담화용 마술.

신에게…… 에이티식스들에게 들리지 않게, 비밀 이야기를 한다는 것조차 들키지 않게 하려는 아네트 나름의 배려다.

아무래도 도구 취급하는 것으로도 들리는 내용을 에이티식스들에게 들려주지 않기 위한 마음.

"너한테 오기 전엔 함미 전역에 있었다나 봐. 좌현 제3전선."

[아무래도 우리 아버지랑 같이 이상한 마법을 만들고 있나 봐.]

"얼마 전까지 〈레기온〉의 공세가 심했다는 거기?"

[응……. 숙부님이 관심 주고 계셨어. 변신마법이랬나?]

"그 격전구인 제3전선. 거기서 담당 마법소녀(핸들러)와 주력이었대. 〈레기온〉의 맹공을 둘이서 버텨냈지만, 마력을 왕창왕창 먹으니까 운용이 많이 힘들어서. 네 아버지, 밀리제 대령님의 에이티식스하고 교대시키자는 이야기도 나온 모양인데, 그것도 마음처럼 안 됐고."

[그래, 그 변신마법. 그건 그냥 구실이고, 사실은 에이티식스의 의상변경 마법이라나 봐. 야전복만 있으면 재미가 없으니 다른 옷도 입혀보고 싶다고. 세일러복이라든가, 교복이라든가. 이런저런 민족 의상이라든가.]

"……."

왠지 모르게 레나는 자기 에이티식스인 키노와 치세와 토마와 크로트와 토우잔을 껴안고서 '우리 애는 못 준다!' 라고 말하는 아버지를 떠올렸다. 아무리 그래도 실제로 그러진 않겠지만, 실제로 할 것도 같은 게 아버지다. 딸인 레나도 얼마 전에 비슷한 짓을 했고.

또 아네트가 설정한 가짜 대화 내용에서 나온 에이티식스의 의상변경 마법이라는 건 좀 궁금하다. 그 말처럼 야전복은 조금 수수하니까, 세일러복이나 교복, 드레스 같은 것도 입힐 수 있으면 재미있겠다.

한편, 아네트는 시선을 내렸다.

"그 마법소녀(핸들러)는 신 한 명만 데리고 있었는데, 결국 전투 중에 마력이 바닥나서 〈레기온〉의 공격을 정통으로 맞았어. 다행히 목숨은 간신히 건진 모양이지만."

[아무튼 아버지가 실험해 봤더니, 어째서인지 하얀 가운의 실이 전부 터지는 사고가 일어났거든. 다행히도 그 안에 옷을 입고 있었으니까 필요 없는 서비스 신은 되지 않았다나 보지만.]

"……."

빨강과 파랑과 노랑의 세 종이비행기로 순서대로 유람 비행을 즐기는 에이티식스들의 장난은 두 번째 비행에 들어간 모양이다. 빨간 종이비행기에 매달려서 날아가는 검은색 귀의 에이티식스가 시야 가장자리를 스쳤다.

커다란 낫을 휘둘러 무수한 〈레기온〉들을 일격에 날려 버리는 강대한 파괴력.

"딱 저 애가 왔을 때부터 우리 담당인 함수 제9전선의 공세가 심해졌잖아. 너는 선대 마법소녀(핸들러)와는 마력량도 차원이 달라서 지금으로선 잘 해내고 있지만…… 그게 좀 걱정이야."

레나는 살짝 미소 지었다.

"고마워. 하지만 무리는 안 할 테니까."

"그럼 괜찮지만. 만일을 위해 조심하도록 해……."

"앗?!"

"우왁, 카이에!"

머리 위의 비명에 돌아보자, 책장 꼭대기에서 카이에가 발이 미끄러진 참이었다.

아무도 타지 않은 종이비행기가 천장 근처를 떠도는 걸 보면, 거기 올라타려다가 실패한 거겠지. 어중간한 공중에 몸을 던진 카이에의 작은 몸이 그대로 곤두박질했다.

"카이에……!"

물리적인 육체가 없는 이상 다치지는 않지만, 그렇다고 방치할 수는 없다. 낙하 도중에 받아내려고 레나는 일어서다가.

"아."

거기서 〈저주〉 '이상하게 자주 넘어진다' 가 발동했다.

스커트 자락이 발에 걸렸다. 다리가 꼬였다. 일어서려던 어정쩡한 자세에서 레나는 꽈당! 하고 성대하게 넘어졌다.

융단에 흩어진 푹신푹신하니 두꺼운 쿠션들 중 하나에 제대로 쓰러지는 형태로.

"어어?!"

그리고 운 나쁘게도. 마침 그 쿠션 가장자리를 뛰어넘으려던 신이, 레나에게 눌렸다가 되돌아온 쿠션에 튕겨나는 형태로 뿅~ 하고 하늘로 날아올랐다.

그리고 엎어진 상태인 레나의 등에 가볍게 떨어졌다.

"꺄읏?!"

"으윽."

비명을 지르는 두 사람의 앞에서 카이에가 멋지게 공중제비를 돌아서 우아하게 착지에 성공했다.

"흠, 지금 건 꽤나 스릴이 있었군……. 다들 괜찮나?"

레나는 고개를 확 들었다.

"그, 그렇죠. 괜찮나요, 신?!"

일어서서 두 손으로 집어 들고 보니, 신은 개 귀를 바짝 내리깔고 작은 두 손으로 이마를 누르고 있었다.

"예, 그렇습니다……. 에이티식스에게는 통각이 없으니까요. 개의치 마십시오."

에이티식스는 정령이라서 물리적인 육체를 갖지 않는다.

신경이 없으니까 당연히 통각도 존재하지 않는다.

그렇다고 해도 충격은 느끼겠고, 애초에 세게 부딪친 이마를 문지르면서 말해선 설득력이 전혀 없다.

레나도 조심조심 그 머리를 문질러 주었다. 손바닥 아래의 개 귀 한 쌍이, 아마도 만진 것에 대한 반사반응인지 간지러운 듯 움찔움찔 떨렸다.

"미안해요……."

"아뇨."

가볍게 머리를 흔들더니, 자연스럽게 레나의 손을 걷어내고.

그리고 신은 레나를 올려다보았다.

"지금 그게 당신의 〈저주〉입니까?"

"그게……."

레나는 추욱 어깨를 늘어뜨렸다.

곧잘 넘어지는 게 〈저주〉라서 넘어지는 것에는 익숙해졌지만, 이 정도의 추태는 처음이었다.

하지만 신은 나무라지도 웃지도 않고 그저 똑바로 레나를 올려다보았다.

핏빛 눈.

"〈저주〉를 받으면서까지……. 일상생활에 지장을 받고, 하물며 마력 고갈이나 전사할 리스크를 지면서까지 싸우는 이유가 뭡니까?"

레나는 눈을 껌뻑였다.

"그건……."

마치 아네트와의 대화를 들었나 싶은 질문이었다.

그렇다고 해도 레나에게── 이미 마법소녀로 싸우기로 결심하고 임하고 있는 레나에게 묻는 것치고는 갑작스럽고 부자연스러운 질문이었다.

그래, 그리고 여태까지 몇 번이나 대답해 왔을 터인 질문이다. 부모에게, 칼슈타르에게, 아네트에게도. 마법소녀가 되기로 결심했을 때부터 몇 번이고, 몇 번이고 질문받았고 답해 왔다.

은하항행함대의 시민으로서. 모함을 지키는 의무를 지는 한 명으로서. 해야 할 일을 하고 있을 뿐이라고.

그러니까 이번에도 웃으며 그렇게 대답하려고 했다. 여태까지처럼, 긍지를 가지고.

그럴 터인데── 어째서인지.

"……."

말도, 미소조차도, 올려다보는 핏빛 눈 앞에서는 나오지 않아서, 레나는 살짝 숨을 삼켰다.

아네트가 말한 것처럼, 최근 레나의 담당구역은 〈레기온〉의 맹공이 이어지고 있다.

벌써 몇 번 휘둘렀는지도 모르는, 아무래도 무겁게 느껴지는 진홍색 낫을 내리고 레나는 숨을 길게 내뱉었다.

적의 숫자가 많다.

막대한 숫자의 〈양〉이 계속해서, 계속해서 밀려든다.

그러니까 단번에 대량의 적을 해치우는 〈언더테이커〉의 사용 빈도가 늘어나게 된다. 파괴력에 비례하여 막대한 소비마력에도, 레나조차도 최대 출력치에 가까운 그 소비마력에도 불구하고.

애초에 최대 출력치란 신체능력에서 말하는 '리미터가 풀린 상태' 다. 기본적으로 못 낼 것도 없지만 부담도 커서, 본래는 긴급 사태에서만 사용해야 할 한계 출력이다. 또 일반적으로 마력의 회복량은 최대 출력치보다 작기 때문에, 최대 출력이나 거기에 가까운 양의 마력을 연속해서 사용하면 회복이 소비를 따라가지 못해서 보유마력이 바닥나고 마력 고갈에 빠진다. 우주전투의 경우 생명 유지를 담당하는 저거노트까지 해제되는, 지극히 위험한 상태다.

신의 이전 마법소녀는 〈언더테이커〉의 연속 사용 끝에 그렇게 위험한 블랙아웃(보유마력 완전고갈)에 도달했겠지. 지금 레나와 마찬가지로 막대한 적이 밀려드는 격전구에서, 그 적들을 없애기 위해서는 그럴 수밖에 없어서.

"어이, 〈레지나☆레나〉! 괜찮나, 공주님?"

같은 출격 타임의 마법소녀인 샌더스 씨의 목소리다. 전장 한가운데에서 발을 멈추고 있는 레나에게 시선이 간 거겠지.

그리고 끈질기게 하는 말이지만, ☆을 포함한 콜사인 사용은 작전 중의 의무다.

거친 호흡을 간신히 가라앉히며 레나는 대답했다.

"예, 저기…………………………… 〈드렁큰☆샌더스〉?"

마력 소모 때문인지 머리가 잘 돌지 않는 느낌이다.

그 바람에 샌더스 씨의 콜사인이 뭐였는지 자신감이 없어서 말꼬리에 ?가 붙어 버렸다.

통신 마법 너머에서 샌더스 씨가 한탄했다.

"아니, 기억도 못 하는 거야? 으으……. 아니, 그게 아니지. 오히려 모르는 게 나은가. 공주님, 앞으로도 기억 안 해도 되니까! 부탁하니까! 주정뱅이(드렁큰) 어쩌구라고 부르지 마!"

샌더스 씨의 헛소리는 무시하고 신이 말했다.

"핸들러."

역시 〈레지나☆레나〉라고 부르기 싫은 모양이다.

조금씩 이해가 되기 시작했는데, 신은 담백하게 보이면서도 꽤나 완고하다.

아무튼 레나는 답했다.

"예."

막대한 마력을 가진 레나조차도 숨이 헐떡일 정도로 적을 차례차례 베어 버렸기에, 적의 전열은 크게 무너졌다. 일단 신을 거

둬들이고, 다른 에이티식스를 사용하면서 마력 회복을 기다려도 괜찮겠지.

"〈언더테이커〉, 돌아오세요."

낫이 사라지고 별 모양 브로치에 핏빛 보옥이 돌아왔다. 무장 형태를 유지하는 것만으로도 몸을 짓누르던 피로감이 사라지고, 시야가 살짝 회복되었다.

"카이에, 쿠조, 부탁할게요. 〈키르쉬블리테〉, 액티——."

그때 가슴께에서 크레나가, 조금 떨어진 곳에서 아네트가 동시에 외쳤다.

비명처럼.

"〈레지나☆레나〉!"

그 말에 레나는 간신히 정신이 들었다.

측면.

베어 버린 〈레기온〉의 파편이 다시금 모여들어서 마법진을 형성하고 있었다. ——완전히 해치우지 못했다!

형성된 마법진은 속사형 포격마법진—— 뢰베. 아아, 틀렸다. 곧 발동한다.

피할 수 없다.

"아……."

그때 가슴의 브로치에서 두 줄기 빛이 튀어나왔다.

핑크색과 푸르스름한 색.

"크……!"

"거참, 어쩔 수 없구만!"

카이에. 그리고 쿠조.

마법소녀의 주문도 없이, 대기 모드인 보옥 형태 그대로, 두 사람은 날아올랐다. 발동한 속사마법의 사선 앞을 정면에서 가로막는 궤적으로.

경악으로 굳어 버린 상태인 레나를 감싸는 위치로.

두 색깔의 보옥은 마지막 순간, 원래의 인간형 실루엣을 취했다.

핑크색으로 남은 포니테일이 흔들렸다. 푸르스름한 색깔의 땋은 머리가 일렁였다.

"그렇게는 안 되지……!"

레나의 앞에서 카이에가 작은 두 팔을 펼쳤다.

어깨 너머로 돌아보며 쿠조가 웃었다.

"신, 애들아! 뒷일은 잘 부탁한다!"

그리고.

속사마법진의 빛줄기가 격돌했다.

레나를 감싼 두 에이티식스에게 직격하는 형태로.

"아……."

빛과 두 사람이 함께 부서져서 소멸했다.

순간적으로 뻗은 레나의 손바닥을, 핑크색과 작고 푸르스름한 파편이 지나쳤다.

지나쳤다. ──레나는 자그마한 조각 하나도 붙잡을 수 없었다.

"아아……!"

그런.

그런.

"카이에. 쿠조!!!"

비명은.

우주 공간의 진공과 어둠 속에서, 어디에도 울리는 일 없는 채로 허무하게 흩어졌다.

"잠이 오지 않습니까, 레나."

휴면을 마친 신이 크리스털 포트에서 나와 보니, 침실에서 쉬고 있어야 할 터인 레나가 융단 위에 앉아 있었다.

불도 켜지 않은, 어두운 거실.

전투가 끝나고, 디브리핑 동안에도 돌아온 뒤에도 레나는 크게 우울해했고, 그것은 오늘 전투에서 카이에와 쿠조가 희생된 영향이겠지.

신에게 그것은 너무나도 거리가 먼 감각이다.

전투에서 누군가를 잃는 것은── 100년에 걸친 이 전쟁에서는 거의 일상다반사였으니까.

울어서 붉어진 은색 눈이 힘없이 이쪽을 향했다.

"신이야말로 안 자도 되나요?"

"충분히 쉬었습니다. 나는 보유마력량이 많은 만큼 회복량도 다른 에이티식스보다 많기에."

아직 라이덴과 크레나가 자고 있는, 완전휴면 상태의 마법진(퍼스널 마크) 형태, 쇳빛 늑대인간 문양과 금색 장총 문양으로 돌아가서 천천히 반짝거리는—— 크리스털 포트를 힐끗 보며 말했다.

다섯 개 있는 에이티식스의 휴면용 달걀 모양 그릇. 카이에와 쿠조가 쓰던 그것은 지금, 그리고 앞으로도 계속 비어 있다.

레나가 다음 에이티식스의 선택을 받을 때까지는.

한 차례 훌쩍인 레나가 말했다.

"미안해요."

"왜 사과하는 겁니까?"

"내가, 똑바로 하지 않는 바람에."

어린애처럼 레나가 말을 흘리는 동안에도, 그 백자색 뺨을 눈물이 뚝뚝 흘러내렸다.

어린아이처럼 손등으로 눈물을 닦으면서, 레나는 새빨간 눈으로 계속 눈물을 흘렸다.

"생각 없이 마력을 소비해서 피로로 주위를 파악하지 못하게 된 바람에. 쓰러뜨렸다고만 생각하며 〈레기온〉의 움직임을 보지 않았던 탓에. 당신의 동료가. 카이에와, 쿠조가……."

"……."

신은 가뿐하게 몸을 날려서 레나의 앞쪽 테이블로 내려왔다.

그래도 시선은 레나가 더 높다. 울어서 눈이 부은 한 마법소녀를 똑바로 올려다보았다.

"레나. 에이티식스는 죽는 게 아닙니다."

에이티식스는 마법적 존재다.

생물이 아니다. 살아 있지 않은 존재는 죽는 일도 없다.

마치 공격에 죽은 것처럼 보였더라도. 그것은 단순히.

"파괴될 뿐입니다. 그런다고 사라지는 것도 아니죠. 파괴된 에이티식스는 자동적으로 신전함이 보관하는 매개체로 돌아가서, 파괴에 이른 더러움이 정화된 뒤에 랜덤으로 선발된 마법소녀(핸들러)에게 전송된다……. 그것은 당신도 알고 있을 겁니다."

100년에 걸쳐 은하항행함대를 지킨 에이티식스.

100년에 걸친 전쟁 동안 항상 전장에 있어 온 그들이—— 그렇게 간단히 사라지는 일은 없다.

카이에도, 쿠조도, 지금은 이미 신전함으로 돌아갔겠지. 정화될 동안 잠들었다가, 언젠가 다시 전장에 돌아온다. 여태까지 몇 번이나 거듭되었던 것과 마찬가지로.

그 말에 레나는 표정을 구겼다.

"예, 알고 있습니다. 알고 있다……고 생각했어요. 내가 에이티식스를 죽게 한 건, 이번이 처음이라서."

레나의 보유마력은 막대하다. 체내 보유량으로도, 최대 출력치로도.

지금껏 작전 중에 보유마력의 고갈이나 마력경로의 기능 정지를 일으킨 적은 없고, 다소의 위기도 그 막대한 마력과 여러 에이티식스로 빠져나왔다.

그러니까 마음속 어딘가로는, 방심하고 있었다.

신의 이전 마법소녀가, 전장에서 패했다고 듣고서도.

레나의 새로운 에이티식스로, 레나의 앞에 현현한 신.

그 전에는 다른 마법소녀의 밑에서, 다른 전장에서 싸웠던 신. 라이덴이나 크레나나 카이에나 쿠조, 다이야나 앙쥬나 세오나 하루토와도, 과거에 함께 싸운 적 있다는 그.

즉 신도 그녀의 앞에 나타나기 전에 한 차례 파괴된 적이 있다는 뜻이다. 그 이전에도 수많은 전장에서, 수많은 마법소녀의 밑에 현현해서, 몇 번이고, 몇 번이고 파괴된 적이 있다는 뜻이다.

그것은 조금만 생각하면 도달할 수 있는 것인데―― 생각도 하지 않았다.

"당신들이, 죽는 존재인 것을…… 나는, 생각하지 않았습니다."

신은 뭔가 생각하듯이 고개를 갸웃거렸다.

"에이티식스는 죽는 게 아닙니다."

"알고 있습니다. 파괴될 뿐이라고 했지요. ……하지만 파괴되면 아프고, 게다가 무서울 텐데……."

카이에도, 쿠조도.

신도.

다이야와 하루토와 세오가, 신과 재회하자마자 뛰어든 이유를 레나는 이제야 이해한 듯했다.

한 차례 파괴되었으니까 레나에게 온 것이라고, 아직 파괴된 지 얼마 안 된 거라고 그들은 알았기에, 그러니까 그렇게 거칠게 환영한 것이다. 파괴되었을 때의 고통을, 충격을, 그러는 것으로 덧씌워서 지우려고.

"말했을 텐데요. 에이티식스에게 통각은 없습니다."

"……."

"회피 불가능한 공격을 탐지한 단계에 그걸 위한 술식이 에이티식스의 의식을 셧다운하기에, 우리는 파괴되는 순간을 인식하지도, 기억하지도 않습니다. 애초에."

그렇게 말한 신은 시선을 내렸다.

"당신이 가슴 아파할 필요도 정말로 없습니다. 두 사람이 당신을 감싼 것은…… 나나 라이덴이나 크레나를 위한 것입니다."

레나가 아니라.

자신들을 감싸고 희생이 되었다고.

"마법소녀(핸들러)를 잃은 에이티식스는 모함으로 돌아갈 수 없습니다. 돌아가지 못한 에이티식스는 운이 좋아 봐야 소멸합니다. 우리를 돌려보내기 위해서 두 사람은 희생이 된 겁니다. ……당신 때문이 아닙니다. 당신이 책임을 느낄 이유는 없습니다."

그러니까.

당신은 울지 않아도 된다……고.

레나는 크응 하고 콧소리를 내었다.

신의 목소리는 차가운 울림이었지만, 그 나름대로 위로해 주는 것이라고 이해했다.

가만히 손을 뻗었다.

끌어안았다. 악몽을 두려워하는 어린 소녀가 좋아하는 인형을 껴안듯이.

신은 살짝 눈썹을 찌푸렸지만, 저항하지 않았다.

가볍게 손에 와 닿은 부드러운 개 귀에 뺨을 파묻듯이 하면서 말했다.

"하지만. 둘이 없어진 것은…… 슬퍼요."

신은 이번에는 부정하지 않았다.

"그렇군요."

둘이 없어져서.

슬프다——고.

그리고 이쪽을 바라보지 않는 채로 조용히 말했다.

"전에 특이하다고 말했지요, 레나. ……정정하겠습니다. 다정하군요, 당신은."

비전투 시에 자고만 있으면 재미없을 거라고. 파괴되는 것은 무서울 거라고.

사라지는 것은 슬프다고.

전투의 도구에 불과한 에이티식스에게도 마음을 기울여 줄 정도로—— 어리석을 정도로.

눈앞에서 삼각형의 개 귀가 얌전히 접히는 것을 레나는 보았다.

"그런 인간은 마법소녀에 맞지 않습니다. 당신은 전장에 나가서는 안 됩니다. 그런데…… 왜 싸우는 겁니까? 당신 같은 인간까지 왜 일부러."

"……."

레나는 침묵한 채로 품 안의 에이티식스를 껴안았다.

솟구친 감정을 말로는 곧장 표현할 수 없어서. 그러는 것 말고는 표현할 수 없었다.

낮에도. ——신은 그렇게 질문의 형태로 레나를 전장에서 멀어지게 하려고 했고.

사실은 〈언더테이커〉의 위력에 살짝 겁먹었을지도 모르는 마법소녀를 멀어지게 하려고 했고.

"당신이야말로."

당신이야말로, 나를 생각해 줄 정도로, 다정하고. 당신이야말로, 동료의 희생에, 마음을 기울이고.

평정을 가장하고 있지만, 당신이야말로.

"당신이야말로, 슬프겠지요……. 귀가 접혀 있어요."

"음."

신은 양쪽의 개 귀를 눌렀다.

부드러운 개 귀는 마치 깊숙하게 끌어내린 후드 같아서, 그것은 부끄러워한 어린아이가 후드를 끌어내려 얼굴을 숨기려는 것처럼 어딘가 유치한 동작이었다.

"음……. 이러니까 귀처럼 쓸데없는 것을 달지 않는 게 좋았을 텐데……!"

작은 목소리로 뭐라고 투덜대고 있다.

레나는 가만히 울음 섞인 웃음을 지었다.

좀 많이 힘들긴 했지만, 그래도 간신히 웃을 수 있었다.

그리고 말했다.

이번에는 소리 내어 말할 수 있었다.

"당신들만, 싸우게 하지 않기 위해서예요."

붉은 눈이 이쪽을 향했다.

그걸 똑바로 마주 바라보며 레나는 말했다.

품 안의 작은 아이에게 자장가를 불러 주듯이. 속삭이듯이.

하지만 강하게.

"동료가 없어져서 슬퍼하는 마음 착한 당신들만 싸우게 하지 않기 위해서예요. 나는 그럴 수 있으니까—— 그러니까 내가 할 수 있는 일을 하고 싶어요."

그것이 시민의 의무라서가 아니라.

그것이 자랑스러운 의무라서가 아니라.

나는.

"그렇게 해서 당신들에게, 조금이라도 답해 줄 수 있다면. 그렇다면 나는 기쁘니까요. 그러니까—— 나는 싸우겠습니다."

당신들의 다정함에

보답하기 위해서.

막간2 마법소녀 플로란 세네빌

플로란 세네빌은 원래 〈산마그놀리아〉의 마술무장 개발과에 소속되어 있었을 텐데, 어째서인지 어느새 마법소녀가 된 젊은 군인이다.

저거노트는 리프 그린이고, 콜사인은 〈프레시☆세네빌〉. 샐러드도 아니고 무슨……이라고 생각하지만, 사람 좋은 세네빌은 아직 그런 소리를 하지 못한다.

그리고 〈저주〉는.

"플로란, 반대로 돌았어. 반대!"

"식당에 가려면 여기서 우회전이라고!"

"아, 그런가. 으으, 또인가……."

그의 두 에이티식스, 애쉬 그레이색 머리를 꼬리처럼 묶은 카리야와 로즈 그레이색 머리를 모아 올린 하리즈가 머리 위에서 와글와글 떠들기에 세네빌은 어깨를 늘어뜨렸다.

아무 생각 없이 왼쪽으로 돌려던 다리를 멈추고, 얼른 오른쪽 복도로 들어갔다. 단정한 은발에 칼 같이 다림질한 근무복, 성실해 보이는 은테 안경.

그의 〈저주〉는 바로 이렇게 '목적지까지 가는 길 도중에 골목을 반대로 돌아들어 간다' 다. 진짜 불편하다.

은회색 평면으로 구성된 〈산마그놀리아〉의 방어구역 복도를, 이번에는 아무런 문제도 없이 걸어 식당까지 도착했다. 점심때의 식당은 동료와 에이티식스들의 시끌시끌한 소리와 오늘의 메인인 배양 토끼고기 스튜의 좋은 향기가 가득했기에 세네빌은 무심코 표정을 풀었다. 은하항행함대의 식량은 수반하는 식품 공장함들이 제법 풍부하게 생산한다.

곡물이나 채소는 대부분이 품종 개량, 유전자 개량된 품종을 식물공장에서 생산. 아무래도 이런 일상의 고기나 생선은 배양 세포로 만들지만, 가끔은 목축함의 '천연' 고기 같은 사치품도 손에 들어온다.

그런데도 하리즈가 카페테리아 형식의 식당 구석에서 재빨리 그것을 발견하여 세네빌의 머리를 잡아당겼다.

꽤 장난기 어린 얼굴로.

"오, 플로란. 오늘도 있어. 전통의 '플라스틱 폭약'."

"아니. 또 먹고 싶어, 그거? 뭐, 상관없지만……."

손가락 사이즈의 작은 입방체로 잘라서 접시에 담았어도 전혀 식품으로 보이지 않는, 정체 모를 하얀 점토를 세네빌은 식판에 담았다. 자신과 하리즈와 카리야의 몫까지 세 개.

영양가 풍부한 스튜와 향기 좋은 바게트빵, 치즈를 듬뿍 넣은 스크램블에그에 신선한 샐러드와 과일들과는 전혀 다른, 그 하얀색 점토를 재미있게 바라보며 카리야도 말했다.

"'공장제 식품의 전형적인 모습을 재현해 보았습니다!' 랬나.

이런 놀이라면 즐겨보고 싶어. 오늘은 무슨 맛일까."

세네빌은 천장을 올려다보았다. 속성 재배든, 배양 합성이든, 질 좋고 풍요로운 식재료가 확보되기에 가능한 장난이고, 겉모습이 무기질할 뿐이지 레몬파이 맛. 연어 뫼니에르 맛. 부야베스 맛 등등으로 맛도 제대로 있지만.

"매번 재현하는 요리가 달라서 맛을 예측할 수 없으니까 먹는 순간 머릿속이 혼란스럽고, 겉모습은 점토인데 식감은 바삭바삭하게 구운 빵이니까 생김새와 식감과 맛의 갭 때문에 역시나 뇌가 혼란스러운 게 말이지……."

말하면서도 빈자리에 앉아서, 일단은 문제의 합성식량을 나누었다.

각자 손에 들고 하나, 둘 신호에 맞추어 입에 넣든가, 작은 입으로 한 입 깨물고.

세네빌과 두 에이티식스는 말없이 서로를 바라보았다.

뭐야, 이거?

그런 생각으로 오렌지색 두 눈을 가늘게 뜨고 눈썹을 찌푸리면서 하리즈가 말했다.

"으음……. 이거 콩 맛이랑 콩 맛이랑 콩 맛 아니야?"

카리야도 풀색 눈으로 합성식량을 이리 보고 저리 보면서 거듭 고개를 갸웃거렸다.

"삶은 콩이랑 튀긴 콩이랑. ……이건 뭐냐, 소금에 절인 콩? 인가?"

물론 세네빌도 알 수 없었기에, 휴대 단말의 홀로스크린을 불러내 식당 메뉴를 확인했다.

"두부와 유부의 된장 수프 맛, 이라는데?"

"그게 뭐야?"

"뭔데, 그게?"

결국 수프라는 것 말고는 아무것도 알 수 없었다.

3

그것을 처음으로 목격한 것은 초계임무로 나갔던 〈산마그놀리아〉 소속의 마법소녀 〈화이트샤봉☆프림벨〉이었다.

저거노트의 색깔은 콜사인처럼 퓨어 화이트, 〈저주〉는 '카레우동을 먹을 때 반드시 국물이 튄다'. 아주 강력하지만 말을 도무지 들어주지 않는 에이티식스 야트라이를 데리고 있는 그녀는 시야에 들어온 그것에 얼굴빛이 질렸다. 그리고 아니나 다를까 눈을 빛내며 인간 형태로 돌아온, 드래곤 뿔에 드래곤 꼬리를 가진 에이티식스를 두 손으로 덥썩 붙잡았다.

"야트라이! 스톱!"

"이얏호우! 〈아지 다하카〉 액티베………… 아니! 왜 막는 건데, 표백제!"

멋대로 무장화하려고 날뛰던 야트라이는 동공을 크게 연 채로 한동안 아우성쳤다.

"적장이! 15년 만에! 낯짝을 내밀었다고! 지금 당장 맞서 싸우는 게 당연하잖아! 혼자라면 나는 몰라도 너는 죽겠지만, 그까짓 거야!"

"그러니까 막은 거잖아, 이 전투광 드래곤! 아니, 잠깐만, 그만, 잡아당기지 마, 부탁이니까 좀 멈춰어어어어!"

싸움을 좋아하는 데다가 덩치도 큰 개에게 질질 끌려가는 주인 같은 모습으로 프림벨은 필사적으로 말했다. 여기서는 아직 머나먼 저편, 그럼에도 불구하고 검은 성운처럼 별들의 빛을 가로막는 막대한 무리를 그 은색 눈에 비추고.

"너도 말했지만 15년 만의 〈양치기〉 출현이잖아?! 일단은 모함에――〈산마그놀리아〉에 보고해야지!"

☆☆☆☆☆

은하항행전함 〈산마그놀리아〉의 담당 전역에 15년 만에 〈양치기〉의 출현이 관측되었다.

〈산마그놀리아〉 함장, 제롬 칼슈타르크가 직접 설명한 그 내용에 마법소녀들이 모인 브리핑룸에는 긴박감이 가득했다.

또한 전원이 색색에 나풀거리는 저거노트를 장착하고 있고, 더불어서 봉제 인형 사이즈에 동물 귀와 꼬리를 가진 에이티식스들이 그들의 머리 위나 어깨 위나 무릎 위에 얌전히 앉아 있기에, 옆에서 보기에는 훈훈한 공간으로 보이는 것은 지적하면 안 된다.

고정된 의자와 그 의자와 일체화된 접이식 데스크가 질서정연하게 놓인 브리핑룸의 거의 맨 뒷줄에서 레나는 조용히 중얼거렸다. 칼슈타르크의 설명을 놓치지 않으면서도 만에 하나라도 방해되지 않도록 목소리를 낮추어서.

"〈양치기〉……."

책상 위에 전개된 홀로스크린에는 자동전투기계 〈파이드〉들로 이루어진 제2방어선을 가볍게 깨물어 바수는 〈레기온〉 집단의 광학영상이 투영되어 있다. 선발대인지 생각 외로 숫자는 적다. 그럼에도 불구하고 마치 종잇장이 찢어지듯이 흩어지는 〈파이드〉들.

느긋하게 선두를 가는 해당 〈양치기〉――인식방해 마법을 전개한 건지, 검은 덩어리로밖에 보이지 않는다――에게 〈파이드〉 한 대가 어째서인지 장난치는 것처럼 보이는 것은 아마도 기분 탓이겠지.

옆자리의 아네트가 대답했다.

이쪽도 설명에 방해가 되지 않도록 한계까지 낮춘 목소리다.

"〈레기온〉의 지휘개체 말이지. 물론 교본에는 실려 있었는데, 우리가 교전하는 건 이게 처음이네."

〈레기온〉 전쟁 개시 시점에서는 관측된 숫자가 17체. 100년에 걸친 격전으로 넷만이 남은 〈레기온〉 지휘개체 〈양치기〉. 원래부터 막대한 물량을 자랑하는 〈레기온〉들을 그 호령 밑에 통합하고 숫자의 폭위를 살려 덮쳐 오는 최악의 〈레기온〉이다.

마지막 관측과 교전은 레나도 아네트도 아직 철들기 전이었기에 얼마나 격렬한 싸움이었는지는 기억에도 없지만.

"보통 〈레기온〉과의 전투가 소꿉장난처럼 보이는 숫자를 몰고 온댔나."

"그래. 게다가 〈양치기〉 하나만으로도 전함 한 척을 가라앉힐지도 모르는 엄청난 강적이라고."

고개를 끄덕이면서 레나는 무릎 위에 얌전히 앉은 신을 힐끗 보았다.

검은 삼각형의 개 귀가 꼿꼿이 서서 앞을 향한 모습은…… 웬일인지 관심 강한 내용인 모양이다. 홀로스크린의 〈양치기〉를 향한 붉은 눈은 껌뻑이지도 않는다.

요격 작전의 설명을 마치고 질의응답을 거친 뒤 칼슈타르의 말로 브리핑을 마무리 지었다. 아직 계급이 낮아서 브리핑룸의 뒷줄에 모인 레나와 아네트, 그리고 비슷하게 젊은 마법소녀(핸들러)들을 한 차례 둘러보고 하는 말은.

"젊은 마법소녀는 이게 〈양치기〉와의 첫 교전이겠군. 한층 더 강한 경계와 마음가짐으로 임무에 임하도록. 콜사인의 사용을 잊지 말고. 저거노트의 전개를 풀지 마라. 그리고."

날카로운 은색 눈.

"그들은 인류의 적── 〈레기온〉이라는 사실을. 아무쪼록 잊지 않도록."

〈양치기〉와의 전투 경험도 없는 젊은 마법소녀가 느닷없이 〈양치기〉와의 전투가 예상되는 자리에 배치될 리는 없다.

15년 전의 전투에도 참가했던 베테랑들을 주력으로 삼고, 그 지원을 위한 후방 배치가 레나와 아네트의 담당 위치다.

평소보다 더욱 엄중하게 설치한 모함의 색적결계와 방호마법들에 뒤통수가 따끔따끔할 정도다. 마음이 편치 않아서 마법구인 귀고리를 만지작대는 레나에게 갑자기 신이 말을 걸었다.

"핸들러."

별 모양 브로치의 정점 중 하나, 진홍색 보옥 형태로 대기하던 신이 어째서인지 멋대로 실체화하여 인간 형태를 취했다. 레나의 눈앞 공간에 둥실 내려와서 시선만 이쪽으로 돌렸다.

"곧 〈양치기〉와 접촉합니다. 경계하시죠."

"아…… 예. 그거야 물론."

〈양치기〉의 진행 속도와 경로를 통해 교전 개시 시각을 예측했고, 신이 말했듯이 그것은 머지않았다. 전방 주력부대에서도 후방 모함에서도 접촉이나 발견 보고는 올라오지 않았지만…….

그때 갑작스럽게 옆에 어둠의 덩어리가 나타났다.

레나는 놀라서 얼어붙었다.

관과 그 관을 짊어진 이가 줄줄이 이어지는, 끝없는 장례식 행렬의 한가운데다. 천년 동안 죽은 이를 계속 삼켜온 사체 처리장의 구멍 속 어둠이다.

그런 무수한 죽음과 절망과 허무가 뭉쳐진 무언가. 압도적인 마력과 악의를 내포한 거대한 존재가 바로 옆에서 그녀를 내려다보고 있었다.

레나는 얼어붙어서 움직일 수 없다. 안구조차도 그것을 직시하는 것을 거절했다.

삼색의 목소리가 각자 외쳤다.

"〈레지나☆레나〉!"

"어이! 정신 차려!"

"물러나십시오, 핸들러!"

크레나와 라이덴, 그리고 신의 절박한 목소리.

흠칫 놀라 숨을 삼키며 레나는 경직에서 벗어났다.

추진 마법으로 뒤로 날아서 크게 거리를 벌리고, 대항마법을 저거노트의 결계에 추가로 걸어 정신에 걸리는 부담을 최소한으로 낮추면서 그것을 바라보았다. 감싸듯이 그녀의 앞에 둥실 떠오른 신의 작은 뒷모습이, 대항마법을 사용했음에도 등골에 흐르는 전율을 지워 주듯이 든든했다.

그러다가 아연하게 눈을 크게 떴다.

"어?"

"그렇게 겁먹지 않아도 되는데."

눈앞.

안경 너머의 살짝 곤두선 두 눈의 눈꼬리를 내리면서 쓴웃음 짓는 것은 피처럼 붉은 머리칼. 어둠처럼 검은 눈의.

본 적 없는 옷깃의 수은색 군복을 입은── 이지적인 느낌을 주는 청년이었다.

"나는 그저 동생의 기척을 향해 전이해 왔을 뿐이니까. 마법사관이라면 일상적으로……까지는 안 되더라도, 필요하다면 쓰는 마법이잖아. 아니면 전장에 처음 나온 풋내기인가?"

청년은 구김살 없이 말했다. ……청년. 그래.

"사, 사람……?"

〈레기온〉의── 〈양치기〉의 요격을 위해 여기에 있는 건데. 왜 마법소녀도 아닌 인간이 여기에……?

청년에게서 눈을 떼지 않는 채로 신이 일갈을 날렸다.

"정신 차리십시오, 핸들러! 이게 〈양치기〉입니다!"

그 살얼음을 깨뜨리는 듯한 날카로운 목소리.

레나의 곤혹과 동요를 단숨에 깨뜨렸다.

청년의 얼굴에—— 함대의 주민들과 다를 것 하나 없는 인간 그 자체인 얼굴에 무심코 시선을 주고 있었기에 깨닫지 못했던 차이가 간신히 눈에 들어왔다.

군복에 마치 누더기 망토처럼 휘감겨 있는 몇 장의 날개.

아니다. 날개가 아니다. 새의 날개처럼 착착 접힌, 하지만 하나 하나가 별개의 생물처럼 꿈틀대는, 깃털이 아닌 다른 뭔가로 이루어진 영문 모를 기관. 그것이 숫자도 위치도 좌우 비대칭으로 등에서, 어깻죽지에서, 쇄골에서, 허리뼈에서, 팔꿈치나 무릎에서, 제멋대로의 방향으로 마구잡이로 돋아나 있었다.

유동하는 은색의 그것들이 다음 순간 일제히 펼쳐지는 바람에 레나는 소름이 돋았다.

손이다. 길고 가늘게 뻗은 인간의 손들이 뒤엉켜서 날개와 비슷한 형태를 이루고 있다.

전율하는 레나에게는 눈도 주지 않고, 꿈틀대는 무수한 손을 흔들면서, 그의 본래의 오른손을 들어 올리고.

모든 손을 똑바로, 가로막고 있는 신을 향하며——〈양치기〉는 미소 지었다.

"데리러 왔어, 신. 이쪽으로 와!"

그 손들과 〈양치기〉의 검은 눈을, 차갑게 얼어붙은 핏빛 눈으로 마주 바라보며.

"갈 리가 없잖아. 누가 그따위로 이상한 손이 난 촉수 생명체가 되겠냐고."

신은 단칼에 잘라 말했다.

그것은 이 정도로 착착 분위기를 만들어 온 〈양치기〉의 입장도 마음도, 나아가서 용서도 자비도 적당히도 없을 정도로, 정말 딱 할 정도로 쌀쌀맞은 말이었다.

〈양치기〉는 아무것도 없는 곳에서(주의 : 진공의 우주 공간입니다) 고꾸라져 비틀거렸다.

간신히 균형을 잡고 한탄했다.

"촉수 아니야!"

신은 기분 상한 개처럼 귀를 접고서, 새된 눈으로 계속해서 말을 쏟아냈다.

"촉수. 이상한 손. 문어. 오징어. 해파리. 말미잘. 고둥. 이상한 손."

"어이, 생물 이름으로 악담하지 마! 다들 열심히 살고 있다고! 그리고 거듭 말하는데 촉수도 아니고, 나랑은 닮은 것도 없어!"

"거미불가사리."

"거미뭐? 그건 또 뭐야?!"

"클리오네 포식 형태."

"못 알아먹겠다고!"

〈양치기〉는 발을 굴렀다.

참고로 천사로도 비유되는 귀여운 클리오네는 포식할 때 머리

(로 인간에게는 보이는 부분)를 쩌억 벌린 공격적인 형태로 모드 체인지한다. 레나는 어렸을 적에 동물 방송에서 보았기에 알고 있다.

'거미불가사리라는 건 이거야.' 라면서 아네트가 마법으로 영상을 보내온 것은 눈길만 주고 바로 지웠다. 〈양치기〉의 말처럼 인간의 눈에 꺼림칙하다고 해서 징그럽다고 말해선 안 된다는 거야 알지만, 굼실굼실꾸불꾸불 뒤엉키는 무수한 가는 촉수는 좀 거부감이 일었다.

또한 〈양치기〉의 은색 촉수——본인은 그렇게 불리기 싫어하는 모양이지만, 그렇게 표현할 수밖에 없다——를 제일 비슷하게 표현한 것은 말미잘의 촉수였다.

"그럼 나도 말 좀 해 보겠는데! 너야말로 뭐냐고, 그 쪼그만 모습과 개 귀와 꼬리는! 어렸을 적이 떠올라서 가슴이 막 훈훈해지잖아! 또 개 귀 후드 겉옷, 그거 네가 좋아하는 거였지."

"닥쳐, 촉수. 누구 탓이라고 생각하는데? 그리고 개 귀 옷 같은 건 기억에 없어."

"그러니까 촉수가……."

"닥쳐촉수닥쳐촉수닥쳐촉수닥쳐촉수."

"……."

〈양치기〉는 결국 이쪽에 등을 돌리고 팍 웅크려 앉았다.

삐친 모양이다.

검지로 서툴게 뭐라고 끄적대는 그 뒷모습을 곁눈질하면서 레나는 슬쩍 신에게 물었다.

"아는 사이인가요?"

"모릅니다, 저런 촉수는."

"신의 형인 쇼레이 노우젠입니다! 처음 뵙겠습니다! 동생이 신세지고 있습니다!"

신은 무지 싫다는 얼굴로 답하고, 그걸 지워 버릴 정도의 큰 목소리로 〈양치기〉—— 레이가 돌아보며 대답했다. 왜인지 조그만 동생의 친구에게 인사하는 연상의 형처럼 사람 좋은 분위기를 가득 띤 미소였다.

모호하게 미소를 돌려주면서 레나는 생각했다.

아, 나 이거 알아.

가끔 돌아온 아버님이 '화장은 아직 이른 거 아니냐, 치마 길이가 너무 짧은 거 아니냐.' 식으로 잔소리하는 일이 많아지는 바람에, 아버님에게는 죄송하지만 솔직히 너무 귀찮다고 생각할 때의 느낌이다.

즉, 신에게도 형이라는 청년의 이 거동은 매우 성가신 것이다.

실제로 신은 꼬리털을 곤두세우며 당장이라도 으르렁거릴 기세다.

그런 에이티식스와 마법소녀를 안경 속 검은 눈으로 바라보며.

레이는 한층 깊게 미소 지었다.

레나도 처음에는 형제치고 별로 닮지 않았다고 생각했지만, 차가운 칼날 같은 그 미소와 냉철한 두 눈은 역시나 어딘가 신과 비슷했다.

섬뜩한 얼음칼날 같은 냉철함과 처절함.

"그래—— 잘 부탁해, 마법소녀. 그런 요정 같은 옷에 묘한 콜사인으로 불러대는 건 여전하군. 참 눈물겹다고 표현해야 할까."

"……?"

레나는 한층 경계심을 끌어올리면서 의아한 마음에 눈썹을 찌푸렸다. 대체 무슨 소리지?

레이의 미소가 깊어졌다.

"그런 짓을 해 봤자 위안도 안 되는데. 왜냐면 우리 〈레기온〉은——."

신이 숨을 삼켰다.

"듣지 마! 핸들러!"

동시에 크레나와 라이덴이 실체화하여 레나의 좌우 어깨에 올라타고 각각 귀를 틀어막으려 했다.

한발 먼저 레이의 얇은 입술이 움직였다.

그리고.

또 그보다 한발 먼저 튀어나온 거대한 포탄이 갑작스럽게 레이에게 직격했다.

"뜨어억?!"

2000mm 대구경 초전자포.

〈산마그놀리아〉의 함포병기 중 하나다.

방어선을 전이 마법으로 넘어온 적을 모를 만큼 마법소녀의 숙

련도는 낮지 않고, 〈양치기〉 정도로 거대한 마력이 출현했는데 탐지하지 못할 만큼 은하항행전함의 색적결계는 둔감하지 않다. 그만큼 오랫동안 떠들고 있으면 함포 사격 준비를 완료하는 데도, 주변 마법소녀가 협력해서 정밀 조준을 위한 마법을 전개하는 데도 여유가 넘친다.

직경 2000mm의 중금속 창——이쯤 되면 쇠기둥——을 은하항행전함의 거구이기에 가능한 초장포신으로 맹가속하여, 그 질량과 속도로 만들어 내는 막대한 운동 에너지를 타격마법으로 전환한, 맹렬한 충격이 〈양치기〉를 덮쳤다.

에이티식스와 마찬가지로 마법적 존재인 〈레기온〉에게 물리 공격은 거의 효과가 없지만, 그렇기에 타격마법으로 전환한 것이다. 자기 키보다도 더 커다란 직경의 포탄에 정통으로 날아가는 형태로, 레이는 저 멀리 날아갔다.

"으으! 분위기 좀 파악해 주면 어디 덧나냐고!!!!!"

마력이 없는 일반인이라면 산산조각 난다거나 짜부라진다는 식의 어중간한 표현으로 끝날 리가 없는 2000mm 초중포탄의 직격. 그럼에도 불구하고 인간의 형태를 지킨 채로 단순히 튕겨져 날아갈 뿐. 항상 그 몸을 지키는 방어결계의 무시무시한 방어력을 보이며.

또한 '남의 집 소중한 딸에게 함부로 접근해서 친한 척 말을 걸고서 무슨 분위기 운운이냐, 이 야만스러운 빨강 머리 늑대가.' 라는 사적인 감정 섞인 원한이 〈산마그놀리아〉의 함장실 근처에서 떠돌았지만, 아무리 그래도 그건 날아간 〈양치기〉에게까지는 미치지 않았다.

"명중. 적 양치기의 일시적 배제에 성공."

[수신 양호. 탐지반은 계속해서 목표의 추적을——.]

탄착 관측을 맡은 마법소녀의 보고와 관제관의 응답을 들으면서, 포탄의 최종 유도를 담당했던 아네트가 이쪽으로 날아오는 것을 보면서, 파래진 입술로 레나는 물었다.

"무슨 소리, 인가요. 지금 그건. ……〈언더테이커〉."

목소리는 떨렸다.

초중포탄에 날아가는 순간, 레이가 한 말이 들렸다. 마법을 다루는 존재가 악의와 적의를 담아 날린 말의 칼날, 일종의 저주를, 레나는 분명히 받아 버렸다.

그 말은——.

[우리 〈레기온〉은 너희 마법소녀와 마찬가지로 은하항행함대의 검이었으니까.]

신은 레이가 사라진 저편을 바라본 채로 대답하지 않았다.

탁탁탁. 가벼운 발소리가 방어 구역의 복도를 달려와서, 칼슈타르는 뒤를 돌아보았다.

저거노트를 해제하지도 않은 채로 에이티식스를 껴안고 긴 리본과 시폰 스커트 자락을 휘날리면서 달려온 레나의 모습에 눈썹을 찌푸렸다.

"임무가 끝났으면 저거노트는 해제해라, 레나."

"숙부님은 혹시 뭔가 알고 계셨나요?"

그 말을 잘라내듯이, 칼슈타르의 말 따윈 들을 여유도 없는 모습으로 레나는 말했다.

그 은색 눈의, 배신당한 아이처럼 상처 입은 빛.

"그러니까 〈양치기〉와의 전투가 있기 전에, 그런 말씀을 하신 건가요……?"

〈레기온〉은 인류의 적이라고. 지금 와서 말할 것도 없을 터인 사실을 일부러.

칼슈타르는 탄식했다.

"필요한, 그리고 아주 흔해 빠진 주의사항을 말했을 뿐이다. 그래. 숨기긴 했지만, 필요가 없기 때문에 극히 일부만이 알고 있을 뿐이지 딱히 비밀놀이를 할 생각도 없었다. 너희 마법소녀(핸들러)에게는 필요가 없을 뿐만 아니라 유해한 정보다."

"그게 무슨……."

칼슈타르는 바로 대답하지 않고 레나의 품 안에 있는 에이티식스를 보았다.

입술을 다물고, 하지만 레나에게 반대하는 일도 없이, 그저 침묵하는 신.

칼슈타르는 다시금 한숨을 쉬었다……. 장본인인 그가 괜찮다고 생각한다면.

"알고 싶다면. 알 각오가 있다면. 신전함으로 가 봐라, 레나.

허가는 내가 내 주지."

신전함은 은하항행함대의 최심부, 에이티식스와 관련된 모든 마술의식을 담당하는 도시급 소형함이다.

소속된 기술신관 외에는 원칙적으로 출입이 금지된 그 배에, 레나는 칼슈타르가 준비해 준 함간이동정을 타고 들어왔다.

발착함 갑판에서 기다리던 알드레히트라는 이름의 나이 지긋한 기술신관에게 안내를 받아서, 오래된 양식의 하얗게 빛을 내는 긴 복도를 따라 배의 안쪽으로. 소형이라고 해도 도시 하나가 통째로 들어갈 정도로 큰 배라서 누구와도 마주치지 않았다. 배의 운용과 담당 의식을 위한 최소한의 인원밖에 없기라도 한 것처럼.

뚜벅뚜벅 하는 구두 소리를 울리면서 앞서 가는 알드레히트가 발을 멈추지 않는 채로 입을 열었다.

"어디 보자. 그쪽의 함장에게 설명해 주라는 말은 들었지만, 뭐부터 설명해야 할까."

힐끗 돌아본 알드레히트의 눈이 모자 아래에서 레나가 안고 있는 신을 바라보았다.

신전함에는 가고 싶다고 말한 자만 데려가라는 것이 칼슈타르의 말이었다. 라이덴과 크레나는 안 가겠다고 했기에 여기에 있는 것은 신뿐이다.

레이가 마지막에 한 말이 지금도 귀에서 떠나지 않아서, 발밑에 구멍이 뚫린 듯한 심정이라 두려워져서, 인형처럼 꼭 끌어안은 채로 놓지 못하고 있다. 신은 그것을 분명 알아차리고 그대로 안겨 있는 것이다.

"그보다 에이티식스 꼬맹이. 괜찮겠나? 보이더라도."

"그건 어쩔 수 없지 않을까 합니다. 이쪽 사정에 끌어들인 꼴이니까요."

신은 대답했지만, 레나는 그 대화의 의미를 알 수 없었다.

알드레히트는 작게 탄식했다.

"그럼 그 전에 그렇게 된 경위부터 해야 하나……. 아가씨, 100년 전의 〈레기온〉 전쟁 이전. ——은하항행함대가 또 다른 이종지성체와 전쟁을 했다는 사실도, 그 이종지성체에 대해서도 당연히 모르겠지."

〈무리 지은 규환(래트래틀)〉.

그것은 은하항행함대가 별바다에서 처음으로 조우한 적대적 이종지성체다.

그리고 개전 당초에 함대는 일방적으로 고전할 수밖에 없었다.

〈규환〉은 육체를 갖지 않는 마술존재라서 물리적인 공격 수단은 거의 통용되지 않았고, 반대로 함대는 그들이 구사하는 공격 마법을 막을 방법이 없었다. 애초에 당시의 은하항행함대 소속함은 하나같이 아주 가능한 행성을 향해 국가가 통째로 여행하기 위한 이민함에 불과했고, 방어를 위한 최소한의 무장밖에 탑재하지 않았다.

"그런 가운데 몇 분의 1 확률로 시민 중에서 나타나서 은하항행함대의 방어를 맡은 것이 1010110(에이티식스)의 서명……. 그렇게 불린 마법사관이었다."

인류사회가 굶주림을 잊어도 기아에 대비하는 인체의 시스템은 사라지지 않듯이. 은하항행함을 양산할 만큼 과학 기술이 융성해도 태곳적에 인류와 함께 있었던 신비와 마법은 그 영혼에서 완전히 사라지지 않았다.

자신과 공동체의 존망이 걸린 위기 앞에, 마력과 그것들을 다루는 술법은 아득한 시간을 넘어서 함대의 특히나 어린 세대에서 현저하게 되살아났다.

전쟁은 몇 세대에 걸쳐서 오랫동안 이어졌다.

그동안 함대는 진로상의 소행성군에서 자원을 얻어서 무장을 갖추고, 나아가서 이민함에서 이민전함으로 탈바꿈했다. 마법의 연구와 연찬은 급속하게 진행되어서, 한때는 전멸 직전까지 몰렸던 상황을 차츰 회복했고, 마침내 함대는 군단급의 대마술과 준광속포격의 탄막으로 〈규환〉을 그 [모성]——정련된 금속으로 이루어진 행성 사이즈의 건조물——과 함께 파괴하기에 이르렀다.

전멸 외에는 전쟁 종결에 도달할 수 없을 정도로, 서로 전혀 이해할 수 없을 정도로, 그들은 그저 이질적인 적성 존재였다.

그렇게 전쟁은 끝날 터였다.

"하지만—— 그렇게 되지 않았다."

마술의 법칙에 따르면 가까운 존재는 서로 연결되고 공명한다.

형태가 가까운 존재, 속성이 가까운 존재, 핏줄이 가까운 존재. 그런 '유사성'을 따라서 마력이나 마술은 효과를 발현시킨다.

종족 하나가 순식간에 사라진 그 순간 〈규환〉들의 강렬한 단말마. 절망도, 안타까움도, 증오도, 애절함도 아닌, 너무나도 이질적이기에 그저 강렬한 사념파라고밖에 해석할 수 없었던 것. 그것은 그 강렬함 탓에 '마법을 다룬다'라는 유일한 공통점을 경로 삼아 전장의 모든 마법사관(에이티식스)에게 전파되고, 그들을 '오염'시켰다.

무사했던 자는 없었다.

애초부터 육체는 없고, 생각의 극히 일부조차도 서로 이해할 수 없는 이질적인 존재, 그것의 마지막 사념파. 더 이상 갈 곳이 없는 이형의 힘이 육체와 정신, 양쪽에 덧씌워지고 왜곡되는 바람에 마법사관은 태반이 육체의 형태도, 정신의 그것도 지키지 못하고 그 자리에서 폭발.

기적적으로 방어에 성공한 극히 일부의 마법사관도 정신 자체는 어떻게든 지켜냈지만, 육체의 오염은 역시나 치명적인 상태였다.

목숨을 건지려면 오염된 몸에서 정신을 떼어내는 것밖에 방법이 없었다.

"그것이 이 녀석들—— 지금 에이티식스라고 불리는 녀석들의 정체다."

'제15번 정화묘' 라는 이름이 걸린 문을 알드레히트가 열었다.

대규모 성당처럼 광대한 공간이다. 청정한 물 냄새가 구역질 날 만큼 강하게 떠돌고, 치밀한 전통 마법진은 천장을 가득 채우고 빛을 뿌린다. 기도문을 따라서 바닥 전체를 메운 복잡하고 긴 수로는 거기에 흐르는 물을 말과 형태의 힘으로 끊임없이 성별하기 위한 것이다. 벽 전체에 가느다란 글자로 이어져 있는 정화 주문을 수백 개의 영창 드론이 읊으면서 나아가고, 기계 새들이 날아다니며 같은 주문을 맑은 음색으로 노래한다.

소름 끼칠 정도로 청정이 지켜지는 그 광대한 공간을, 질서정연하게 놓인 무수한 유리관이 채우고 있었다.

투명한 표면에 새겨진 마법진은 내부의 보호와 정체(停滯). 마술을 통한 의사적인 동면을 부여하는, 장기생명 유지용 캡슐이다. 수로에서 끌어올린 물이 항상 관 전체에 쏟아져서 표면을 흐르며 더러움을 씻어내고 다시금 수로로 돌아간다.

내부에 수은색 옷깃의―― 아마도 당시 은하항행함대의 군복일 옷을 두른 사람을, 하나에 한 명씩 봉인하고.

레나는 자기도 모르게 뒷걸음질 쳤다.

제15번 정화묘. ――아마 그 이상의 숫자, 신전함의 거주구역 거의 전체가, 이 정화묘겠지.

여기만 해도 대체 몇 명이. 신전함 전체라면 대체 어느 정도가.

황망히 둘러본 눈이, 아는 얼굴을 포착했다.

모르는 사람이다. 본 적 없는 인간이다……. 당연하다. 그들은

100년 전의 인간이니까. 하지만 기억에 있었다. 최근 몇 개월 동안 완전히 익숙해진, 지금도 품에 있는 작은 존재의 얼굴이—— 분명히 있었다.

"신……?"

메마른 체구를 수은색 군복으로 감싸고, 하얀 얼굴의 얇은 눈꺼풀을 가볍게 감고 봉인되어 있는 것은 신이었다.

레나나 아네트와 비슷한 또래일까. 오염이라는 말에서 연상되는 더러움 따윈 전혀 없는, 청정한 물과 유리의 결계 너머에서 조용히 잠든 듯 누워 있다.

매달리듯이 둘러보니 그 밖에도 아는 얼굴이 있다. 세 개 안쪽의 관에 있는 건 라이덴. 대각선 옆에 카이에, 하루토. 조금 떨어진 곳에 세오와 크레나. 앙쥬에 다이야, 쿠조. 샌더스 씨 등의 에이티식스인 렛카, 마이나, 미쿠리.

에이티식스는.

파괴되면 신전함의 매개체로 돌아가고. 더러움이 정화된 뒤에, 새로운 마법소녀의 곁에.

이것이—— 이 관 안의 그들이 매개체다.

더러워지면 정화되는, 에이티식스들의—— 원래 육체.

옆에서 침묵을 지키는 알드레히트를 홀연히 돌아보았다.

"잠깐만요. 목숨을 건지기 위해서라니—— 이미 100년도 넘은 과거의 일이잖아요? 이 정도 정화마법을 계속해서 걸면 아무리 치명적인 오염이라도 이미 다 정화되었겠지요. 그들의 정신을 지금도 떼어둘 필요는 없어요. 하물며 정령으로 속이면서 인간의 형태에서 벗어나게 할 이유 따윈 없어요. 게다가…….”

100년 동안 거듭되어 온 전투와 파괴. 정화와 현현의 수레바퀴. 병기로서의 모습.

〈레기온〉과의 싸움에서의 모습.

“그렇다면 〈레기온〉은. 대체 어디서 온 겁니까……?!”

말하면서도 자기도 모르게 깨달았다.

육체만 오염된 마법사관은 에이티식스가 되었다.

그렇다면 육체도 정신도 오염되어 날아간 마법사관은.

죽었을 거라고 무의식중에 생각하고 있었다. 그게 아니었다. 그래, 레이가 말하지 않았나. 〈레기온〉과 마법소녀는 마찬가지라고. 그 또한 과거의 은하항행함대의 군복이었을 수은색 군복을 입고 있지 않았나.

“마법사관, 들이.”

알드레히트는 작게 숨을 내뱉었다.

“바로 그렇다, 아가씨.”

품 안의 신은 말없이, 어딘가 우울하게, 봉인된 상태인 자기 몸을 내려다보고 있다.

원래 육체에는 있을 리 없는 동물의 귀를 접고서, 어딘가 남의 일처럼 내려다보고 있다.

이전에 신은 말했다.

마법소녀를 잃고, 모함에 귀환할 수 없어진 에이티식스는 운이 좋아 봐야 소멸한다.

하지만 운 나쁜 경우는?

지금은 알겠다. 〈레기온〉이 되는 거겠지. 우주 공간의 허무 속에 녹아 버리고, 과거의 동포들과 뒤섞여서. 거기에 녹아있는 옛날의 정신에 혼탁해져서.

"오염되고, 가루가 되고, 과거의 적이었던 더러움과 뒤섞여 자기 형태도 알 수 없어져서, 우리의 적이 된 마법사관. 그것이──〈레기온〉이다."

신전함은 마법사관들을 위한 침소라고 해도, 상주하는 기술신관들에게도 매일의 생활이 있다. 유일하게 가동하는 거주구역, 중앙광장의 분수를 올려다보는 벤치에서 레나는 돌아가는 함간이동정을 기다렸다.

높은 천장, 그리고 반대로 낮게 지어진 건물, 널찍한 도로와 조명으로 재현된 푸른 하늘 덕분에 개방적이고 밝은 거리다. 색깔 벽돌을 다용한 도로와 건물은 정화묘의 숨 막힐 듯한 엄숙함과는 딴판으로 메르헨 느낌의 구조라서── 이 배는 원래 신전함이 아니었을지도 모른다.

이를테면 어린아이, 그보다는 조금 더 나이 있는 소년 소녀를 위한 학원도시함. 몇 세대에 걸쳐 계속되는 적성 이종 존재와의 전쟁 속, 언젠가 그 적과의 전투에 가담할 마법사관 후보들을 하다못해 잠시나마 옛날이야기 속 꿈의 도시에서 살게 해 주고 싶다는 소망이 담긴 것처럼.

벤치 옆자리에 얌전히 앉은 신은 추억에 잠긴 시선으로, 분수

중앙에 장식된 여성의 조각상을 올려다보고 있다. 은하항행함대의 첫 마법소녀. 〈세인트☆마그놀리아〉.

그대로 조용히 입을 열었다.

"거만한 어조에."

응? 싶어서 레나는 속으로 고개를 갸웃거렸다. 말의 시작부터 변화구로 들어왔다.

"자존심은 세고, 고집이 세고, 콧대가 높고, 노력을 싫어하고, 툭하면 화를 내면서 울기나 하고. 마력량이 막대한 주제에 전혀 제어를 못 해서, 하루토나 다이야나 크레나가 거기에 곧잘 날아갔죠. 지금 와서 생각해 보면 열 살 정도의 나이였으니까 어쩔 수 없는 점도 있었지만, 그러니까 나도 라이덴도 앙쥬도 카이에도, 다들 손이 많이 가는 여동생처럼 여기고."

신이나 라이덴이나 세오나 하루토나 크레나나 카이에나 쿠조나 다이야나 앙쥬가, 사관후보생이었을 적에, 시설을 일부 공유하는 유년학교에 소속되어 있던 것이 그녀였다.

아무튼 거만하고 멋대로에 화를 잘 내고 울보에, 매일처럼 소동을 일으키고.

손이 많이 가고 번거로운…… 귀여운 여동생 같은 소녀였다.

"함대의 방어전력에는 전혀 맞지 않는 아이였습니다. 우리가 아는 마그놀리아는."

정신에는 오염이 미치지 않았다고 해도 신체에서 분리된 만큼, 신을 포함한 에이티식스가 지금의 정령 같은 모습으로 각성하기까지는 몇 년 걸렸다.

신이 눈을 뜨고 재회한 마그놀리아는 그 몇 년 동안 성장해서 말투가 누그러져 있었다. 막대한 마력을 완벽하게 제어하는 기량을 갈고닦은 모습이었다. 사려 깊고 자애 가득하고 현명하고 헌신적이고 장렬하여—— 슬퍼질 정도로 흠잡을 데 없는 성녀로 변모해 있었다.

신이나 다른 이들이 잠들어 있던 동안, 마법사관 전원을 잃고 그 태반이 〈레기온〉으로 변해 적이 된 은하항행함대는 심각한 전력 부족 상황에 처했다. 전장에 나가지 않았으니까 무사했던 마법사관 후보생 말고는 함대에 유효한 전력이 없어서—— 그중에서도 강대한 마력을 가신 마그놀리아는 사람들의 희망이, 영웅이…… 성녀가 될 수밖에 없었다.

어쩌면 거의 대다수가 적과 함께 죽는 형식으로 전멸한 선임 마법사관의 희생에, 그녀 나름대로 은혜를 갚을 생각으로.

"신체에서 분리되어 이 모습이 된 것을 원망하지는 않습니다. 우리는 그냥 뒀으면 죽었을 테고, 모습이 바뀐 것은 〈레기온〉과 싸우려면 필요한 조치라고 이해했으니까요……. 마그놀리아와 그 아랫세대들이 마법사관이 아니라 마법소녀라고 불리게 된 것과 마찬가지로."

그렇다고 해도 개 귀는 좀 아니라고 생각한다며, 농담을 섞어 가며 어깨를 으쓱였다.

레나도 이제는 이해한다. 함의 방어전력이면서도 전투용이라고 생각할 수 없는 형태와 색채의 저거노트를 입는 이유. ☆이 필수로 붙는, 무슨 애들 장난 같은 콜사인이 의무인 이유. 군인도 마법사관도 마법전사도 아니라 마법소녀라고 불리는 이유.

"가까운 존재는, 공명한다."

"예. 〈규환〉의 잔류사념이 섞였다고 해도 〈레기온〉은 원래 함대의 군인이고, 마법사관이고, 인간입니다. 우리나 당신들과 공통된 속성이 너무 많지요. 그들의 더러움이 전달되기 쉽습니다. ――수많은 대책이 필요할 정도로."

에이티식스는 인간의 모습을 반쯤 버리고, 마법소녀는 그 모습에서 군인다움을, 전투직다움을 가급적 배제하는 것으로 공통점을 줄인다.

〈레기온〉을 향한 공격은 항상 에이티식스를 매개로 삼고, 그것으로 더러움의 태반을 에이티식스가 받는다. 그 더러움을 에이티식스는 신전함에서 항상 정화마법을 받고 있는 자기 육체로 전송하는 것으로 씻어낸다.

일부 더러움은 마법소녀에게도 내려오지만, 이것은 마법소녀가 그때까지 가능했던 기능 중 하나를 잃는 것으로 상쇄한다. 이를테면 제과 기술. 이를테면 넘어지지 않고 걷는 균형 감각. 흔히들 〈저주〉라고 부르는 것, 마법소녀가 지불하는 대가.

레나는 무심코 몸을 앞으로 내밀었다.

"하지만 그걸 위해서! 우리 마법소녀를 지키기 위해서, 당신들은, 100년이나……."

목숨을 구하기 위해서라면 더 필요 없을 정신과 신체의 분리를. 신체를 정화하기 위한 장치로 이용하기 위해서 100년이나 분리한 채로 놔두었다.

신은 살짝 고개를 내저었다.

"아닙니다. 우리가, 마법사관이 실패했으니까. 그래서 100년 동안 마법소녀(핸들러)가 싸워야 했던 겁니다. 마그놀리아도, 당신도……. 100년 동안 우리와 함께 싸워 온 모든 마법소녀가."

〈규환〉 전쟁의 마지막에, 마법사관이 〈레기온〉이 되었기에.

"우리 대에서 〈규환〉 전쟁을 끝낼 생각이었습니다. 전황은 힘겨웠습니다만, 종결까지의 길이 보였고, 그러니까 그대로 끝날 터였습니다. 마그놀리아도, 그 아랫세대의 후보생도, 전장에 서지 않기를 바란다고, 전장에 내보내고 싶지 않다고, 라이덴이나 다른 아이들과 자주 이야기했습니다. ……그런데."

마그놀리아는 최초의 마법소녀가 되었다.

〈레기온〉과 싸우고, 계속 싸우고, 그저 싸움뿐인 인생을 보내고, 죽었다.

그녀보다 어린 후보생들도 역시 마법소녀가 되었다. 〈레기온〉 전쟁이 시작되었을 때에는 아직 태어나지도 않았던 아이가 마법소녀가 되고, 생전의 마그놀리아를 모르는 아이가 마법소녀가 되고—— 그리고 100년 이상 지난 현재는 레나나 아네트가 마법소녀가 되었다.

전장에 나가지 않아도 될 터인—— 전장에 내보내고 싶지 않았던 후진들이.

100년.

"그러니까 원망한 적은 없습니다. 다만…… 연하였던 이들이 먼저 죽어 가는 것은, 함께 싸운 마법소녀들이 몇 번이나 먼저 떠나는 것은, 솔직히 슬슬 괴롭습니다. 끝내고 싶습니다. 이제는 정말로."

"신……."

뭐라 할 수 없는 감정에 시선을 내리깐 신 앞에서 레나는 말을 잃었다.

말도 없이, 그저 내려다보는 은색 눈 앞에서── 갑자기 붉은 눈에 차갑고 딱딱한 빛이 깃들었다.

검과 같이. 칼날과도 같이. ──소리도 없이 불타오르는 화염처럼.

"그리고 더 이상 과거에 함께 싸웠던 동료들이 동포를 죽이는 것을 바라지 않습니다. 인격도 자아도 없는, 망가진 망령의 군세가 되어 100년이나 추태를 보이고, 의미도 없는 살육으로 더더욱 더러워진, 그런 꼬락서니의 녀석들을 이 이상 내버려 둘 수 없지요. 무엇보다…… 이미 산 자가 아니라고 해도 동료였던 그들을 이대로 우주 한구석에 놔둘 수는 없습니다."

형도.

우리 대에서 전쟁을 끝내야 한다고 처음에 말한 것은 레이였다.

신과 마그놀리아가 그랬듯이, 레이가 사관후보생이었을 때 신과 라이덴 등은 유년학교생이었다. 레이와 신은 친형제지만, 레이는 라이덴 같은 아이들도 친동생처럼 여겼다. 고양이라면 스트레스로 탈모가 올 정도로 엉겨 붙었기에 다들 귀찮게 여겼지만, 레이는 그걸 딱히 꺼리지 않았다.

자주 웃으며 말했다.

너희를 전쟁에 보내고 싶지 않으니까. 그러니까 이 전쟁은 우리 대에서 끝내야겠지.

무슨 소리냐고, 애 취급 말라고, 정말 애처럼 반발하고.

결국 형의 세대에서는 이루지 못했다.

그러니까 대신해서 내가 이루자고 생각했다.

그것은 결국 이룰 수 없었지만. 그렇다면. 그러니까, 하다못해.

하다못해.

"해방해 주고 싶습니다. 그러니까——."

"레나. 힘을 빌려줄 수 있겠습니까?"

자신의 마법소녀를 향해 몸을 돌리고, 똑바로 올려다보며 신은 말했다. 레나가 앉아 있어도 요정을 본뜬 작은 몸으로는 눈높이가 전혀 다르지만, 그래도 최대한 진지함을 담아 눈을 맞추고.

그녀에게 자신이 줄 수 있는 거라고는 그것밖에 없으니까.

"가까운 존재는 연결되어 공명한다. ——나는 형이 있는 전장 근처에 현현하는 일이 많고, 형도 내가 있는 전장에 끌려오는 경향이 있습니다……. 그러니까 내가 있는 장소는 격전구가 되기 쉽습니다만."

지휘개체인 〈양치기〉와 서로를 부르는 것이다. 그 지휘 밑에 있는 〈레기온〉들과 부딪치는 것은 피할 수 없다.

"다음 요격 작전, 확실히 형과 나는 전투에 임하겠지요. 〈양치기〉는 강적입니다만, 라이덴과 크레나, 세오와 하루토와 앙쥬와 다이야가 원호에 임하고, 당신 정도의 마력이 있으면 격파도 그리 어렵지 않습니다. 남은 〈양치기〉 넷 중 하나를 무너뜨리면 —— 전쟁의 끝도 보입니다."

그 말을, 레나는 두 사람 말고는 아무도 없는 광장의 푸른 하늘 아래서 들었다.

그렇게 말하면서, 신의 두 눈은 소리 없이 다른 말을 하고 있었다.

거절해도 된다고.

죽고 싶지 않다면. 죽을지도 모르니까. 개의치 말고 손을 거두어도 상관없다고.

하지만 레나는 그 손을 잡았다.

혼례의 맹세처럼, 작은 두 손을 두 손으로 잡고. 맹세하듯이 진지하게 속삭였다.

"물론입니다, 신. 나도 함께 싸우겠습니다. 당신의 마법소녀로서. 당신의 소원을 들은 자로서. ——부디 함께 이 전쟁을 끝내죠."

은하항행함대의 자동무인전투기계 〈파이드〉는 함대의 제2방어선을 담당하는 기계 사냥개로, 말하자면 〈레기온〉인 레이의 적이지만, 어째서인지 그중 하나는 이상하게 그를 따르며 반갑게 엉겨붙었다.

"야, 물지 마. 넌 이래도 되는 거야? 나는 〈레기온〉인데."

날개――날개다. 결코 이상한 손이 아니고, 촉수도 아니다――가장자리를 가볍게 깨물고 드는 것을 레이는 쓴웃음과 함께 가만히 밀어냈다. 장난의 일종으로 인식했는지, 다시금 폴짝 뛰어들기에 대충 쓰다듬어 주는 중에 문득 깨달았다.

"그래……. 그런가. 넌 내가 인간이었을 적의 〈파이드〉 중에 살아남은 개체구나."

내가 인간이었을 무렵, 이란 것이 구체적으로 몇 년 전인지는 이미 알 수 없게 되었지만.

아무튼 레이는 싱글싱글 웃었다.

오렌지색의 동그란 장갑을, 진짜 새에게 그러듯이 마구 쓰다듬어 주었다.

"기억해 준 것은, 그리고 날 알아봐 준 것은 기쁘네. 나도 꽤나 섞였으니까, 알아보기 어려울 텐데."

〈레기온〉 대부분은 오염되어 날아간 마법사관들의 잔재가 모인 것이라서 생전의 기억도 인격도 없지만, 〈양치기〉는 예외적으로 정신과 육체 양쪽이 오염되면서도 자기 형태를 지킨 〈레기온〉이다. 레이의 경우, 육체에서는 튕겨 나왔기에 아마도 몸은 다른 이들과 마찬가지로 흩어졌겠지만, 정신은 결손되는 일 없이 남았다. 그 영혼의 기운을 기억하여 이렇게 따르는 거겠지.

쓴웃음을 짓는 채로, 그 모함 쪽으로 〈파이드〉를 강하게 밀어 주었다. 한 손을 살짝 움직이는 것만으로 발생한 강렬한 마력 흐름에 휩쓸려서 〈파이드〉는 아득히 머나먼 〈산마그놀리아〉로 밀려간다.

따라 주어서 기쁘고, 귀여우니까 제대로 망가뜨리고 싶지만, 제일 우선해야 할 동생을 뒷전으로 했다간 그 동생이 삐치겠지. 그래선 안 된다. 나는 형이니까. 동생이 앞에 있건 아니건 형으로 행동해야만 하니까. 그래.

과거에 인류 앞에서 인류보다 먼저 멸망했던 〈규환〉처럼.

"녀석과 함께, 모든 것과 함께, 허공으로 돌려보내야지."

머릿속에 계속 울리는, 자기 자신 같으면서 자기 자신이 아닌, 모르는 누군가의 통절한 울부짖음처럼.

막간3 마법소녀 에코 아인

〈산마그놀리아〉의 신참 여사관 에코 아인은 마법소녀다.

눈 위에 맞춰 가지런히 자른 앞머리에, 어깨에 닿을 정도로 역시나 가지런히 자른 은색 생머리. 발랄한 느낌의 바지 차림에 자료들을 잔뜩 껴안고, 동경하는 선배 마법소녀의 뒤를 강아지처럼 쫓아다니는 행동의 갭이 귀여운, 아직 앳된 느낌이 남은 소녀 군인이다.

오늘도 디브리핑이 끝나자마자 에코는 마법소녀 대기실로 뛰어들었다.

"선배, 블라디레나 밀리제 선배! ……어라? 밀리제 선배는?"

커다란 은색 눈으로 이리저리 둘러보았지만, 1년 선임인 마법소녀 〈레지나☆레나〉=레나의 모습은 없다.

눈을 껌뻑이며 고개를 갸웃거린 에코에게, 풍채 좋은 존 씨가 자동판매기의 햄버거를 깨물면서 답해 주었다. 또한 그의 〈저주〉인 '먹는 도중에 햄버거가 뭉그러진다'는 오늘도 절찬리 발동 중.

"공주님이라면 함장님한테로 뛰어갔는데."

"아, 그런가요! 고맙습니다. 어…… 하지만 함장실인가……."

아무래도 신참사관인 에코에게는 일도 없는데 서성대기 좀 그런 장소다. 어째야 할지 망설이는 에코에게 그 에이티식스인 연한 붉은색 눈에 안경을 쓴 이오가 말했다.

"에코, 일단 저거노트를 해제하자."

"잊고 있는 모양인데, 아직 저거노트도 레이드 디바이스도 전개한 상태니까, 에코."

"저거노트 해제를 잊는 거야 신참 마법소녀에게 흔히 있는 일이지만, 함부로 마력을 소비하니까 그대로 있다간 쓰러진다."

금발을 세운 덩치 좋은 오치와 푸른빛이 도는 머리에 곤두선 눈의 슈리도 이어서 말했기에, 에코는 자기 모습을 내려다보았다. 그녀의 경우에는 엷은 쉘핑크색에 여러 겹으로 겹친 시폰과 프릴. 나비 같은 리본과 반짝이는 장신구들.

"아앗?! ……진짜다!"

다급히 문 뒤로 뛰어들어서 저거노트와 레이드 디바이스를 해제. 해방된 TP 입자가 냐옹냐옹 소리 내면서 평시의 티피 아파트(저장대기고)로 들어가고, 평소의 모습으로 돌아온 에코는 얼른 테이블 앞에 앉았다. 남은 일부 TP 입자가 냐옹 소리를 내면서 그녀에게 달라붙었다.

참고로 이 TP 입자, 말하자면 미립자 사이즈의 현자의 돌인데, 원재료는 어째서인지 일종의 빠진 고양이 털로(빠지지 않은 털은 불가), 이런저런 의식을 통해 생성된다. 그러니 TP 입자는 자세히 보면, 그 털의 원래 주인인 각각의 고양이 형태를 하고 있다. 그리고 은하항행함대에는 그루밍해 달라고 보채는 고양이들을 마음껏 쓰다듬고 빗질하여 털을 얻는 직업이 진짜로 존재하고, 그러기 위한 전용함까지 있다. 고양이 애호가에게는 천국.

해제 동안에는 일단 실체화를 풀었다가 다시금 인간형을 취한 이오와 오치와 슈리가 에테르 크리스털을 가져오기에 고맙다고 말하며 몇 개 받았다.

이 에테르 크리스털도 재료 중 일부는 왜인지 두 다리나 네 다리 달린 생물 같은 형태의 무 순무 당근 비트 마 고구마 기타 등등 뿌리채소로, 전용 농장함(일부러 돌투성이)에서 재배된다. 수확 체험이 어린애들에게 인기 폭발.

중간에 이런저런 제조과정이 있으니 딱히 무 맛이 나는 것은 아니고, 은은하게 약초향이 나는 에테르 크리스털을 먹으면서 에코는 어깨를 늘어뜨렸다.

"우우. 이번 휴일에 함대종합상업함에 같이 안 가겠냐고 하려고 했는데……."

그 이름처럼 일국을 내포하는 국가급함 〈산마그놀리아〉는 당연히 거주구역 이외에도 상업구역이나 오락구역 등, 주민의 일상생활에 필요한 기능이 모두 준비되어 있지만, 도시급 소형함 사이즈의 전용기능함을 다수 수반하기도 한다. 에코나 레나가 예전에 다녔던 사관학교함도 그중 하나고, 그 밖에도 상업시설함이나 오락시설함이나.

비슷한 전용함은 타국이나 함대 자체에서도 많이 동반하고 있으며, 그중에서도 함대종합상업시설함은 함대의 최신 패션이나 오락이 모이는 유행의 최대 선구함이다.

최신 유행 드레스나 신발이나 백이나 액세서리는 역시 여자들이 동경하는 대상이고, 사관학교함의 1년 선배이자 자상하고 강하고 늠름하고 멋진 밀리제 선배는 줄곧 에코가 동경하는 대상으로, 이것저것 돌봐 주는 선배에게 정말 많이 신세를 졌다. 나도 선배처럼 강해지고 싶다며 그녀의 뒤를 쫓아 마법소녀의 길에 투신했으니까, 앞으로도 친하게 지내고 싶고 같이 놀러 가고 싶다.

"청춘이네."라고 말하는 이오에게, 오치와 슈리가 미적지근한 분위기로 수긍했다. 청춘 맞거든! 이라며 에코는 가슴을 떡 폈다.

아니…… 그런데 그거 근무 중인 지금 말해야 하는 거야? 라고, 옆에서 듣고 있던 존 씨와 합류한 샌더스 씨(구두끈이 풀어지는 〈저주〉 발동 중)와 톰 씨(병따개가 안 보이는 〈저주〉)가 넌지시 한 소리 했다.

4

〈산마그놀리아〉의 발착함 게이트에 도착하여 함간이동정에서 내리자, 아네트가 본인의 에이티식스와 라이덴, 크레나를 껴안고 기다리고 있었다.

"어서 와, 레나."

뜻하지 않은 마중에 레나는 눈을 깜빡였다. 칼슈타르의 말을 듣고 그대로 신전함으로 갔으니까, 아네트에게는 그 사실을 전하지 않았을 텐데.

"아네트……. 어떻게?"

"네가 멀리 신전함까지 들으러 간 내용을 나도 함장님한테 설명 들었거든. 이쪽은 가볍게 개요를 구두로만 들은 거지만."

의문을 던지는 레나에게 아네트는 어깨를 으쓱였다.

"나도 그 〈양치기〉를 가까이서 봤고, 그렇다고 신전함에 마법소녀가 몇 명이나 들어가는 건 정화의식이 흐트러지니까 피하는 게 좋다고 하길래. 이 애들도 잠든 자기네 몸을 일부러 보고 싶지 않다고 하고."

안긴 채로, 혹은 아네트의 어깨나 머리 위에서, 세오와 하루토, 앙쥬와 다이야는 어딘가 침울한 기색으로 침묵했다.

신전함의 정화묘에서 자기 관을 그저 말없이 내려다보던 신의 옆얼굴과 똑같은 표정으로.

"게다가 나랑 너 중 한 명이라면 너겠지. 너는 이상하게 완고하고 고집 부리기 시작하면 일직선에 융통성도 없는 돌머리니까, 실제로 안 보면 납득하지 않을 거라면서."

레나는 입술 끄트머리와 눈썹을 이상한 느낌으로 늘어뜨렸다.

"돌머리라니……. 숙부님이 그렇게 말씀하셨어?"

"넌 모르는 거야? 아무리 아는 사이라고 해도 함장님에게 그렇게 달려가서 거의 힐문하듯이 몰아붙였잖아."

"……."

그건…… 몰랐다.

없었지만, 듣고 보니 분명히 그렇다.

아무리 그래도 너무 버릇이 없었다고 조금 반성하는 레나였다.

"게다가 〈양치기〉 요격 작전에서는 너랑 신이 주력이고, 나는 바로 그 옆에서 엄호하게 되었으니까. 느닷없이 전이 마법으로 직접 접촉해 올 정도로 신에게 집착한다면, 이쪽도 미끼로 쓰겠고 주위에 덫도 준비하겠지. 그러다 보면 아무리 기밀이라고 해도 설명하지 않을 수 없다더라."

그러면서 아네트는 진지하게 레나를 바라보았다.

"그런 이상한 촉수랑 혼자 싸우게 하진 않을 거야, 레나."

레나는 입술을 꾹 다물었다.

〈양치기〉가――레이가 전이해 온 때에는 아네트도 근처에 있었으니까, 그 무시무시할 정도의 마력의 압력은 맛보았을 텐데. 그런데도 당연하다는 듯이 그렇게 말해 준 것이 고맙고, 또 든든했다.

그런데 자기는 실컷 이상한 촉수라고 불러댔으면서도 남이 그렇게 말하는 건 또 싫은 건지, 발치에서 신이 미묘하게 불쾌한 기색으로 귀를 접고 있는 것은 모르는 척하기로 했다. 뭐, 신에게는 이상한 촉수라도 형이겠고. 이상한 촉수지만.

"고마워, 아네트."

☆☆☆☆☆

〈양치기〉와 15년 만의 전투. 이제는 넷 남은 〈레기온〉 지휘개체 중 하나를 토벌하기 위한 작전이다.

투입 가능한 모든 부장, 모든 전력을 전개하기 위해, 은하항행전함 〈산마그놀리아〉는 15년 만에 완전전투형태로 이행했다.

은색 타원형 본체에 부채꼴로 기둥이 이어지는 가리비 같은 선체의 외곽부를 구성하는 방어구역의 '입'이 벌어지고—— 모든 무장의 보호 봉인 커버가 전개, 해방된다.

너무나도 비대해진 메갈로폴리스(거대 도시)나 생물조직과도 비슷하게 복잡하고 유기적으로 연결된 구조물 안, 조개의 무수한 안점처럼 빼곡하게 자리 잡은 2000mm 전자초중포가 공격을 뜻하는 붉은색을 발했다. 혹은 무수한 촉각처럼 줄 이은 기동포좌의 에너지 공급 케이블과 하전입자포가 모습을 보였다. 공성결계의 무지갯빛 안개와 〈파이드〉의 오렌지색 안개가 몇 겹으로 전개되어 뭉게뭉게 소용돌이치고, 마력이 너무나도 막대하게 소비되기에 좀처럼 사용되지 않는 네 문의 주포가 한층 기다란 방사형 기둥 끝에 마술의 광채를 번득였다.

최소한의 생명 유지기구를 제외한 거주구역의 모든 에너지를 무장에 돌린 '전함' 〈산마그놀리아〉의 전투 지휘소에서, 정면 홀로스크린을 바라보며 칼슈타르는 입을 열었다.

지금은 은퇴했지만, 그 또한 과거의 마법소녀로서, 마찬가지로 은퇴한 마법소녀, 파트너인 에이티식스가 없는 예비전력인 마법소녀들과 마찬가지로 주포의 캐퍼시티에 자신의 마력을 공급하면서.

——당신이 오랜만에 마력을 쓰느라 뼈가죽만 남는 건 상관없지만.

여기에 오기 직전, 그렇게 차갑게 내뱉은 것은 역시 은퇴한 마법소녀의 의무로서 마력 공급을 위한 배치에 임하는, 레나의 어머니 마르가레타였다.

——저의 귀여운 딸이나 친구, 그리고 일단 제 남편에게도 무슨 일이 있으면 가만 안 두겠어요, 제롬. 예, 어떻게 될지 알고 있겠지요, 당신은.

이 선고를 위해서 일부러 빌려온 것일까, 현역 당시의 파트너였던 에이티식스, 앨리스와 이스카와 에이쥬와 사이키의 무장 형태인 칼과 쌍권총과 로켓 런처와 배에 든든히 감은 다이너마이트로 무장한 모습으로.

마법소녀 〈미티어☆마르가레타〉. '쌈박질 귀부인', '아쿠아블루의 재앙'이라며 두려움을 샀던 과거의 에이스 마법소녀는 은퇴한 지금도 당시의 패기를 잃지 않았다.

——그게 싫거든 어디 사력을 다해 지휘해 보세요.

그 차가운 격려의(하다못해 격려라고 생각하고 싶다) 말을 떠올리고 살짝 시선을 흐리면서 칼슈타르는 고개를 끄덕였다.

눈앞, 전투 지휘소의 메인 스크린은 밀려드는 〈레기온〉의 붉은 마크로 붉게 물들었다.

하나하나가 〈레기온〉을 알리는 작고 사소한 점이지만, 스크린 전체를 시뻘겋게 물들일 정도로 막대한 숫자를 결연하게 지켜보면서.

그런 말 안 해도 된다. 마르가레타.

레나는 네 딸이고, 짜증 나는 연적이긴 해도 내 친구인 바츨라프의 딸이다.

잃을 수는 없다. 마르가레타도, 바츨라프도.

그들이 돌아올 이 함도.

〈레기온〉들의 무수한 광점. 수많은 그들과 대치하여 별바다에서는, 작전에 참가하는 모든 마법소녀와 에이티식스를 향해 칼슈타르는 결연하게 말했다.

"작전 개시."

[최우선 섬멸 목표, 식별명 〈듈라한〉을 확인. 마법소녀(핸들러) 〈레지나☆레나〉, 〈아울렛☆아네트〉, 출격 준비.]

"수신 양호── 시스템 스타트. 저거노트 전개, FCS 세트업."

15년 만인 〈양치기〉의 출현, 그에 따른 15년 만의 최대급인 〈레기온〉 대군과의 교전이다. 출격 때마다 말을 주고받아서 익숙해진 관제관의 목소리도 이번만큼은 긴박함을 띠고 굳어 있었다.

사출 마법진의 빛이 두 줄기 달리는, 마법소녀의 출격을 위한 캐터펄트다. 함 밖에서는 이미 전투가 시작되어 마법소녀와 〈레기온〉이 주고받는 마술의 빛이 눈부시게 교차하고 격돌했다가 흩어지고 있다.

어두우면서 눈부신 그 별들의 전장을 향해. 레나는 저거노트를 두르고 달려 나갔다.

레나의 색으로 물든 TP 입자가 자아내는, 요정 같은, 신부의 드레스 같은── 적으로 돌아선 옛 동포의 저주에서 마법소녀를 지키기 위한 의상.

"〈베어볼프〉, 〈건슬링어〉──〈언더테이커〉, 스탠바이."

그 목소리에 응해 레나의 세 에이티식스가 순간 빛의 결정 파편으로 변하고, 별 모양 브로치의 세 정점에 모여서 보옥의 형태로 박혔다. 강인한 쇳빛, 맑은 금색. 그리고 투명한 선혈의 진홍색.

보채듯이, 그리고 동시에 두려워하듯이 천천히 깜빡이는 핏빛 보옥을 손가락 끝으로 가만히 한 차례 쓰다듬었다.

이 요격 작전에서 레나의 역할은 〈양치기〉의 요격과 섬멸이다. 전투에 투입되는 것은 〈양치기〉의 존재가 확인된 다음이며, 그리고 지금── 그 침공이 확인되었다.

관제관이 말했다.

목소리에 깃든 전율을 의지의 힘으로 씻어내고, 무운을 빌듯이. 힘을 북돋듯이, 드높게, 힘차게.

[진로 클리어. ——마법소녀(핸들러) 〈레지나☆레나〉, 발함하세요!]

"수신 양호. 블라디레나 밀리제, 〈레지나☆레나〉——."

조명으로 재현된 푸른 하늘 아래. 신전함의 광장에서 들었던 조용한 목소리가 문득 되살아났다.

——힘을 빌려주세요, 레나.

예. 물론.

힘을 합쳐서, 함께.

싸우죠.

이 전투를, 앞으로의 전투도. 당신의 바람을 이루기 위해서.

"갑니다!"

머나먼 별빛을 숫자의 폭위로 지워 버리며 파도나 밤의 어둠처럼 밀려드는 〈레기온〉을 무수한 불꽃이 요격한다. 은하항행전함의 거구 주위에 어지러운 광채가 꽃핀다.

자신의 운동 에너지를 타격마법으로 변환한 2000mm 캐니스터탄의 호우가. 화살처럼 날아가서 검처럼 후리는 하전입자의 열선이. 적을 물어뜯는 순간에만 화염의 형태로 현현하는 공성결계가. 저거노트와 추진 마법의 색채를 화사하게 번쩍이며 날아다니는, 마법소녀와 에이티식스의 공격 마법이. 거기에 마력의 충전이 완료되자마자 포효하여 전장 한구석을 지워 버리는 〈산마그놀리아〉 주포, 22미터 구경 전략마도포의 커다란 천둥벼락이.

"〈발푸르기스〉, 돌아와! 〈아르테미스〉, 액티베이트!"

광학적으로도 마법적으로도 내부의 존재를 감추는 매쉬의 환혹의 안개에 숨어 적진 깊숙이 침투했다가 튀어나간 마법소녀 〈발리스타☆더스틴〉이 미나가 변한 활을 당겼다. 완벽한 기습으로 연사된 화살들이 측면에서 스코피온(장거리포격마법진)에 꽂혀서 폭발했다.

"다음은…… 도검형 절단마법진(그라우볼프)과 속사마법진의 혼성부대인가! 그럼!"

하리즈가 변한 와이어 트랩 〈캐터나인〉으로 절단마법진을 얽매어 찢어 버리고, 나아가서 〈플래시☆세네빌〉은 카리야의 〈라베트〉를 현현시킨다. 소비 마력도 많지만 강력한 대형 미사일이 견고한 연사마법진을 일격에 분쇄한다.

"선배를 방해하면 안 되죠, 범용침식마법진(아마이저)들! 〈브릴리언트☆에코〉가 여기를 지킵니다!"

공성결계나 파이드를 상쇄하며 파괴하는 〈레기온〉 보병병종, 아마이저의 대군을 상대로 〈브릴리언트☆에코〉가 에이티식스 셋의 격광을 차례로 번뜩였다. 그물형으로 전개되는 근거리 레이저, 오치의 〈글라디아토르〉를. 적의 종렬을 일직선으로 꿰뚫는 대출력 레이저, 이오의 〈아르고스〉를. 부채꼴로 펼친 다수의 레이저 소드가 회전하며 사용자 주위를 쓸어버리는 슈리의 〈덴드로아스피스〉를 고속으로 교체하면서, 약하긴 하지만 막대한 적 보병을 쓸어 버렸다.

"기다려, 야트라이, 그거 포격마법진! 무지 딴딴한 포격마법진들! 부탁이니까 거기로 혼자서 돌진하지 마아아아아!"

"시끄럽다, 방해 마라아아아아아아아아아아!"

끝이 갈퀴 형태인 말뚝을 폭약으로 쏘아 내는 파일 드라이버 〈아지 다하카〉에게 명백히 끌려 다니면서 〈화이트샤봉☆프림벨〉이 포격마법진의 한가운데에서 맹활약하고 있다. 앵커 파일 드라이버가 멋대로 싸우고 있을 뿐이라고도 할 수 있다.

그 밖에도 수많은 마법소녀와 에이티식스가 각자의 담당 전투 구역에서 〈레기온〉을 쫓아내고 구속한다.

작전의 주력인 레나와 아네트를 지원하기 위해서.

〈양치기〉를 격멸하고자 격전을 펼치는 두 사람 주위에서 〈레기온〉을 배제하고 접근하지 못하게 함으로써, 두 사람이 〈양치기〉와의 전투에 집중할 수 있게 하기 위해서.

하지만 그것은 동시에 〈레기온〉의 엄청난 숫자에 밀려서 직접적인 원호까지는—— 적 〈양치기〉에 대한 공격까지는 어느 마법소녀도 손이 미치지 못하는 상황이란 소리이기도 하다.

마찬가지로 레나, 아네트도, 레이를 자신들과의 교전 영역에 붙들어 두는 게 고작이다.

"〈베어볼프〉, 액티베이트! 인챈트, 〈건슬링어〉—— 파이어!"

"〈스노윗치〉, 액티베이트! 전탄 조준, 파이어!"

〈베어볼프〉의 개틀링건 탄에 〈건슬링어〉의 필중 효과를 부여한 마탄의 탄막이. 〈스노윗치〉의 유도탄들이. 수은색 군복 옷깃과 유동하는 은색 촉수를 넘어서 고속비행하는 레이를 쫓아갔다.

무인전투기조차 눈이 돌 정도의 급각도 선회를 거듭하고 유도탄끼리의 충돌을 유도하던 레이가 그 작렬의 화염에 안경 안쪽의 눈을 가늘게 떴다.

"몇 번 봐도 변함이 없나."

손들을 좌악 펼치며 급정지.

제각각의 궤적을 그리며 앞뒤에서 물어뜯으려는 필중의 마탄들에 조약돌이라도 받아내듯이 그 본래의 두 손을 내밀었다.

작렬.

두껍게 전개된 마력의 방패에 뜻밖에도 모든 마탄이 가로막혔다. 충격파 하나, 파편 하나도 레이에게 닿지 않는 그 철벽.

다만.

〈스노윗치〉의 미사일 전탄의 맹렬한 폭염 뒤에 숨어서 급접근한 레나가 하늘로 레이드 디바이스를 뻗으며 외쳤다.

"〈언더테이커〉, 액티——."

"어차차. ……〈짐승이여, 울부짖어라〉."

순간. 눈앞에 손톱 크기의 수백 개의 마법진이 고속 전개되었다.

극소규모의 사격마법진이라고 읽은 레나는 눈을 크게 떴다.

"큭!"

〈언더테이커〉를 캔슬하고 추진 마법으로 바꾸어 곧바로 이탈.

조금 전까지 있던 자리를 포격마법의 비가 옆에서 쏟아져 지나갔다. 회피가 늦었으면 순식간에 넝마가 되었을, 포격마법의 맹렬한 폭풍.

동시에 촉수 하나가, 매의 깃털 모양인 〈팔케〉의 칼날들을 양손에 전개하고 접근하려는 아네트를 향했다. 마법진이 전개.

"〈늑대여, 외쳐라〉."

섬광.

날아간 것은 속사형의 빛줄기. 흉흉한 은청색 광선이 광속으로 그녀가 있던 장소를 뚫고 지나갔다.

마찬가지로 간신히 추진 마법으로 벗어난 아네트가 전율을 억누를 수 없다는 얼굴로 그 궤적을 지켜보았다.

"어떻게 저런 속도가……?! 탄속은 몰라도 술식을 바꾸는 속도가!"

다이야가 신음했다.

"여전히 귀찮아. 레이 형의 술식. 근거리에 탄막을 뿌리는 〈그로울〉에, 응용성이 좋은 속사형의 〈하울〉."

"그러면서 장사정 고위력의 〈사자여, 포효하라〉는 아끼고 있나. 정말이지, 연습 때마다 실컷 고생했는데 말이야."

쓴웃음, 그리고 반대로 날카로운 목소리로 하루토가 내뱉었다.

크레나가 말했다.

"하지만 이해했지? 〈레지나☆레나〉."

"예."

레이에서는 보이지 않도록, 레나는 살짝 끄덕였다.

〈베어볼프〉와 〈건슬링어〉의 추적형 기관포탄, 앙쥬의 〈스노윗치〉의 유도탄을 레이는 받아냈다. 그 전에는 다이야의 〈블랙독〉의 고폭탄도, 하루토의 〈팔케〉의 칼날들, 앵커를 직접 꽂으려 들었던 세오의 〈래핑폭스〉도.

하지만.

"〈언더테이커〉만큼은 한 번도 받아내려고 하지 않았지요."

반드시 회피하든가, 공격 개시 이전에 방해한다.

크레나가 말을 이었다.

"레이 오빠는 마력량이 많으니까 마력방어도 강력하지만, 고유술식을 봐도 본래는 사격전 타입의 마법사관이지, 근접 특화인 신의 〈언더테이커〉를 막아낼 만한 내구력은 없어. 하물며 대비 없이 맞기라도 하면……."

"그럼 역시 너랑 신이 비장의 카드란 소리네. 〈레지나☆레나〉."

통신 마법에 끼어든 아네트가 끄덕였다.

"원호를 계속할게. 네가 접근해서 베어 버릴 만한 틈을 다음에는 만들겠어. 그러니까."

"아네트……?"

"〈블랙독〉, 액티베이트!"

다이야가 변한 곡사포가, 아네트가 휘두른 레이드 디바이스 끝에 나타났다. 이어서 아네트는 숨을 들이마시고 레이드 디바이스를 빙글 돌리더니.

"〈스노윗치〉, 액티베이트!"

앙쥬가 다시금 변한 미사일 포드가 출현했다.

에이티식스 두 명의 마법을, 누군가를 누군가에게 부여하는 게 아니라 쌍방 동시에 기동하는, 대마력을 살린 이중기동. 최대 출력치가 큰 아네트라도 출력초과로 인한 마력경로 기능 정지 상태에 빠질지 모르는 짓이다. 단숨에 소비되는 마력에 얼굴이

창백해지면서도 아네트는 외쳤다.

"파이어!"

곡사포가, 미사일 포드가 불을 뿜었다.

"칫……."

레이가 곧바로 〈그로울〉의 탄막을 불러내어 유도탄을 요격. 마력의 방패로 고폭탄의 작렬을 막는다. 그래도 아네트는 끊임없이 포격을 연이어서 레이를 한곳에 붙들었고, 그걸 깨달았는지 레이의 표정이 짜증으로 물들었다.

"끈질기네……. 〈하울〉! 〈로어〉."

전개된 마법진은 〈하울〉의 속사마법진과 〈로어〉의 7연 뇌정 마법진이었다.

〈하울〉의 속사 빛줄기가. 그리고 〈로어〉의 도시급함 주포급의 뇌정이, 그것도 일곱 줄기가 모인 극대의 벼락이 날아갔다. 게다가 그 두 종류의 공격 마법이 모두 똑바로 아네트를 향했다.

그 좌우에 전개된 곡사포와 미사일 포드에게로.

"크, 두 사람 다 돌아와! 〈래핑폭스〉——!"

에이티식스의 교체와 회피는 한발 늦었다.

"이런……."

"다이야 군!"

〈하울〉의 한 줄기 광선과 비교하자면, 가운데의 한 점과 주위의 여섯 곳으로 총 일곱 줄기의 뇌정을 동시에 발사하는 〈로어〉의 공격은 그만큼 회피하기 어렵다.

날아오는 〈로어〉를 앞에 둔 다이야는 포격 영역에서 도망칠 수 없다는 것을 깨달았겠지. 피탄 직전, 다이야는 보옥으로 돌아가는 게 아니라 순간적으로 인간형 정령의 모습을 취했다.

파괴된 에이티식스는 신전함에 돌아간다. 파괴되기 직전에 의식은 셧다운되고, 에이티식스는 부상의 고통도, 죽음의 공포도 느끼지 않는다.

그러기 위한 술식에 의식을 빼앗기기 직전, 아네트도 동료들도 아니라…… 이때만큼은 단 한 명에게 말과 미소를 남기고.

"미안, 앙쥬……. 또 만나자."

착탄.

비명처럼 앙쥬가 그 이름을 외치는 것이 별과 불꽃의 바다에 허무하게 흩어졌다.

고폭탄의 화염만이 다이야의 마음이나 긍지처럼 아직 전장 대부분을 뒤덮고 있었다. 그 폭염을 배경으로 마법소녀의 실루엣이 요격을 마친 〈양치기〉에게 접근하고——.

그걸 눈으로 쫓으면서 레이는 탄식했다.

"그래 봤자 결국 하는 짓은 아까랑 똑같나."

"아니."

화염이 걷혔다.

레이의 눈앞에 있는 것은 레나가 아니라——〈래핑폭스〉의 와이어 앵커를 이용한 고속 기동으로 거의 순식간에 여기까지 이동해 온 아네트였다.

가볍게 주먹 쥔 오른손에 매의 깃털 모양 칼날이 소용돌이치며, 하루토의 〈팔케〉를 이미 기동한 형태. 희미하게 발광하는 그 칼날 뒤에서 아네트는 처절하게 웃었다.

"이거 받아 주겠어, 〈양치기〉?"

레이의 등 뒤 사각에서는 시간차로 레나가 덤벼들고 있고, 그 손에는 이미 〈언더테이커〉의 낫이 쥐어져 있다. 레이의 표정이 살짝 일그러졌다.

"잔꾀나 부리고, 제길……. ――〈독수리여, 날개 쳐라〉."

그 술식명처럼, 커다란 날개가 날갯짓하듯이.

구웅 하고 별빛을 가로막고 한 차례 펄럭이더니 직접 공격해 온 것은―― 〈양치기〉의 왼쪽 어깻죽지에서 돋아난, 한층 커다란 촉수들이었다.

쇳빛 촉수들이 〈팔케〉의 매의 깃털 모양 칼날들과 격돌한다. 양쪽 다 불꽃 같은 파편과 마력의 파편을 뿌리며, 은색 유체와 매의 깃털이 엄청난 기세로 깎여 나갔다.

"아니……?!"

한순간 숨을 삼킨 레나에게 검은 눈이 향하고.

"〈그로울〉."

"!"

레나보다 먼저 신이 재빨리 반응하고, 베어 올리는 궤도로 휘두른 낫의 칼날이 〈그로울〉의 탄막을 모조리 날려 버렸다.

라이덴이 외쳤다.

"하루토, 〈아울렛☆아네트〉! 그대로 있다간 칼날이 남아나질 않아! 일단 물러나!"

"말이야 쉽지."

하루토는 쓴웃음을 지은 듯했다.

"그렇게는 안 되겠어. 여기서 내가 무장 해제를 하면 아네트가 레이 형의 촉수에 당하거든."

"하루토! 너……!"

"그랬다간 레이 형을 칠 수도 없고, 그래선 전쟁이 끝나질 않아. 그러니까……."

서로를 깎아내고 있는 촉수들을 길동무로 삼아서.

"으으, 제길, 마력이 고갈됐어. 젠장……!"

마지막 매의 깃털이 흩어졌다.

하루토의 오렌지색 보옥이 아네트의 브로치에서 사라졌다.

"하루토……!"

에이티식스 둘을 연달아 잃고 넋이 나간 아네트를, 세오의 〈래핑폭스〉의 와이어 앵커가 되감기며 안전권으로 후퇴시켰다.

레이는 나머지 촉수를 날개처럼 펄럭이면서, 다시금 거리를 벌린── 떼어낸 두 마법소녀를 노려보았다.

칫 소리 내어 혀를 찬 뒤 신이 내뱉었다.

"귀찮은 촉수로군."

그걸 귀 밝게 주워듣고 레이가 외쳤다.

"그러니까! 촉수가! 아니야! 이상한 손도 아니야!"

"아직 손이라고는 말 안 했어. 사실은 자기도 아는 거 아닌가?"

"그럴까 보냐! 그보다 이 녀석들을 이상한 손이라고 놀리지 마!"

그때.

100여 년에 걸쳐 인류를 위협한 〈레기온〉의 지휘개체는 어딘가 필사적인, 무력한 청년 같은 얼굴을 했다.

죽어간 동료의 무덤을 지키는 유일한 생존자 같은 얼굴.

동료의 원통함을 품고 혼자서 계속 싸우는 전사 같은 얼굴.

"넘겨받은 거야. 사라진 녀석들에게. 나와 함께 싸운 녀석들에게. 나를 상대로 싸운 녀석들에게. 돌아갈 생각으로, 살 생각으로, 하지만 패해서, 지워져서, 돌아갈 수 없어서, 그래도 돌아가고 싶다고, 사라지기 싫다고, 하다못해 하나가 되고 싶다고 하는 녀석들에게."

그건.

그와 함께 〈규환〉 전쟁에 임한 마법사관 전우들 이야기이며.

동시에 그들의 앞을 가로막았고 그들에게 멸망한 〈규환〉들을 말하는 것 같기도 했다.

동포와 함께 적과 싸우고, 돌아가지 못해 지워지고, 그대로 무한한 어둠에 사라질 운명이었던 '전사자' 들.

어쩌면 마력보다도 그 운명 자체가 죽어간 마법사관과 〈규환〉을 연결하고 섞어 버린 걸지도 모른다. 그 운명 앞에서 마음에 품은, 아무래도 품을 수밖에 없는 그 바람이야말로 최대의 연결 고리였던 걸지도 모른다.

하나가 되고 싶다.

멸망하는 존재가. 허무하게 스러지는 순간의 존재가. 아직 남아 있는 자를 눈앞에 두고.

하다못해 함께 원초의 허무로. 하다못해 함께 돌아가 줬으면 한다는, 아무래도 품을 수밖에 없는 그 무의미하면서도 통절한 바람이.

“이 손은 전부 그 녀석들의 손이야. 자기 의식이라곤 이미 조각도 남아 있지 않지만, 그래도 동료들의 손이야. 이상하다고 하면 안 돼. ——절대로 비웃으면 안 돼.”

그 순간.

빠드득 하고, 신이 악다문 이를 가는 소리가 레나에게는 들렸다.

“그렇다면.”

토해낸 목소리는 분노의 울림을 띠고.

하지만 그 표정은 당장이라도 울음을 터뜨릴 것 같은 어린아이 같았다.

“그렇다면 왜 돌아오지 않았던 거야. 손을 뻗었다면서 왜 붙잡아 주지 않았던 거야. 그때 나는 형을 붙잡았는데!”

레이는 퍼뜩 숨을 삼켰다.

“너. 내 몸을…….”

“붙잡았는데, 정신만 빠져나가고. 잡아 주지 않아서. 왜 잡아 주지 않았던 거야……. 왜 마법사관 같은 게 되었냐고.”

신과 레이의 양친도 마법사관으로. 〈규환〉 전쟁에서 전사했다.

두 형제만이 남았다. 그리고.

“난 가지 말아 달라고 했는데. 부모님이 죽었을 때…… 부모님도 죽었으니까, 형만이라도 가지 말아 달라고 했는데. 그런데 왜.”

왜.

"왜—— 가 버린 거야."

가지 말라고 했는데.

레이의 새하얀 얼굴에 후회와 쓸쓸함이, 그리고 어딘가 아연한 색채가 감돌았다.

생각도 못 한 이유로 울음을 터뜨리는 어린 동생을 보는 형처럼.

어린 동생을 무심코 상처 입힌 것을 뒤늦게야 깨달은 형처럼.

멍해진 채로, 입술이 중얼거렸다.

"신……."

그리고.

이번에도 역시나 전조 없이 제3자의 목소리와 마술의 빛이 끼어들었다.

"〈건메탈스톰〉, 액티베이트! 인챈트, 〈만티코레〉!"

"아니, 하필이면 이 타이밍에 난입하게?! 진짜로?!"

"말도 안 되잖아, 아저씨. 아무리 그래도 너무하지 않아?!"

"진짜다! 그리고 난 아저씨가 아니라 아버님이다! ——파이어!"

백 개를 넘는 숫자의 포가 바늘두더지의 바늘이나 바늘꽃이처럼 밀집하여 우주 공간의 암흑에 출현. 일제히 포성을 울렸다.

밀집한 채로 납빛 벽으로 변해 밀려드는 포탄들이 레이의 눈앞에서 시간차로 작렬, 안에 품고 있던 산탄이 근거리의 폭풍이 되어 후려쳤다.

"읍!"

그것들은 레이가 재빨리 전개한 방어벽에 가로막혀서 그에게는 닿지 않았지만.

"이어서 〈파프닐〉, 〈그리핀〉, 액티베이트! 거기에 〈헬리안투스〉, 액티베이트!"

"아니, 분위기! 분위기 좀 파악해!"

"우와아아아아, 이거고 저거고 다 망가뜨려서 미안~~~~~!!"

"이거 우리 뭔가에 차여서 죽는 거 아니야……?"

"유성가속! 미티어☆키이이이이이이이이익!!"

"""""게다가 기술명 유치해?!?!?!?!"""""

각각 고속비상능력을 술자에게 부여하는 용과 매의 두 쌍의 날개로 포탄급의 가속을 행하고, 날개 장식이 달린 신발 부근에 금색 회전 낫을 전개한 마법소녀의 드롭킥이 이번에야말로 레이의 촉수에 꽂혔다.

남자 마법소녀의 저거노트의 일부인 이상하게 긴 망토 자락과 그의 에이티식스인 토우잔과 크로트와 키노와 치세와 토마의 이상한 비명의 합창이 꼬리를 끌며.

레나는 무심코 그 이름을 외쳤다. 이어서 아네트도.

"아…… 아버님?!"

"밀리제 아저씨?!"

"아니다, 〈레지나☆레나〉, 그리고 〈아울렛☆아네트〉! 작전 중에는 아버님 같은 게 아니라 〈실버브레드☆바츨라프〉라고 부르거라!"

대답한 것은 레나의 말처럼 그녀의 아버지이자 〈산마그놀리아〉의 마법소녀 중 한 명, 〈실버브레드☆바츨라프〉=바츨라프 밀리제 씨다.

참고로 콜사인은 〈실버블릿(은탄환)〉이 아니라 〈실버브레드(은빵)〉이니까 헷갈리지 않도록. 이것은 그의 〈저주〉가 '식빵을 입에 물고 뛰면 마음에 둔 이성과 부딪친다' 이기 때문. 또 명명한 사람은 그때 부딪쳤던 마법소녀 〈미티어☆마르가레타〉.

그렇게 해서 바츨라프 씨는 '아내와 만나서 아내가 붙여 준 이름이다!' 라면서 틈만 나면 자랑하고 있으니, 말하자면 일종의 성대한 염장질이다. 참 귀찮기 싹이 없어요.

한편 맹가속에서 이어진 드롭킥, 그리고 접촉과 동시에 일제히 폭발한 꽃잎 형태 칼날의 충격에는 제아무리 〈양치기〉라도 날아가 버렸다.

이상한 손을 크게 뒤집어서 자세를 제어하고 바츨라프를 노려보았다.

"방해나 하고……!"

바츨라프는 멋지게 보이는 포즈를 취했다.

"당연하지, 너는 〈레기온〉이고, 우리는 마법소녀다! 방해하는 건…… 네게 동료를 잃지 않으려는 건 당연하다! 함대의 동포들도! 마법소녀도! 그리고 우리의 전우인 에이티식스들도! 더는 너희에게 잃지 않겠다!"

그대로 레나와 아네트에게 힐끗 눈짓을 보냈다.

"기다리게 했군, 〈레지나☆레나〉, 〈아울렛☆아네트〉! 잡병들은 대충 정리되고 있다. 도우러 왔다!"

삼색의 색채가 전장에 끼어들었다.

"가자, 렛카! 〈번트 테일〉, 액티베이트!"

"부탁한다, 미쿠리! 〈레우코시아〉, 액티베이트!"

"가자, 마이나! 〈마치헤어〉, 액티베이트!"

"맡겨 줘, 〈드렁큰☆샌더스〉!"

"가자, 〈글러터너스☆존〉!"

"오케이, 〈슈퍼쿨☆톰〉!"

"""그러니까 그 이름으로 부르지 말라고!"""

"""아니! 됐으니까 얼른 싸워!"""

일단 여긴 넘어가고.

"〈번트 테일〉, 〈레우코시아〉, 〈마치헤어〉, 합체 수렴 델타 어태애애애애애액!"

도깨비불처럼 푸르스름한 화염이, 반짝이는 비늘의 반사 같은 광선이, 봄날의 벼락 같은 한 줄기 벼락불이.

정삼각형의 진형을 이룬 세 아저씨(마법소녀)가 휘두른 레이드 디바이스에서 발사되어 중앙에 모이고, 한 줄기가 되고 응축된 에너지 덩어리로 변하여 레이에게 꽂혔다.

"이게……!"

"""우와아아아아아아?!"""

반격으로 날아온 〈하울〉의 빛줄기에 샌더스와 존과 톰이 정신없이 도망쳤다.

"음. 토우잔! 한 번 더! 〈건메탈스톰〉, 액티……!"

"그렇겐 안 되지."

이어서 날아온 〈로어〉의 일곱 줄기 섬광이 바츨라프와 〈건메탈스톰〉=토우잔을 쫓아내었다. 하지만 그때는 〈스노윗치〉의 유도탄들이 다가오고 있었다.

이어서 원호로 날아온 더스틴의 〈아르테미스〉의 화살이, 세네빌의 〈라 베트〉의 대형 미사일이, 에코의 〈아르고스〉의 대출력 레이저가 〈스노윗치〉의 미사일들의 뒤를 따르고, 그 너머에서 아네트가 레이드 디바이스를 휘둘렀다. 레이의 측면에――그녀의 진행 방향을 가리키며 레이드 디바이스를 멈추고 거친 숨을 삼키며 영창.

"세오, 부탁할게! 〈래핑폭스〉, 액티베이트!"

"몇 번이나 똑같은 수를……!"

그렇게 내뱉은 레이가 미사일들에게, 화살과 대형 미사일과 레이저에게 오른손을 뻗쳤다. 마력의 방패로 받아내려는 거겠지. 동시에 쳐든 왼손으로 아네트의 예측진로에 〈그로울〉의 탄막을 펼치려고 하지만――.

"발사!"

칼슈타르의 호령이 가로막았다.

우군인 마법소녀들이 정신없이 뒤엉켜서 전투를 벌이는 틈새를 신들린 조준으로 꿰뚫으며, 〈산마그놀리아〉의 2000mm 초전자포 하나가 포효했다.

하지만 이번에는 미리 준비하고 있었을까, 레이는 날아오는 2000mm 포탄을 방어 마법을 전개한 한 손으로 쳐냈다. 운 나쁘게 그 앞에 있던 존이 필사적으로 도망쳤다.

"제길!"

혀를 차면서 나머지 〈그로울〉의 탄막으로 거듭 미사일들을 요격한다. 시야를 가득 메우는 작렬의 화염 속에서, 예측되는 아네트의 진로를, 레이는 〈싱〉의 촉수로 후려치는데——.

그 촉수들이 허공을 갈랐다.

"음, 〈산마그놀리아〉가 쏴주지 않았으면 나는 위험했을지도."

화염이 걷혔다.

〈래핑폭스〉를 사용하여 고속이동했을 텐데 원래 위치에서 거의 이동하지 않은 아네트가 완전히 엉뚱한 허공을 때린 촉수들을 내려다보며 웃었다.

"그래도 속아줬네? 이번에 끌어당긴 건 내가 아니야."

"뭐……?!"

돌아본 바로 그 순간.

추진 마법과 〈래핑폭스〉의 와이어 앵커의 고속 기동으로 접근한 레나가 이번에야말로 레이에 가까이 뛰어들었다.

"〈베어볼프〉, 액티베이트! 인챈트, 〈건슬링어〉!"

순식간에 전개된 필중의 마탄의 탄막이 레이의 무수한 촉수를 모두 격추한다. 〈양치기〉의 공격수단이 이 한순간만큼은 드디어 사라졌다. 두 사람을 브로치로 되돌리는 시간도 아쉬워하며, 레나는 연속해서 주문을 외웠다.

"〈언더테이커〉."

진홍색 보옥이 사라진다. 레이드 디바이스를 쥔 두 손 안에서 강하게 소용돌이치는 마술의 기운.

"액티베이트!"

진홍색 칼날의 거대한 낫이 현현했다.

내리친다. 전개된 마력의 방패에 격돌. 그대로 서로의 마력을 깎아내면서 팽팽하게 맞선다. 크레나의 말처럼, 〈언더테이커〉를 막아내기란 〈양치기〉인 레이에게도 어려운 모양이다. 유동하는 은색 불꽃을 튀기면서 진홍색 칼날은 마력의 방패에 조금씩 파고들었다. 레이의 표정에 처음으로 초조한 빛이 깊게 새겨졌다.

"칫……!"

"끄으……!"

하지만 〈언더테이커〉를 사용하며 〈양치기〉의 견고한 방어벽과 팽팽히 맞서느라, 레나의 마력은 엄청난 속도로 소비되어서 얼마 남지 않았다.

시야가 아득해진다. 머리가 어질어질한다. 마음을 풀면 술식이 해제될 것 같다. 의식을 잃지 않으려고 레나는 필사적으로 입술을 깨물고.

그때 누군가의 두 손이 뒤에서 함께 레이드 디바이스를 붙잡았다.

레나의 가녀린 손에 겹치듯이 얹힌 그것은 힘줄이 불거진 남자의 힘 어린 손이었다. 거기서 부드럽게 이어지는 근육 붙은 팔. 등에 느껴지는 튼튼한 체구. ——누군가가 레나를 뒤에서 떠받치듯이, 혹은 끌어안듯이, 함께 낫을 붙잡아 주고 있다.

고개를 돌려 올려다보았다. 별하늘이 반쯤 비쳐 보이는 모습으로 거기 서 있는 것은, 수은색 군복을 입고 레나보다 머리 반 정도 장신인 또래의 흑발 소년이었다.

그 예리하면서 조용한 붉은 눈.

신.

"핸들러. 내 힘을 모두 맡기겠습니다. 써 주세요."

말과 함께 막대한 마력이 흘러든다.

빠직 하는 소리가 나듯이 방패에 금이 생긴다.

한 번 깨지기 시작하면 그건 너무나 허무하게, 뜨거운 물을 뒤집어쓴 얼음처럼, 균열의 숫자와 크기가 늘어나고—— 다음 순간에는 너무나도 간단히 뚫린다.

그 순간, 레이는 웃었다.

마음을 놓은 듯이. 어딘가 안도하듯이.

작다고 생각했던 동생의 키가 어느 틈에 자기를 따라잡았다고 깨달은 형처럼.

"나는 형이지만…… 가끔은 형제 싸움에서 지는 것도 좋겠지."

엄청난 숫자의 유리가 깨지듯이, 무수한 파편과 대음향을 울리며 마력의 방패가 깨진다.

진홍색 낫은 대각선으로. 〈양치기〉를 베어냈다.

대군을 일격에 분쇄하는 〈언더테이커〉의 파괴력이 직접 흘러든 것이다.

거기에 베인 레이는 다음 순간 유리 조각상이 깨지듯 산산이 부서져서 이미 형태도 남지 않았다.
그것은 〈양치기〉의, 너무나도 허무한 최후였다.
레나가 본 소년의 모습은 어쩌면 환상이었을까. 형이 있던 공간을 평소의 작은 정령 모습으로 묵묵히 바라보는 신의 뒷모습을 레나는 말없이 지켜보았다.
100년을 사이에 둔 형제의 작별이다. 방해할 수는 없다고 생각했다.
마지막으로 탄식을 한 차례 남기고 신이 돌아보았다.
"핸들러……."
그때.
그 작은 손이 메마른 모래상처럼 주르르 무너졌다.
"신?!"
"아……."
신은 순간 멍하니 자신의 작은 손을 내려다보았다.
처음에 만났을 때에 잡았던 손. 함께 싸우자고 맹세한 손을.
그동안에도 계속해서 무너지고 허공으로 돌아가는 손을.
쓴웃음처럼 웃었다.
"미안합니다, 핸들러……. 마력이 고갈되었습니다."
에이티식스는 마법적 존재다. 마력으로 그 모습을 유지하고 있다.
보유마력이 고갈되면 당연히── 자기 몸도 유지할 수 없다.
레나는 다급히 손을 뻗었다.
"바로 돌아오세요! 보급을……! 아니, 그보다도 내 남은 마력을 지금 여기서 양도할 테니까요."

"아뇨. 이미 늦었습니다. 게다가 당신을 잃고 싶지도 않고요."

레이를 베어 버린 〈언더테이커〉의 마지막 일격.

레나의 마력을 다 쓰지 않기 위해서 신은 자기 마력을 한계 이상으로 사용했음을 레나는 깨달았다. 자기 몸을 유지할 수 없을 정도로, 그 몸이 붕괴할 정도로.

끓어오르는 듯한 분노가 솟구쳤다.

"당신은……! 당신들 에이티식스는. 어째서 그렇게 스스로를 희생하려고 하나요! 다치는 게 당연하다는 얼굴을 하는 건가요!"

신은 뭔가 당혹스러운 시선으로, 주인의 아픔을 걱정하는 사냥개 같은 눈으로, 레나를 바라보았다.

붕괴는 멈추지 않는다. 두 팔은 흐물흐물해지고, 두 다리도 발끝부터 흘러나가고, 푹신푹신하던 꼬리도, 뾰족한 동물 귀도 끝부분부터 훌훌 녹아서 빛의 입자로 변한다.

"우리가 그걸 보고 마음 편히 있을 수 있을 것 같나요. 나만 무사하면 괜찮다고── 그렇게 여길 줄 아나요! 얕보지 마세요, 우리는 그렇게 냉혈하지 않아요! 우리라고…… 상처 입지 않는 건, 아니라고요."

내뱉고 나니 참고 있던 눈물이 드디어 흘러넘쳤다. 눈물방울을 진공에 뿌리면서 레나는 사라지는 에이티식스에게 호소했다.

"함께 싸우기로, 하지 않았나요. 전쟁을 끝내기 위해서. 전쟁을 끝내고 해방시켜 주고 싶다고, 하지 않았나요. 그럼 당신도, 평화롭게 살고 싶었겠지요. ——행복해지고 싶다고, 생각했겠죠……?!"

허를 찔린 것처럼 신은 침묵했다. 뜻하지 않은 말을 들었다는 얼굴이었다.

그러다가 희미하게 웃었다.

레나가 처음 보는, 부드러운 미소였다.

"그럴지도 모릅니다. 하지만 에이티식스로 있는 게 괴로웠던 건 아닙니다."

"어……."

"즐거웠습니다. 자지도 않고 동료들과 지냈던 것도. 당신과의 생활도. 정말로."

그리고 신은 마지막으로 그 이름을 불렀다.

여태까지 한 번도 부르지 않았던 이름. 100년 전에 전쟁이 끝났으면 그런 콜사인(이름)은 붙지 않았을 거라면서, 여태까지 계속 부르지 않았던 이름을.

"잘 있어요. 〈레지나☆레나〉."

빠직 하고 진홍색 보옥이 깨지는 소리가 나고.

작은 에이티식스가 또 한 명, 우주 공간의 무한한 어둠 속에 녹아서 사라졌다.

마법소녀 레지나☆레나 &엠프레스 프레데리카
~필살! 〈레기온〉 섬멸포~

EIGHTY SIX

The number is the land which isn't admitted in the country.
And they're also boys and girls from the land.

86 ALTER VOLUME TWO

1

보유마력 고갈로 에이티식스의 형태를 유지할 수 없게 되면서, 마음속 어딘가에서 더는 눈뜰 일이 없을 것으로 생각했다.

100년 동안 쫓아다닌 형을 드디어 없애고, 자신의 오랜 소원을 이뤄서. 그러니까 이제── 나 자신도 끝나는 게 아닐까 하고.

이제는 끝날 수 있는 게 아닐까 하고.

생각했을 뿐이지, 딱히 그렇게 되는 건 아니었던 모양이다.

파괴된 에이티식스가 새로운 마법소녀에게 현현할 때 나는 특유의 과일 향기 가득한 종이 박스 안에서 눈을 뜬 신은 조금의 안도와 기묘한 공허함에 사로잡혔다. 이 모습이 된 지 100년이 지나면서 지금은 완전히 익숙해진 인형 사이즈의 작은 몸과 강아지의 삼각형 귀와 꼬리.

당연하지만, 함대 방어의 전력으로 에이티식스를 유지하는 술식은 에이티식스 하나의 오랜 소원이나 감상 따윈 아랑곳하지 않는다. 결국 자신들은 방어 시스템의 일부, 극히 작은 톱니바퀴의 하나에 불과하다고 깨닫게 된 기분이었다.

또 그런 황량한 기분에는 종이 박스에 스며든 달달하게 숙성한 과일──버찌였다. 아무래도 좋지만──향기가 꽤 거슬렸다.

이 종이 박스도 밖에서 주적주적 내리기 시작한 비와 마찬가지로 마술의 일환으로 일시적으로 구축되었을 뿐인 물건으로, 실제로 과일이 들어 있었던 것도 아닐 텐데.

살짝 탄식하며 고개를 들었다.

가볍게 열린 종이 박스 뚜껑 너머, 정서도 거리감도 전혀 없이 바짝 얼굴을 들이대고 들여다보는 커다란 붉은 눈과 정확하게 시선이 마주쳤다.

비유하자면 생쥐를 발견한 새끼 고양이 같다고 할까, 더 자세히 말하자면 사냥감을 발견한 흥분으로 눈을 동그랗게 뜨고 동공까지 크게 벌어져서 응시하는 새끼 고양이 같은 눈이었다.

으음, 그렇군…….

참 위험한 곳에 와 버렸구나, 라고 신은 생각했다.

"그렇게 해서! 내가 바로 은하항행전함 〈기아데 원〉 최강의 마법소녀, 〈엠프레스☆프레데리카〉=프레데리카 로젠폴트니라! 선택받은 내게 잘 왔구나, 환영해 주마, 새로운 에이티식스여!"

"그리고 나는 〈기아데 원〉 함장, 에른스트 짐머만이야! 잘 부탁해, 에이티식스 신에이 노우젠 군! 앞으로도 힘을 합쳐서 〈레기온〉과 싸워 보자꾸나!"

어쩌지? 진짜로 위험한 놈들밖에 없다.

귀여우면서도 멋진 포즈를 취하거나 괜히 엄지를 번쩍 세우는 마법소녀와 함장을 보며, 응접 세트의 낮은 테이블 위에서 신은 굳어 버렸다.

열 살 정도인 마법소녀 프레데리카는 그렇다고 쳐도, 아무리 그래도 함장이라는 아저씨가 그 지위라면 있어야 할 위엄이나 격식 같은 걸 죄다 벗어던진 하이 텐션으로 엄지를 세우는 건 제발 좀 집어치워 주면 좋겠다. 돌아가고 싶다.

여기는 은하항행함대에서 최대 세력을 가진 초대국, 13척의 은하항행전함으로 국가를 구성하는 기아데 연방의 1번함 〈기아데 원〉의 함장실이다. 견실함을 중시하는 기아데 연방답게 꾸밈없고 담백한 방 안에서, 나풀나풀하는 저거노트를 의미도 없이 전개한 프레데리카와 어디에서 꺼낸 건지 새빨간 망토를 두른 에른스트는 정말로 붕 떠 보이는 모습이었다.

그런 뒤에 에른스트는 망토를 재빨리 벗고 예의 바른 모습을 보였다.

"뭐, 장난은 이쯤 하고."

"장난이지요? 지금까지 그건 진짜로 그냥 장난이고, 평소의 당신은 제정신 박힌 함장님인 거죠?"

신은 꽤나 진지하게 쏘아붙였다. 에른스트는 무시했다.

"장난은 이쯤 하고. 잘 부탁해, 신에이 군. 〈기아데 원〉은 자네를 환영하지……. 제철 딸기는 입에 안 맞았나? 버찌는 신물 난다는 얼굴이기에 딸기로 했는데."

에른스트가 한 손으로 가리킨 것은 이 함장실에 들어오자마자 타월과 쿠션과 함께 나온, 네모난 유리잔에 잔뜩 담은 딸기였다.

이번에 신이 들어 있던 것은 '특선 버찌' 박스로, 지금도 희미하게 떠돌 정도로 버찌 냄새가 밴 데다가, 이게 무슨 인과인지 프레데리카의 저거노트도 고유색이 체리 핑크였던 것이다. 에른스트의 말처럼 지금은 버찌를 보기도 싫다.

기대하는 얼굴로 싱글대며 쳐다보기에 일단 유리잔의 딸기 하나를 안아 들고(껴안아야 할 정도로 아주 컸다), 삼각형의 정점을 덥석 깨물었다. 상큼한 단맛과 적당한 신맛이 나는 것이, 추천할 만큼은 훌륭했다.

프레데리카는 역시 저거노트를 전개한 채로 응접 세트의 소파에 앉아서, 그녀 앞에 나온 딸기에 연유를 잔뜩 끼얹었다.

"그대도 연유 필요한가? 초콜릿 시럽도 괜찮은데."

"됐어."

과일 정도라면 좋지만, 너무 단 것은 별로 좋아하지 않는다.

에른스트가 신이 나서 말했다.

"으깨서 우유랑 설탕을 곁들이는 것도 좋지! 으음, 옛날 생각이 나는걸……."

"그래……."

"으깨서, 우유와 설탕……? 그런 식으로도 먹나?"

신은 무심코 수긍했지만, 프레데리카는 놀란 기색이다.

딸기의 품종 개량이 행해지기 전, 단맛보다 신맛이 강하던 무렵의 방법이니까 프레데리카가 모르는 것도 무리는 아니었지만, 그 대답에 에른스트, 그리고 신은 살짝 상처 입었다.

"으, 으음, 아무튼. 일단은 앉아서 먹으며 들어주지 않겠나. 이야기가 좀 길어질 테니까."

"……?"

한 차례 파괴된 에이티식스가, 본체가 있는 신전함에서 각 은하항행함의 마법소녀에게 보내지는 것은 일상다반사다. 하물며 그 사이클을 100년 계속해 온 것이 에이티식스고, 그 일원인 신이다. 이제 와서 함장에게 뭔가 설명을 들을 만한 일도 없을 텐데.

"일단 자네가 〈산마그놀리아〉와 〈양치기〉의 결전에서 파괴된 뒤로—— 〈레기온〉 지휘개체 〈듀라한〉을 토벌한 뒤로 은하항행함대의 상황은 많이 변했지……. 구체적으로는 〈듀라한〉 지휘 아래의 〈레기온〉들의 섬멸만이 아니라 지휘개체 〈미스트리스〉와 그 지휘 아래 개체들의 섬멸에 성공. 〈레기온〉 잔존 전력은 자네가 아는 반년 전의 절반이 되었다."

"아니……."

그 말에 신은 눈을 크게 떴다.

〈듀라한〉=레이를 쓰러뜨린 시점에서 나머지 〈양치기〉는 셋. 식별명 〈미스트리스〉, 〈페일 라이더〉, 〈노 페이스〉—— 그중 하나, 강력한 레이저를 쏘는 무수한 부속 기체를 조종하며 무자비한 달빛의 여왕이란 별명으로 두려움을 사던 〈미스트리스〉가, 지휘 아래의 〈레기온〉들과 함께 이미 섬멸되었다?

〈레기온〉 전쟁이 시작되고 100여 년, 처음에 17개체 있던 〈양치기〉는 그 100년 동안 13개체가 쓰러졌다. 100년 이상 들여서 13체밖에 쓰러뜨리지 못한 것이다. 그 정도의 강적이었을 터인 〈양치기〉를 고작 반년 동안에 레이만이 아니라 또 하나를?

그렇게나 간단히.

"무슨…… 소리입니까. 내가 잠든 사이에, 고작 반년 동안에 대체 무슨……."

레이를 쓰러뜨리면 전쟁의 끝도 보일 것이라고 이전에 레나에게 전했다.

끝내고 싶다고 바랐다. 가능하면 레나와 함께 싸울 수 있는 나이일 동안에—— 그녀가 앞서 가기 전에.

하지만 생각했던 것보다 훨씬 이른, 예상도 하지 않았던 전쟁의 조기 종결 가능성에 신은 아연해졌다.

에른스트는 고개를 끄덕였다.

100년 동안 함대를 지키기 위해, 과거의 동료를 해방하기 위해 계속 싸워 온 에이티식스의 그 혼란과 곤혹을 올바르게 이해한 모습으로.

"은하항행전함 〈로아 그레키아〉의 왕립기술원. 국왕 폐하 직속의 그 연구소에서 칙명을 받아 총력을 기울여 연구하던 결전 병기가 드디어 완성되었어."

〈로아 그레키아〉는 은하항행함대에서 유일하게 전제군주정인 이민전함이다. 모든 권력, 재력은 국왕과 그 일족에게 집중되고, 그렇기에 왕가의 비호를 받는 조직, 연구는 자금과 인재를 어느 함보다도 윤택하게 받을 수 있다. 다른 함, 기관에서는 지원을 얻기까지 기나긴 시간이 걸릴 만한 연구를 풍요로운 환경 속에서 단기간에 완성시키는 것이 왕립기술원의, 전제군주국가 로아 그레키아의 연구자에게 기대되는 역할이기도 하다.

"투입된 것은 개발 책임자이기도 한 막내 왕자 전하가 지휘를 맡은 넉 달 전의 〈로아 그레키아〉 결전. ——〈로아 그레키아〉의 고유무장도 소속 마법소녀(핸들러)도 함과 해당 결전 병기의 호위를 위해 운용되었을 뿐. 〈미스트리스〉와 지휘 아래의 〈레기온〉 섬멸은 모두 해당 병기의 공격에 의한 것이었지.”

“…….”

“이 전과와 함께 〈로아 그레키아〉에게 기술을 제공받은 기아데 연방은 2번포, 3번포, 예비 4번포의 건조에 착수. 이 세 문의 완성을 포함한 모든 준비가 완료되는 대로, 나머지 〈양치기〉들과 그들이 지휘하는 〈레기온〉들의 섬멸 작전을 시행할 예정이야. ——자네들 에이티식스의 싸움이 드디어 끝나는 거지. 그 작전에서 자네에게는 〈기아데 원〉이 운용하는 2번포의 호위를 맡기고 싶군.”

그러며 에른스트가 한 손을 흔들자, 함장실이 어둑어둑해질 정도로 조명의 광도가 내려갔다. 홀로스크린이 기동하고, 중후한 책상과 응접 세트 사이에 그 병기의 입체영상이 투영되었다.

화포 병기의 일종인 모양이다. 은하항행전함 주포, 22미터 구경 전략마도포조차도 장난감으로 보이는, 포신과 기관부를 합치면 도시급함의 전체 길이마저 뛰어넘을 듯한 거대한 포다. 함수 부분에 해당되는 포구에, 무수한 술식결정을 곤충의 겹눈처럼 서로 연결한 마도보주가 박혀 있어서 마도포인 걸 알 수 있다. 어느 정도의 마력을 넣어야 발사가 가능할지 상상도 안 갈 정도로 거대한 포다.

말없이 올려다보는 신에게 에른스트는 말을 이었다. 그래.

“이것이 〈레기온〉 전용 결전 병기. 그 이름하여…….”

프레데리카가 그 말을 빼앗듯이 나서서 말했다.

왜인지 꽤나 득의만만하게.

"절대승천☆장송정가섬멸의식대포니라!"

신은 무심코 되물었다.
"뭐라고?"
프레데리카는 움츠러들지 않았다.
"절대승천☆장송정가섬멸의식대포니라!"
"……."
이것 참.
묘하게 의심스럽다고 할까, 수상쩍은 이름으로 들리는 것은 기분 탓일까?
그보다 단어 하나하나는 멀쩡한 의미인데, 그걸 나열하니 엄청나게 글러먹은 느낌이 되는 것은 대체 뭐가 잘못된 걸까.
"아니, ☆ 때문일까. 틀림없이."
"무슨 소리지?"
"☆이 붙은 탓에 이상한 이름이 되었다고. 마법소녀(핸들러)의 콜사인도 그렇지만."
"콜사인 운운은 필요 없는 소리고, 말을 하더라도 조금은 가리지 못하겠느냐……!"
프레데리카가 신음했다. 신은 무시했다.
묵묵히 지켜보던 에르스트가 말했다.
"그래, 이 절대승천☆장송정가섬멸의식대포는."

"설마 이게 정식 명칭입니까……?"

이번에는 신이 신음할 차례였다.

열 살짜리 애가 멋대로 이상한 이름을 붙인 거라고만 생각했는데, 함장까지 진지한 얼굴로 뭐시기☆거시기포라고 말하고 있으니.

에른스트는 무슨 중간관리직 같은 비애를 띠면서(주의 : 〈기아데 원〉 함장=이 함의 최고 책임자입니다), 안경 안쪽의 눈을 이리저리 돌렸다.

"개발 책임자인 바보……가 아니라 막내 바보 왕자 전하가 말이지."

"결국 바보라고 말하는 거 아닙니까……."

"아니, 바보 왕자로 유명하거든, 그 왕자 전하는. 아무튼 그 바보 왕자 전하가 각 함의 함장이나 장성이 이런 웃기는 이름을 진지하게 연호하면 재미있을 거라고 말씀하신 모양이라."

그건 너무하다.

"뭐, 개발자에게 최대의 영예를 주어야 한다고 그 형님인 자파르 왕태자 전하가 운용지휘를 떠맡겨서…… 아니지, 어어, 운용을 지휘하는 영예를 선물해서, 우선 스스로가 〈미스트리스〉와의 전투에서 연호하는 꼴이 되었다는 모양인데."

유명해질 레벨의 바보가 맞았다.

또 재빨리 운용 지휘를 본인에게 떠넘긴 그 왕태자란 자도 역시나 형인만큼 대응이 익숙한가 본데, 가능하면 동생이 이상한 이름을 붙이기 전에 대처해 주면 좋겠다.

조그만 손으로 이마를 눌러 두통을 참으면서 신은 말했다.

"……………………그 바보 같은 이름의 포 말입니다만."

에른스트가 쓴웃음 지었다.

"응, 이해해. 생략해서 부르기도 싫어지지, 그건."

"이름도 그 유래도 바보 같다는 건 이해했으니, 필요한 이야기만 계속해 주시겠습니까?"

"그러한가……. 멋진 이름이라고 생각하는데……."

프레데리카가 샐쭉하게 말했다. 신도 에른스트도 못 들은 척했다.

"으음……. 어디까지 말했더라?"

어디까지고 자시고, 지금 시점에서는 거의 이름밖에 설명을 못 들었다.

고로 에른스트도 금방 이야기가 중단된 지점으로 되돌아갔다.

"이 이상한 이름포는."

바보 같은 데다가 길고 귀찮기에 여기서는 이상한 이름포로 부르기로 한 모양이다.

"단순히 사출하는 마력량이 막대한 것만이 아니다. 〈레기온〉을 구축하는 마법식을 정확하게 속성 반전한 정밀조율마력류를 투사, 완전히 상쇄해 마법적 존재인 그들을 효율적이고 효과적으로 소멸시키는 〈레기온〉 전용의 마도포다. 참고로 완전히 상쇄하니까 새로운 더러움도 발생하지 않아. 〈규환〉을 섬멸한 바람에 〈레기온〉이 생겨난 그 전철은 이 포를 쓰면 밟지 않을 수 있어."

신은 의아한 심정으로 고개를 갸웃거렸다. 이야기만 듣자면 대단한 성능인데.

"그 정도의 마력을 대체 어디서? 게다가 정확하게 속성 반전하려면 원래 마력이 〈레기온〉의 구축식과 동일할 필요가 있을 터입니다. ……설마 〈양치기〉를 토벌하기 위해 다른 〈양치기〉를 붙잡는 것도 아니겠고."

대체 어떻게?

"지금 함대에는 〈레기온〉의 구축식과 같은 마력이 대량으로 있잖아? ——〈레기온〉을 쓰러뜨릴 때마다 에이티식스가 짊어지고 신전함에서 씻어내는 더러움 말이야."

"……!"

더러움. 원래는 같은 마법사관인 〈레기온〉과 에이티식스를 인류의 적과 함대의 방패로 나누는, 같은 마법사관이었다는 공통 속성을 경유하여 〈레기온〉에게서 에이티식스에게 전염되는 이형의 마력.

마법사관을 〈레기온〉으로 바꾸어 버린 이종지성체 래트래틀 최후의 한탄.

"자네들이 〈레기온〉이 되지 않도록 신전함에서는 더러움을 본체에서 '씻어내는' 것을 최우선으로 삼지. 그렇기에 더러움 그 자체의 정화는 사실 뒤로 미루고 있어. 조금씩 무해하게 만들고는 있지만, 대부분은 아직 봉인관에 압축해 넣어서 무인전용함에서 보관하고 있을 뿐. 무해화하지 않고 주변에 내버렸다가 실수로라도 어디 행성의 원시생명이 오염되어 괴수라도 되면 미안하고. ——애초에 정화보다 빨리 쌓여가기만 하는 봉인관 때문에, 이만큼 있으면 어디에 쓸모가 있지 않을까 하고 관심을 준 것이 문제의 〈레기온〉전용포의 시작이었던 거지."

그래, 라면서 에른스트는 미소 지었다.

"100년 동안 자네들이 계속 싸워 왔으니까── 더러움을 짊어지면서까지 자네들 에이티식스가 우리 은하항행함대를 계속 지켜 주었으니까. 그래서 이 카드는 완성되었고, 남은 〈레기온〉을 없앨 수 있게 되었어. 자네들 덕분이지. 자네들의 전과야."

100년 전에 마법사관이 지켜내지 못했기 때문이 아니라.

"……."

신은 살짝 고개를 숙였다. 뭐라고 답하면 좋을지, 어떤 얼굴을 하면 좋을지도 그로서는 순간 알 수 없었다.

망설이듯이 삼각형의 동물 귀를 납작 깔았다. 옆에서 보고 있던 프레데리카가 기운 없는 강아지에게 그러듯이 신의 작은 몸을 집어 들어 꼭 껴안았다.

"어이. 귀를 깐닥깐닥 움직이지 말거라. 간지럽지 않느냐."

"그쪽의 털이 닿으니까 반동으로 움직이는 거야. 싫거든 놓──미야앗?!"

"에잇, 건방진 소리를 하는 귀는 이렇게 해 주마! 이렇게!"

"미야아아아아아아앗?!"

눈앞에서 까딱까딱 움직이는 부드러운 개 귀를 프레데리카는 두 손으로 붙잡아서 만지작거렸다. 섬세한 감각기관인 귀를 붙잡히고 시달리는 바람에, 신이 고양이 같은 비명을 질렀다.

버둥버둥 몸부림쳐서 간신히 품 안에서 탈출했다.

"으음, 첫 대면인데도 사이가 좋군, 자네들."

"안 좋습니다, 좀 막아 주세요……. 그보다 결전 병기의 호위는 그렇다고 쳐도, 이 마법소녀와의 작전에 임하는 건 아무래도 불안합니다만."

프레데리카의 손이 닿지 않는 테이블 가장자리까지 도망쳐서도 계속 그녀를 시야 가장자리에 넣고 경계하면서 신은 에른스트를 돌아보았다. ——지금 장난도 불안 요소 중 하나지만, 그 이상으로 프레데리카는 열 살 정도의 어린 소녀다.

안 그래도 대량의 마력을 소비하는 신의 〈언더테이커〉를 쓰게 하는 것은 성장 도중인 프레데리카에게 큰 부담이 되겠지. 마력 출력 기능 정지나 완전 마력 고갈에 빠뜨려서, 어린 소녀를 전사시키고 싶지 않다.

"의외로 걱정이 많구나, 그대."

"아, 으음. 사실은 설명해야만 할 게 하나 더 있는데."

그러면서 에른스트는 탁상에 있던 고전식 전화의 수화기를 집어 들었다. 단축 버튼을 눌러서 내선, 아마도 대기실의 비서관에게 연결했다.

"그 친구, 와 있나? ——그래, 다행이군. 그럼 들여보내 줘."

아마도 금속 재질로 만들고 중후한 목제 패널을 표면에 깔았을 것치고는 극히 조용한 마찰음을 내면서 함장실의 문이 열렸다.

은색 머리에 안경을 낀, 고지식하면서도 온화해 보이는 소년이 입실했다.

왜인지 댄스의 스텝이라도 밟는 것처럼 경쾌한 발걸음으로,

게다가 저거노트를 전개할 때의 TP 입자의 불꽃을 반짝반짝 두르면서.

"마법소녀 〈류넷☆유진〉……."

무지갯빛 입자가 자아낸 것은 남성 마법소녀용이 아니라 여성용인, 하늘하늘하게 겹치는 스커트의 크림 옐로우색 저거노트였다. 당연하지만 판판한 가슴에 있는 별 모양 브로치에 에이티식스의 보주가 가진 광채는 없고, 반짝 빛나는 머리 장식을 하고 허리 위에 리본을 묶었다.

신이라면 절대로 할 수 없는, 그리고 레나라면 엎어질 만큼 가느다란 하이힐로 빙글빙글 턴하면서, 시폰 스커트와 기다란 리본을 나부끼며 포즈를 취했다.

"소환에 응해 찾아왔습니다!"

즉각 에른스트도 포즈를 취했다.

"잘 왔군, 마법소녀(핸들러) 〈류넷☆유진〉! 바로 자네에게 특별 임무를 내리지!"

아아, 이 배는 진짜 싫다.

신은 진심으로 그렇게 생각했다. 도와줘, 레나. 지금이라면 형이라도 좋으니까.

유진이 정신을 차리고 자세를 바로 했다.

"시, 실례했습니다, 함장 각하! 동생이, 저기, 아직 어립니다만, 동생이 좋아하니까 귀가할 때면 항상 현관문을 열자마자 변신하고 등장 포즈를 취했기에 무심코!"

뭐가 '무심코'냐.

별이 된(물리) 형의 쓸데없이 상큼한 미소를 떠올려 보면서 현실 도피에 애쓰던 신이 정말로 무심코 정신을 차리고 한 소리 할 만한 이유였다.

에른스트는 흐뭇하다는 듯이 고개를 내저었다.

"아니, 좋은 오빠 아닌가. 의상도 동생을 위해서?"

"아, 네. 여성용 저거노트를 동생이 동경했기에."

유진이 데면데면하게 미소 지었다. 이어서 저거노트를 해제하고 기아데 마법소녀의 평시 제복인 쇳빛 블레이저 차림으로 돌아왔다.

그런데 프레데리카는 지금에 이르기까지 체리 핑크색의 저거노트 차림인데, 신을 포함해서 아무도 그 점을 지적하지 않고 실제로 의문스럽게 생각하지도 않았다.

"소개하지, 신에이 군. 이 사람은 본함 소속의 마법소녀(핸들러)로, 유진 란츠 군이다."

"콜사인 〈류넷☆유진〉인 유진 란츠입니다. 잘 부탁해. 음…… 신, 이라고 부르면 될까?"

신은 한 차례 눈을 껌뻑였다.

"마음대로 하시죠, 핸들러. ――즉, 이 사람과 버디를 짜란 소리입니까, 함장님?"

현현의식으로 선택된 프레데리카만이 아니라 다른 마법소녀를 이 자리에 불렀다는 소리는.

"빨리 이해해 줘서 고맙군. 그렇다. 이상한 이름포의 호위에 임할 때, 자네는 〈엠프레스☆프레데리카〉가 아니라 〈류넷☆유진〉과 함께 출격해 줘……. 현현의식에서 선택받은 프레데리카와의 연결은 끊지 않은 채로, 어디까지나 작전 때에만 대여 계약을 맺을 뿐이니까 술식상으로도 문제는 없어."

한번 마법소녀의 밑에 현현한 에이티식스는 파괴되든가 마법소녀가 전사하지 않는 이상 신전함의 본체로는 돌아갈 수 없다. 즉 현현으로 연결된 마법소녀와의 관계를 마음대로 끊는 방법은 에이티식스에게도 마법소녀에게도, 물론 각 은하항행함에도 없다.

하지만 마법소녀가 어느 에이티식스에게 선택받을지는 완전히 랜덤이다. 레나나 그 아버지 바츨라프처럼 다수의 에이티식스에게 선택받기 쉬운 자도 있는 한편, 좀처럼 에이티식스에게 선택받지 못하는 자도 존재한다. 에이티식스가 건재한데도 부상이나 병으로 잠시 전선에서 이탈하는 마법소녀도 있다. 그대로는 귀중한 전력인 마법소녀나 에이티식스를 써먹을 수 없게 된다.

그 대책으로 전부터 이용되어 온 것이 에른스트가 말하는 대여 계약이다. 그 이름처럼 일시적으로 어느 마법소녀가 다른 마법소녀에게 자신의 에이티식스를 빌려주는 계약. 마법소녀가 전사했을 때에 그 에이티식스가 소멸되지 않기 위해서 근처에 있던 다른 마법소녀가 '전사자와' 대여 계약을 맺고 에이티식스를 보호하여 데리고 돌아오는 용례도 있다.

"유진 군에게는 다른 에이티식스가 없으니까 자네만——〈언더테이커〉만을 운용하게 되지. 보유마력량도 평균치의 두 배 이상 되니까, 완전 마력 고갈의 걱정도 없다고 해도 좋아."

돌아보다가 눈이 마주친 유진이 웃으며 어깨를 으쓱였다.
프레데리카가 살짝 토라진 얼굴을 했다.
"보유마력량은 내가 더 많거늘. 내가 신에이 녀석을 굴린다고 완전 마력 고갈이 일어나진 않는다."
에른스트가 쓴웃음 지었다.
"그렇지. 저 말대로 프레데리카의 보유마력량은 기아데 원에서 으뜸가지. 자네와 함께 싸워도 문제는 일어나지 않을 거야. 함께 싸우는 게 자네 혼자뿐이라면, 말이지만."
그 말에 신도 이해되는 게 있었다.
"이미 다른 에이티식스를 데리고 있는 거군요."
"응. 그것도 이미 네 명이나."
"그런 상황에서 소비마력이 많은 그대를 운용하는 것은 부담이 너무 크다고 판단되었느니라. 다만 준비된 안전책은 그대의 대여만이 아니다. 절대승천☆장송정가섬멸의식대포의 호위에는 나도, 나의 에이티식스들도 참가하니까. ──그대도 알 만한 이들이지. 반가울 게다."
그 말에 신은 프레데리카를 돌아보았다. 프레데리카는 장난질에 성공한 어린아이답게 웃음을 띠었다.
"그대들, 기다렸구나! 자, 감동의 재회니라!"
프레데리카가 벌떡 일어나서 한 손을 휘둘렀다. 별 모양 브로치의 네 정점에서 네 색깔의 보옥이 각각 빛을 발했다.
핑크색과 푸르스름한 색과 파란색과 오렌지색.
"신! 반년 만이군!"

"오, 또 만났구나, 아하하하하하!"

"또 이렇게 모이다니 엄청난 우연인데!"

"오래간만! 그리고 또 잘 부탁해!"

카이에와 쿠조와 다이야와 하루토. 먼저 프레데리카에게 현현했던 네 명이 실체화하여 멍하니 있는 신에게 덤벼들어 껴안았다.

신은 유진에게 대여될 뿐이지, 연결 대상은 어디까지나 프레데리카다. 일상적인 마력 공급은 프레데리카에게서 받고, 휴면용 크리스털 포트 등의 정비보수기반이 있는 곳이 그 집인 것도 레나와 지내던 때와 변함없다.

다만 오늘은 아까 언급된 여동생에게 소개해 주고 싶다고 유진이 희망했기에, 신은 유진과 함께 그의 집에 가기로 했다.

[에이티식스들한테 들었는데, 그대의 이전 마법소녀(핸들러)는 평시에도 그대들을 휴면시켜 두지 않았다고 하더군. 내 밑에서도 마찬가지로 지내게 해 줄 터이니 편하게 지내도록 하여라. 나의 마력은 그래도 부족함 없을 테니까.]

헤어질 때 프레데리카는 그렇게 말했고, 실제로 느껴지는 마력량은 레나에게도 뒤지지 않을 정도였지만, 지금은 프레데리카와의 거리가 벌어진 탓에 흘러드는 힘도 약하다. 정화가 최우선인 신전함의 수면으로는 형과의 사투로 바닥을 드러낸 마력이 다 회복되지 않았던 탓도 있어서, 조금 졸리기 시작했기에 신은 하품을 흘렸다.

그를 어깨에 올리고 걷는 유진이 부드러운 표정으로 웃었다.

"미안해, 내가 고집을 부려서. 사실은 완전회복까지 휴면하고 싶었겠지."

"동생은 내일부터 초등학교함의 기숙사로 돌아가겠죠. 그 전에 보여주고 싶다는 것은 이해하니까요. 개의치 마시길 바랍니다, 핸들러."

유진의 쓴웃음이 깊어졌다.

"유진이라고 부르면 돼. 동생은 니나."

그러고 보면 레나도 핸들러라고 부르면 입술을 삐죽거렸지.

그때는 별것도 아니라고 느꼈던 그런 기억이 갑작스럽게 선명하게 되살아나서 신은 조용히 숨을 삼켰다.

모든 것을 알고도 함께 싸우자고 말해 준 소녀.

그런데도 그녀를 두고 전장의 저편으로 떠나 버렸다.

울지는 않을까 생각하니, 가슴속 깊은 곳이 찡하니 아팠다. ―― 아마 또 울었을 테니까. 이번에는 자신이 울려 버렸으니까.

살짝 입술을 다물고 눈썹을 찌푸리면서, 당부하듯이 유진은 속삭였다.

"그리고 가능하면 존댓말도 쓰지 말아 줘. 우리는 에이티식스의 파트너이지 주인이 아니고…… 너희에게 존댓말을 들을 이유는 거의 없으니까. 대선배."

에이티식스의 정체를 그는 미리 들은 거라고 신은 깨달았다.

그러고 보면 에른스트는 처음부터 에이티식스와 〈레기온〉의 관계를 숨기지 않고 프레데리카나 유진의 앞에서 말했다.

알면서도 그렇게 티 없는 모습으로.

신은 살짝 고개 숙였다. ……그렇게 어리석을 정도로 마음 착하고 선량한 점도── 역시 레나를 떠올리게 해서 왠지 가슴 아파 왔다.

말을, 마음을…… 전하지 않는 것은, 이 은색 눈 앞에서는 좋지 못한 짓 같다는 느낌이 들었다.

"함장실에서, 동생이── 니나가 저거노트를, 마법소녀(핸들러)를 동경한다고 말했지."

다소 뜬금없이 말한 신에게, 유진은 안경 너머에서 눈을 크게 떴다.

"응."

"동경하지만, 니나는 마법소녀(핸들러)가 될 수 없다……. 이번 작전으로 전쟁은 끝날 거고, 끝내고 싶다고 너는 생각하니까. 그러니까 너도 에이티식스도 없는데 작전 참가를 결심했겠지."

동생을 마법소녀로 만들고 싶지 않으니까. **하다못해 동생은 싸우게 만들고 싶지 않으니까.**

그걸 위해서.

"응."

"그러니까 니나의 동경은 이루어질 수 없지. 그렇다면 그 전에 마법소녀(핸들러)나 저거노트나 에이티식스를 접하게 해 주고 싶다고 생각하는 마음도 이해하니까…… 그러니까 만나 달라고 하는 것도 나는 딱히 싫지 않아."

정말로 개의치 않는다고.

결국 직접 말하지 않고 전하는 형태에, 유진은 눈을 크게 떴다.

그리고 부드럽게 웃었다.

"고마워. ——응, 그래. 니나를 마법소녀(핸들러)로 만들고 싶지 않아. 동생은 나처럼 싸우게 하지 않겠어. 그러니까."

반드시 이기자고.

전쟁을 끝내자고 말하는 대신, 유진은 어깨 위의 에이티식스를 손끝으로 쓰다듬었다.

"믿고 있을게, 에이티식스."

신도 살짝 웃어 주었다.

"그래."

마침 그의 집에 도착한 모양인지 유진이 발을 멈추었다. 〈기아데 원〉 거주구역 특유의 회색 석재풍 타일과 강철의 거리 한 곳. 시각 설정이 저녁을 지났기에 재현된 엷은 어둠 속, 따뜻한 오렌지색 불빛이 켜진 현관문에 손을 댔다.

후읍, 하고 숨을 한 번.

신은 왠지 불길한 예감이 들었다.

아니나 다를까 유진은 힘차게 문을 탕! 하고 열어젖히더니, 그대로 주문을 외웠다.

함장실에서 본인이 말했던 그것을.

"시스템 스타트, 저거노트 전개! ——마법소녀 〈류넷☆유진〉, 소환에 응해 찾아왔어! 나 왔어, 니나!"

"어서 와, 오빠! 가 아니라, 마법소녀 〈류넷☆유진〉!"

"……."

역시 이건 아무리 그래도 동생을 너무 사랑하는 거 아닐까? 동생인 듯한 어린 소녀를 껴안고 빙글빙글 도는 유진의 어깨에 올라탄 신은 시선을 흐리며 생각했다.

신은 처음 본 에이티식스에 신이 나서 껴안고 머리를 쓰다듬는 니나에게 꽤 오랫동안 몸을 맡겼고, 그러는 사이에 결국 마력 잔량이 활동 한계에 도달했던 모양이다.

꾸벅꾸벅 졸다가 결국 작은 손으로 눈을 비비기 시작하고 잠들어 버린 신을 껴안고, 유진은 프레데리카의 집을 향해 걸어갔다.

——이 에이티식스는 아마 본인이 생각하는 것보다도 훨씬 더 다정다감한 성격인 모양이다.

현재 시각은 아슬아슬하게 한밤중이 아니지만, 돌아다니기에는 늦은 밤. 같은 간격으로 늘어선 가로등과 집들의 불빛으로 어두컴컴한 건 아니지만, 사람들은 별로 없는 큰길이다. 돌아올 즈음이면 니나는 잠들어 있겠고, 프레데리카도 어쩌면 이미 자고 있을지도 모른다.

신을 깨우지 않을 정도로, 하지만 도착이 너무 늦어지지 않을 정도로 서둘러 걷던 유진이었지만, 앞에서 이쪽을 향해 똑바로 걸어오는 발소리에 고개를 들었다.

가로등 아래, 상대가 얼굴을 판별할 수 있는 거리까지 다가왔을 때, 의아한 심정으로 눈을 껌뻑였다. 아는 사람이다. 근처에 사는, 같은 마법소녀이자 동갑인.

"이런 시간에 어쩐 일이야. 〈냥아이☆마르셀〉."

"작전 중도 아닌데 왜 콜사인이야! 그리고 그 이름을 시리어스한 얼굴로 말하는 건 그만둬!"

무심코 그러는 것처럼 절규한 〈냥아이☆마르셀〉=엘윈 마르셀은 유진과 마찬가지로 〈기아데 원〉의 마법소녀다. 나아가서 유진과는 초등학교, 중등학교 동급생이며, 사관학교에서도 역시나 동기.

또 콜사인처럼 고양이 눈이다.

"진지한 얼굴로 말하지 말라고 해도, 작전 중에는 평범하게 부르니까."

"그렇긴 하지만! 그보다 고양이 눈이라면 그냥 캣츠아이라고 하든가, 조금 꼬아서 샤토얀시(Chatoyancy) 같은 거면 안 되냐고! 〈냥아이〉라는 건 뭔데!"

"아니, 그건 처음에 설명 들었잖아. 캣츠아이도 샤토얀시도 이미 쓰는 사람이 있다고."

그렇게 딴죽을 건 것은 마르셀의 머리 위에서 가부좌를 틀고 앉은 에이티식스, 빨강 머리에 좌우 눈동자의 색깔이 다른 시덴이다.

애초에 여러 국가가 모여서 이민하는 규모의 은하항행함대의 방어전력이 마법소녀다. 그 숫자는 대단히 막대해서, 그 모두에게 개별적 콜사인을 부여하다 보면, 가끔 이상한 일도 발생한다.

참고로 시덴의 귀와 꼬리는 강아지가 아니라 고양이 모양이지만, 시덴을 포함해서 세오의 여우 귀나 미나의 토끼 귀에 대해서는 딱히 이유가 없는 모양이다.

"그렇다고 해서 〈냥아이〉는 아니잖아, 〈냥아이〉는……. 너무 대충 지었잖아……."

마르셀은 어디의 〈슈퍼쿨☆존〉 씨와 비슷한 한탄을 흘렸다.

모호하게 쓴웃음으로 흘리면서——유진의 콜사인인 〈류넷〉도 안경이란 뜻이라서 아주 대충 지은 거지만, 본인은 아무래도 좋다고 생각하기에——유진은 물었다.

"으음. 그런데 무슨 일이야, 마르셀? 이런 시간에?"

"아, 그렇지. 그랬다."

머리를 싸쥐고 있던 마르셀이 부활했다.

머리 위에서 가부좌를 틀고 있는 시덴이 깔깔 소리 내며 웃는 것을 개의치 않으며, 흰자위 면적이 넓은 두 눈을 날카롭고 가늘게 떴다.

"일단 조심하라고 말해 줄까 싶어서……. 소문의 에이티식스를 대여하는 걸 네가 승낙했다고 들었으니까."

"마법소녀(핸들러) 킬러인 〈언더테이커〉. 마력을 너무 먹어서 〈레기온〉만이 아니라 아군 핸들러까지 먹어 치운다는 전설의 목 없는 저승사자를."

유진은 살짝 입술에 힘을 주었다.

100년이라는 기나긴 기간 동안 계속 싸웠다. 각 에이티식스의 데이터는 어느 함이든 갖추고 있고, 특히나 강력한 에이티식스는 마법소녀 사이에서도 이름이 알려졌다. 전설이나 일종의 괴담처럼 과장되어 그 전과나 피해가 전해진다.

그중 하나가── 아군도 잡아먹는 목 없는 저승사자. 〈언더테이커〉.

"괜찮겠어? 너한테 무슨 일이 있으면 니나도 아주머니도 슬퍼하잖아. 그런데── 사실은 다른 마법소녀(핸들러)가 해야 할 일이었는데, 대여 계약까지 맺으면서 저승사자랑 같이 싸우다니."

"걱정 없어."

"글쎄나. 이전의 〈산마그놀리아〉에서도 마법소녀(핸들러)를 하나 망가뜨렸다고 들었어. 낫을 과도하게 쓰는 바람에 마력 고갈을 일으켰고, 그 바람에 전사해서 몸이 갈기갈기 찢겼다고 말이야. 그 녀석에게 잡아먹히고 버림받은 탓에── 그…… 저승사자에게!"

마르셀이 가리킨 곳에.

마력 부족으로 활동 한계에 도달한, 다시 말해 강제적으로 깊은 수면에 빠진 신은 주위의 험악한 분위기 따윈 전혀 모르는 기색으로 쿨쿨 숨소리를 내고 있었다.

개 귀와 꼬리에 강아지 사이즈인 에이티식스가 조그만 아이처럼 몸을 웅크리고, 편안한 숨소리를 내며 쿨쿨 잠들어 있다.

"……."

"……."

"……."

미묘한 침묵이 두 사람과 시덴 사이를 흘렀다.

다시금 유진은 말했다.

"걱정 없어."

"응. 나도 왠지 그런 느낌이 드네."

무장 형태를 취해서 흉흉하고 시뻘건 낫 형태라면 몰라도, 평화롭게 잠든 개 귀와 꼬리의 인형 체형이다. 위험시하는 것은 물론이고, 긴장감을 지키기도 어렵겠지.

머리를 벅벅 긁고 마음을 정리한 마르셀은 말했다.

"아무튼. 강한 에이티식스를 빌렸다고 괜히 힘 주고 무리하진 마. 진짜로 조심하라고. ——작전은 무사히 돌아올 때까지가 작전이니까!"

이번에는 똑바로 유진을 향해 손가락질 하는 마르셀. 걱정도 많은 동기에게 유진은 쓴웃음 어린 미소를 돌려주었다.

"응. 고마워."

☆☆☆☆☆

같은 시각. 은하항행전함 〈산마그놀리아〉, 마법소녀 발함 캐터펄트.

"시스템 스타트. 저거노트, 전개."

영창과 함께 무지갯빛 TP 입자로 방어무장이 만들어진다. 술식으로 만들어진 긴 망토, 마술적인 방어를 위한 여러 장신구. 휘황찬란하게 자수가 들어간 옷에 이르기까지, 모든 것이 붉은

색으로 통일되었다. 순수한 적색이라고 하기에는 살짝 노란빛이 섞인, 어둡게 불타오르는 화염의 색채.

이어져야 할 레이드 디바이스의 전개, 마법소녀와 함께 존재할 에이티식스의 스탠바이는 어째서인지 없다.

관제관이 고했다.

[진로 클리어. ——마법소녀(핸들러) 〈메르쿠리우스☆레이〉, 발함하세요!]

작게 한숨을 흘리고.

그 마법소녀는 조용히 답했다.

“수신 양호. 쇼레이 노우젠—— 〈메르쿠리우스☆레이〉, 출격하겠다.”

2

[진로 클리어. ——마법소녀(핸들러) 〈메르쿠리우스☆레이〉, 발함하세요!]

“수신 양호. 쇼레이 노우젠—— 〈메르쿠리우스☆레이〉, 출격하겠다.”

추진 마법을 등에 전개하고 우주 공간의 진공을 날아올라서, 함대의 최종방어결계를 돌파한 뒤 선행한 동료 마법소녀 둘과 합류한다.

성인 남성인 레이와 달리 말 그대로 소녀들이다. 스카이 블루색 저거노트의 〈레지나☆레나〉와 민트 그린색의 〈아울렛☆아네트〉.

"오늘도 잘 부탁합니다, 〈메르쿠리우스☆레이〉."

"슬슬 익숙해졌겠지만, 방심하지 마, 〈메르쿠리우스☆레이〉."

그 말에 레이는 고개를 끄덕이고—— 그리고 지겨운 눈치로 한숨을 내뱉었다.

"어쩔 수 없는 건 알지만. 그 콜사인, 역시 뭐랄까…… 미묘하게 힘이 빠지는네……."

특히나 ☆이.

레이가 마법사관으로 전장에 나갔던 100여 년 전에도 콜사인은 종종 안 좋은 용어나 동료들 사이에 오가는 악담으로 정해지곤 했지만 적어도 ☆은 붙지 않았다.

더불어서 몇 번 봐도 전혀 익숙해지지 않는 마법소녀들의 팔랑팔랑하늘하늘하는 드레스와, 레이에게는 남동생의 친구이자 후배들의 귀여운 인형 체형에 동물 귀와 꼬리.

나아가서 여기에는 없는 동생도 분명 어딘가의 은하항행전함에서 개 귀와 개 꼬리가 있는 인형 모양으로 있을 거고.

일이 어쩌다가 이렇게 되었을까. 생각할 것도 없이 잘 아는 원인을 슬쩍 무시하고서 레이는 시선을 흐렸다.

그걸 눈치챈 아네트가 입술을 삐죽거렸다.

"네 잘못이란 건 물론 전제로 하고서…… 뭐가 원인이라고 생각하는 거야, 전직 〈양치기〉인 〈메르쿠리우스☆레이〉 씨?"

☆☆☆☆☆

반년 전.

〈레기온〉 지휘개체 〈양치기〉로서, 레이는 마법소녀 〈레지나☆레나〉와 그 에이티식스인 신에게 격파되었다.

본래는 그대로 소멸할 터였던 레이가 인간으로 되돌아왔을 뿐만 아니라 마법소녀가 되기까지 한 것에는 수많은 우연과 행운이 있다.

100년 전, 레이를 포함한 마법사관이 오염되어 〈레기온〉으로 변했을 때, 정신만 빠져나가 빈 껍질이 된 몸을 신이 회수했던 것.

그 몸이 버려지는 일 없이 신전함 안에 보존되어, 에이티식스들의 매개체와 마찬가지로 계속 정화되고 있었던 것.

그리고── 100년 전의 레이에게 귀여움 받고 따르던, 그 사실을 아직 기억하는 구형 〈파이드〉 한 기가 살아남아 있던 것.

☆☆☆☆☆

설마 그 〈파이드〉가 격파되고 흩어진 〈양치기〉의 구성마력 파편 중에서 정확하게 내 영혼을 추적해서는 소멸 전에 회수해 신전함으로 가져와 주리라고는, 나를 포함해서 그 누구도 예상 못 했지.

그렇게 레이는 충실한 기계 사냥개를 떠올렸다.

그와 뒤섞여서 〈양치기〉로 만들었던 더러움도 격파될 때에 적당하게 떨어져 나갔고, 남은 더러움도 신전함의 정화의식으로 정화 가능한 범주였다. 정신과 육체의 정화가 끝나고 눈을 뜬 레이는 옛 인간의 인격과 의식을 되찾았고.

돌아와 보니 100여 년 동안 자신이 얼마나 망가져 있었던가를 자각해서 눈 뜨자마자 무심코 머리를 싸쥐고 말았다. 신도 기겁해서 이상한 손이네 뭐네 할 만도 하다.

그때의 허탈한 기분인 채로 레이는 솔직하게 중얼거렸다.

"그렇지……. 변복도 없어……."

〈레기온〉이 된 것은 분명히 레이의 잘못이 아니지만, 콜사인이 그렇게 된 건 틀림없이 레이를 포함한 〈레기온〉 때문이다.

어깨를 늘어뜨린 레이에게 이번에는 레나가 쓴웃음 지었다.

"그리고 저거노트도 말이죠."

"그래, 저거노트도……. 이것도 어쩔 수 없다고 알지만. 알고는 있지만……!"

레이가 입은 것은 눈앞의 두 사람과 달리 남성용 저거노트다.

다시 말해 발목까지 오는 기다란 망토에 자수가 들어간 재킷(더블릿). 두껍지만 딱 달라붙는 타이츠와 날개 달린 부츠. 크고 둥글게 부푼 독특한 소매와 역시나 크고 둥글게 부푼 퀼로트. 망토를 잠그는 브로치만큼은 두 사람과 마찬가지로 별 모양이다.

여성용 저거노트를 옛날이야기의 요정이나 공주에 비유한다면, 레이를 포함한 남성진의 저거노트는 왕자나 백마 탄 기사라고 할 수 있겠지.

말하자면 '호박 바지의 왕자님' 의상이다.

참고로 레이의 저거노트의 색상, 마력에 유래하는 고유색은 토마토 레드로, 즉 망토도 재킷도 타이츠도 토마토 레드다. 물론 퀼로트도 토마토 레드, 부츠도 토마토 레드. 전신이 토마토색이다.

어쩐지 토마토 소스를 듬뿍 부은 파스타 같아서 맛있을 것 같다. 이건 처음 봤을 때 아네트가 말한 평가.

그럼 민트 그린색 드레스의 아네트는 초코 민트 같다든가, 스카이 블루색 드레스의 레나는 블루 큐라소 같다고 말해도 되지 않을까 하는 생각을 레이는 품었지만, 다 큰 어른이니까 실제로는 말하지 않았다.

열 살이나 연하인 동생과 동년배인, 말하자면 열 살이나 연하인(〈레기온〉이 된 시기는 생각하지 않기로 한다) 소녀들을 괜히 성내게 하는 건 어른스럽지 못하고.

라이덴이 한숨을 쉬는 눈치였다.

"어이, 〈메르쿠리우스☆레이〉. 〈레지나☆레나〉와 〈아울렛☆아네트〉도…… 슬슬 적이 올 시간이야. 요격 준비를 하라고."

"아, 그렇지."

"이런이런."

레나와 아네트가 접근해 오는 〈레기온〉 집단을 얼른 돌아보았다. 라이덴의 〈베어볼프〉―― 개틀링건과 앙쥬의 〈스노윗치〉=미사일 런처가 진공의 어둠에 소환되었다.

에이티식스가 없는, 따라서 아무도 부를 일 없는 레이를 시선만 돌려 바라보며 아네트가 말했다.

"이번에도 최대 화력으로 갈겨 버릴 거니까……. 마력 보급, 잘 부탁해."

레이는 씨익 입꼬리를 끌어올렸다.

누구한테 잔소리하는 거냐, 이 꼬맹이들은.

조금만 싸우면 금방 바닥을 드러내는, 그런 귀여운 마력량으로.

"그래."

요격 임무를 마치고 〈산마그놀리아〉에 귀환하여 저거노트도 해제한 뒤, 레이는 100년 전과는 느낌이 확 변한 방어구역의 복도를 걸었다.

에이티식스는 역시나 수반하지 않는다. 딱 레이와 교대 타이밍으로 경계 대기에 임하는 모양인 깡마르고 안경 쓴 사관과 엇갈리자, 머리 위에서 토끼 귀의 에이티식스 소녀가 작은 손을 하늘하늘 흔들었다. ——분명히 〈슈퍼쿨☆톰〉 씨와 마이나 양이었던가.

본래 모습인 소녀의 얼굴을 진하게 남기면서도 어리고 작게 개변된 외견과 동물 귀와 꼬리.

거기에 손을 흔들어 주며 보낸 뒤에 한 차례 고개를 내저었다.

"그래도 내 쪽이 더러움을 받기 쉬워선, 그 아이들이 저 모습이 된 의미가 없어."

인간으로 돌아와서, 마법사관이 아닌 마법소녀의 형태로 전선

복귀를 이룬 레이지만, 대가가 없는 것은 아니었다.

〈양치기〉였을 적의 기억은 대부분 사라졌다. 엄청나게 많은 보유마력량은 신과 마찬가지로 타고난 것이지만, 과거에는 완벽했던 그 제어가 지금은 몹시 약해졌다. 그러니까 보유한 세 종류의 술식도 기동은 가능하지만 현재 상황에 익숙해지든가 제어를 되찾기 전까지는 아마도 써먹을 수 없다.

애초에 레이는 한 차례 〈레기온〉이 되었던 몸이다.

가까운 존재는 서로를 부르고 공명한다.

〈양치기〉였던 레이는 마법소녀보다도, 에이티식스보다도, 〈레기온〉에 더 가깝다.

그들의 더러움을 다른 누구보다도 받기 쉽다.

그래선 에이티식스를 통해서라도 〈레기온〉과 직접 전투에 임할 수 없다.

대신 칼슈타르 함장이 맡긴 임무가.

대기실의 문을 열자 레나와 아네트의 목소리가 맞아 주었다.

"수고하셨습니다, 레이."

"아니, 조금 정도는 지친 모습을 보여 봐……. 그렇게 마력을 소비했으면서 왜 너는 항상 그렇게 쌩쌩한데……."

그렇게 말하는 아네트는 테이블에 엎어져 있었다. 마력보급용 에테르 크리스털도 몇 개 물고 있지만, 회복 속도가 못 따라가는 모양이다.

그걸 보며 레이는 머리를 긁적였다.

"그래도 말이지…… 나랑 신은 마법사관 중에서 보유마력량도 회복량도 정상급이었으니까. 그러니까 너와 레나가 전투할 때 마력을 보급하는 일을 맡게 되었고."

레이와의 전투에서 아네트는 하루토를, 레나는 신을, 각각 마력 고갈로 상실했다. 그 반성을 겸해서 두 명 전용의 마력보급 역할을 맡게 된 게 레이다. 끝이 없다고 할 수 있는 대마력과 괴물 같은 회복 속도, 반면 더러움을 받기 쉬워서 〈레기온〉과의 직접 전투에는 가담할 수 없는 레이에게 딱 맞는 역할이다.

〈산마그놀리아〉의 각 포에 마력을 충전하는 게 아니라 일부러 두 사람 전용의 마력보급 담당을 맡게 된 것은, 무리하다가 이번에는 그녀들 자신이 완전 마력 고갈에 빠질지 모르는 레나와 아네트를 칼슈타르가 걱정했기 때문이겠지.

한편 레나는 가만히 시선을 내렸다.

그걸 눈치챈 레이는 입을 다물었다.

아네트가 의자를 당겨주려는 것을 제지하고, 자기 손으로 의자를 당겨서 앉았다.

"괜찮아, 레나……. 신은 반드시, 무사히 다른 배에 있어."

여태까지 몇 번이나 해 왔던 말을 이번에도 말했다.

레나가 시선을 내린 것은 레이가 함부로 신의 이름을 말했기 때문이다. 마력 고갈로 상실한―― 눈앞에서 부서져 흩어진 에이티식스를 레나는 반년이 지난 지금도 후회하며 가슴 아파 하고 있다.

"하지만."

"나는 신의 형이고, 그러니까 무슨 일이 있으면 분명히 알 수 있어. 걔는 무사하고, 다른 배에서 싸우고 있어. 네가 여기서 싸우고 있다고 믿고."

"……."

"그보다…… 내 동생을 너무 얕보지 말아 줘. 신은 자기 의지로 전력을 다하고 힘이 다한 것을 여자 탓으로 돌릴 녀석이 아니고, 그렇게 약하지도 않아. 너는 그냥 다음에 만날 때에 해줄 불평이나 생각해도 돼. 전장에 여성을 놔두고 멋대로 없어졌다고 해 주든가."

레나는 간신히 살짝 웃었다.

"예."

분명히 뭔가 꾸미고 있는 얼굴인 크레나와 세오가 아네트의 자작 쿠키가 든 바구니를 끌고 오기에 하나 집어서 입에 넣었다……. 그 〈저주〉는 익히 들은 적 있지만, 예의라고 생각하기에 레이는 반드시 하나는 먹어 주고 있다.

"음. 매실 장아찌 맛인가. 특이하긴 하지만, 전투 후니까 시큼한 것도 나쁘지 않아."

"엑, 거짓말이지? 초코칩 넣었는데. 아니, 매실 장아찌란 게 뭔데?"

"……."

시큼한 맛이 났으니까 레몬 같은 걸 넣었거니 예상하고 있었는데, 과일도 아니었다.

그보다 만든 본인이 '거짓말' 이라는 반응이라니.

모르는 식품의 이름에 흥미가 당겼는지, 조심조심 레나가 손을 내밀었다.

입에 넣었다가 고꾸라졌다.

"시어……?!"

지켜보고 있던 앙쥬가 느긋하게 말했다.

"매실 장아찌, 〈산마그놀리아〉 사람들은 별로 안 먹는구나. 우리 때도 카이에가 가끔 사 온 정도였고."

그 카이에가 과일로 만든 보존식이라고 했기에 설탕절임을 예상하고 먹었던 앙쥬도 다른 이들도 지금의 레나와 비슷한 반응을 보였었지. 그런 쓸데없는 추억을 레이는 떠올렸다.

그때의 신을 말하자면, 쥐를 잡았다고 생각했더니 녀석이 갑자기 두 다리로 직립해서 밝게 노래하고 춤추는 모습을 본 고양이 같은, 아무튼 기막힌 얼굴을 하고 있었다.

다음 출격에서 금방 신과 재회했고, 그 신은 평소보다 한층 더 기막힌 얼굴을 하며 레이를 바라보았다.

"아, 신이잖아! 어~이! 형이야~~~~!"

지금의 마법소녀인 듯한, 〈기아데 원〉 소속의 조그만 소녀와 안경 낀 소년과 함께 있는 신에게 레이는 열심히 손을 흔들었다. 물론 육안으로 볼 수 있을 정도의 거리는 아니지만, 말했다시피 형제인 레이와 신은 서로의 존재를 탐지할 수 있고, 인식만 하면 마법으로 원거리를 보는 것도 어렵지 않다.

곤혹스러운 기색인 마법소녀 소년 소녀는 몰라도, 신에게서는 반응이 전혀 없었다.

굴하지 않고 레이는 어~이 소리를 보내며 계속해서 손을 흔들어댔다.

멀고 먼 〈산마그놀리아〉 방어선에서 일부러 음성과 광학영상을 마법으로 송신하면서까지 존재를 어필하는 마법소녀 청년을 보며 유진은 곤혹스러움을 숨기지 못했다.

인간 형태로 옆에 떠 있는 신을 가만히 바라보았다.

신은 삼각형 귀를 더 없을 정도로 접고, 미간을 찌푸리며 입꼬리를 내리고, 할 말 없다고 할까, 보기도 싫다는 듯한 눈으로 청년을 바라보고 있었다.

아니, 이건 뭐라고 할까. 남자 마법소녀용인 긴 망토를 이상하게 휘날리고 상큼한 미소로 신나게 손을 흔들어대는 열 살 정도 연상의 청년을, 자기 형이라고 인정하고 싶지 않은 얼굴이다. 얼굴만이 아니라 실제로 그렇지만.

"신, 저기."

신은 딱 잘라 말했다.

"모르는 사람이다."

"하지만."

"모르는 사람이다. 온몸이 토마토색에 괜히 웃어대고, 이가 번쩍대는 형은 내 형이 아니야."

형이라고 자기 입으로 말했다.

아무튼.

"〈류넷☆유진〉. 일단 저걸 날려 버리자. 즉각."

드디어 말도 안 되는 소리를 꺼내 들었다.

"어이. 작작하지 못하겠느냐, 얼간이."

"미얏?!"

그리고 재빨리 프레데리카에게 두 귀를 붙잡혀서 비명을 질렀다.

눈이 돌아서 유진의 어깨에 푹 주저앉는 신을 유진은 한숨과 함께 붙잡아 주었다. 프레데리카의 말처럼 그건 당연히 안 되잖아.

동생이 있는 오빠로서 그 마음은 솔직히 별로 알고 싶지 않으면서도…… 조금 정도는 이해하지만.

역시 신은 아무 말도 없는 채고, 그래도 역시 굴하지 않는 레이의 뒤에서 레나는 가만히 말을 걸었다.

"저기, 〈메르쿠리우스☆레이〉. 아무리 봐도 신은 질렸다는 기색인데요……."

"저건 너를 지워 버리자고 생각하는 얼굴이야. 짜증 날 만도 하니까 슬슬 좀 그만 두지?"

뜻밖에도 진지한 목소리가 돌아왔다.

"뭐, 그렇겠지만. 일단 녀석으로서는 나를 없앴던—— 죽였던 거니까. 나는 그런 거 신경 안 쓰고 이렇게 쌩쌩하다고, 그러니까 너도 신경 쓰지 말고 여태까지처럼 악담을 해도 된다고, 그 정도는 알려 주고 싶어서."

장난치는 애처럼 손을 흔들면서, 정말로 생각 없는 듯한 미소를 지으면서.

진지하게.

"……."

레나는, 아네트는, 에이티식스들도 순간 말을 잃었다.

이 사람은 정말로 '형' 이구나, 하고 뒤늦게나마 실감했다.

마법소녀 소녀가 무슨 수를 쓰고 마법소녀 소년이 신을 붙잡아 주면서, 저 멀리서 소용돌이치던 불온한 분위기도 일단 그걸로 잦아들었다.

"아, 지금 귀를 붙잡았구만. 저 여자애, 왠지 좀 걱정스러운데……. 뭐, 하지만 씩씩해 보이고, 전쟁이 끝날 때까지 친하게 지내 준다면 좋겠네."

말하면서 통신과 천리안 마법을 끊은 레이에게 레나는 가만히 시선을 주었다.

은하항행함 〈로아 그레키아〉와 기아데 연방이 건조 중인, 〈레기온〉 전용 결전 병기에 대해서는 물론 〈산마그놀리아〉도 파악하고 있다.

그 결전 병기가 둘 남은 〈양치기〉와 지휘 아래의 무리를 격파하면, 이 전쟁은 끝난다는 사실도. 섬멸작전을 위해 두 나라만이 아니라 은하항행함대의 모든 배가 준비를 진행 중이란 사실도.

그래.

전쟁이 끝날 때까지.

그걸 끝내기 위한 작전은 이제 개시일을 기다릴 뿐이다.

남은 두 〈양치기〉, 콜사인 〈노 페이스〉. 〈페일 라이더〉—— 그 둘을…… 두 사람을, 격파하기 위한 작전은.

그걸 안 뒤로 계속 마음에 남았던 사실을 말해 보았다.

"〈메르쿠리우스☆레이〉. 저기. 남은 〈양치기〉나 〈레기온〉도 도울 수는 없을까요? 당신이 인간으로 되돌아왔다면 그 사람들도 어쩌면 되돌릴 수 있지 않을까요?"

함대를 지키는 마법사관으로서 함대를 지키기 위해 자기 몸을 걸고 이성지성체와 싸웠고, 〈레기온〉으로 변하여 인류의 적이 되어 버린 그늘.

그 헌신의 대가일 평온도 안녕도 얻지 못한 채로 과거의 동포인 에이티식스와 마법소녀들에게 쓰러진 〈레기온〉들이 수도 없지만, 하다못해 남은 자들만이라도 구할 수 있다면.

레이는 그녀에게 등을 돌린 채로, 돌아보지 않았다.

"운 좋게 인간으로 돌아온 내가 말하기도 뭐하지만…… 그건 어려울 거야. 〈레기온〉의 경우라면 불가능해. 녀석들은……."

100년 전의 시점에서 이미 산산이 쪼개져서 기억도 인격도 잃어버렸으니까.

몸도 마음도 천 갈래로 찢어지고, 과거의 적의 멸망과 저주에 오염되어 뒤섞이고, 자신의 형태도 잃어버렸으니까——.

"망령의 무리(레기온)라는 말은 아주 적절해……. 그것들은 무수한 망령들의 파편이지, 마법사관 본인이 아니야. 그래선 더 이상—— 되살릴 수 없어."

"……."

"물론 원래의 인격을 지킨 〈양치기〉는 조건만 맞으면 나처럼 돌아올 수도 있겠지. 인체에 타인의 몸 일부를 쉽게 연결할 수 없듯이, 인간의 정신, 그 표층이라면 몰라도 핵이 되는 영혼은 타인의 그것과 뒤섞이지 않아. 유리구슬 같다고 할까. 금이 가면 색이 스며들고 깨지면 섞일 수도 있지만, 깨지지 않고 형태를 지킨 상태라면 아무리 더러워져도 표면뿐이야. 잘 씻기만 하면 더러움을 털어낼 수 있어."

에이티식스들이 그 몸에 짊어진 더러움을 정화의식으로 정화하듯이.

"다만……."

레이는 아직 돌아보지 않았다.

과거에 〈양치기〉로 자신도 몸담았던, 별들 사이의 끝없는 암흑을 바라보면서.

"그 조건이 맞춰지지 않아. 나는 신이 몸을 회수해 주었고. 그 몸이 남아 있었지. 너와 신이 나와 더러움을 분리해 주었어. 나를 기억하는 〈파이드〉가 아직 남아 있어서, 내 영혼을 정확하게 찾아주었어."

돌아가야 할 몸을 잃어버린 것도 아니고 손상도 없었다. 영혼의 기운을 기억하던 기계 충견은 대하의 무수한 돌멩이들 중에서 찾아내야 할 유리구슬을 정확하게 가려내었다.

그러지 않았으면 레이는 〈양치기〉의 일부로서, 우주 공간의 끝없는 어둠에 흩어져 소멸했겠지.

"하지만 다른 〈양치기〉에게는 그게 없어. 몸이야 격파되었을 때 인간으로서 살아남을 수 있을 정도로만 남아 있었으면 시간을 들여 치유와 정화가 가능하겠지. 하지만 〈양치기〉의 막대한 구성마력이 사방으로 흩어지는 가운데 그 영혼이 소멸되기 전에 정확하게 찾아내려면, 내 경우처럼 생전의 녀석을 기억하는 〈파이드〉가 있어 주든가, 그게 아니라면 어떠한 형태의 유대가 필요해."

가까운 존재는 서로 이어져 있다.

레이와 신이 〈양치기〉와 에이티식스로 나뉘었으면서도 서로를 불렀듯이. ——피를 나눈 부모 자식, 형제라면 혹시나 흩어지는 마력파편 중에서 그 영혼을 구해낼 수 있겠지.

하지만 〈양치기〉로 변한 지 이미 100년이 넘었다.

가족은 이미 남아 있지 않다.

자동전투기인 〈파이드〉도 나날이 파괴되고 갱신되었다. 레이를 아는 〈파이드〉가 남아 있었던 것만 해도 이미 기적의 영역이다.

한 차례 탄식하고.

간신히 레이는 이쪽을 돌아보았다.

안경 너머에서, 신과 색채는 다르지만 많이 닮은 두 눈이 슬프게, 그러면서도 다정하게 미소 짓고 있었다.

"그러니까 무리해서 구하려고 하진 않아도 돼. 우리 마법사관은 100년 전에 실패했어. 뒤늦게 그 대가를 치를 뿐이야. 그러니까—— 부담 느끼지 말고 해치우면 돼. 아마도 무리하다가 너희가 상처 입는 것을……."

생전의 마법사관들은——과거의 동료들은 슬퍼할 테니까.

“제롬. 저 빨강 머리 늑대를 날려 버리자. 〈산마그놀리아〉의 주포로. 지금 당장.”

“바츨라프. 레나도 슬슬 과보호를 싫어할 나이다.”

최종방어결계 부근을 비추는 광학 스크린에 달라붙어 있는 건 그렇다고 쳐도, 딸 사랑이 지나쳐서 심각한 바보가 된 친구를 보며 칼슈타르는 깊이 한숨을 내뱉었다.

대략 반년 정도 전에 레나가 새로운 에이티식스를 얻었을 때, 소녀라면 모를까 소년인 것은 못된 벌레가 붙는 것 같다고 생각했던 것은 이미 깨끗하게 잊어버린 상태다.

바츨라프는 아직도 신종의 커다란 벌레처럼 광학 스크린에 딱 달라붙어 있다.

“크. 레나에게, 내 귀여운 딸에게 감히 웃음을 보내다니……. 용서 못 한다……!”

그 정도는 용서해 주라는 게 칼슈타르의 마음이다.

“우와, 아저씨 진짜 속 좁다.”

“웃었다고 화낸다니, 이런 말도 안 되는 게 어딨어…….”

그리고 바츨라프의 에이티식스인 키노와 치세는 태연하게 떠들고 있다.

또한 아네트의 아버지인 요제프 펜로즈 씨는 ‘우리 딸내미가 여러모로 번거롭게 하겠지만, 부디 잘 부탁한다.’ 라면서 선물용 과자 상자를 들고 레이에게 인사하러 가는, 수준의 차이를 보여 주었다.

"단시간의 요격 임무 때마다 이래선 섬멸작전 때는 몸이 못 버틴다. 아니, 그대로면 널 작전에 내보낼 수 없으니까."

오염되어서도 자기 자신을 유지한 〈양치기〉는 인격과 기억, 지성도 남기고 있다.

〈레기온〉에게는 완전히 미지인 병기에게 그야말로 기습을 당해 사라져 버린 〈미스트리스〉는 몰라도, 나머지 둘은 이 비장의 카드를—— 언급하고 싶지 않은 이상한 이름포를 당연히 인식하고 있을 것이다. 대항수단을 반드시 준비해 오겠지. 섬멸작전은 간단히 풀리지 않으리라.

하지만 바츨라프는 듣고 있지 않았다.

"아, 그렇지. 요격 임무였잖아. 대체 〈레기온〉 놈들은 뭘 하는 거야. 얼른 저 빨강 머리 늑대를 없애 버리라고."

그랬다간 레나도 위험해지는데. 칼슈타르는 그렇게 생각했지만, 더 이상은 귀찮아져서 뭐라고 하지도 않았다.

그보다도.

"분명히 〈레기온〉의 진행 속도가 묘하게 느리군. 공성결계와 〈파이드〉를 돌파하는 데에 이렇게나 걸리다니……."

그렇게 말하다가 칼슈타르는 눈을 크게 떴다. 아니다. 이건.

경보가 울렸다.

프레데리카는 퍼뜩 고개를 들었다.

이 감각. 이 느낌!

"그대인가. 키리야……!"

급접근하는 〈레기온〉의 소식이 레나 등 요격 임무 중인 마법소녀에게 날아들었다.

경계했던 것과는 전혀 다른 방향. 처음에 공성결계와 접촉한 〈레기온〉 부대는 양동을 위한 급습이었다. 그것도 속도가 너무나도 빠르다. 〈파이드〉의 제2방어선과 공성결계의 바깥쪽, 광역색적 결계에 탐지된 그 다음 순간에는 이미 〈파이드〉들을 돌파했다.

자동전투기들을 순식간에 쓸어 버리는, 그 이상할 정도의 전투 능력.

〈양치기〉.

레이가 살짝 숨을 삼켰다.

"이런……!"

가까운 존재는 공명하고 서로를 부른다.

그렇다면 〈양치기〉였던 레이는 나머지 두 〈양치기〉에게 탐지되고, 또 그들을 부르게 된다.

인류 측의 신병기 때문에 전력이 절반으로 줄고 경계하며 대처법을 찾는 〈양치기〉를.

"큭……! 거기 있는 마법소녀(핸들러)! 들키기 전에—— 사소하게라도 얽히기 전에 물러나! 너희 둘이 그 비장의 카드의 호위잖아!"

장수면서 몸소 정찰에 나선 모양인 이 불손한 〈양치기〉에게 들키기 전에.

체리 핑크색 저거노트의 조그만 소녀가 멈춰 서고, 한편 그 팔을 붙잡은 안경 차림 소년 마법소녀가 추진 마법을 전개. 반쯤 끌고 가다시피 고속으로 모함으로 귀환한다. 근처에 있던 모양인 남성 2인조 마법소녀——초콜릿 브라운색 저거노트의 외눈박이 장년 남성, 그리고 무슨 결혼식이냐고 묻고 싶어질 정도로 새하얀 저거노트의 청년 남성——가 두 명이 빠진 구멍을 메운다.

전투 능력이 없는 레이를 감싸기 위해 앞에 나선 레나와 아네트가 개틀링건과 미사일 런처를 전개. 정신 영향을 줄이기 위한 대항마법을 저거노트에 부여.

그리고.

"패배해서 사라졌을 터인 지인의 기척이 묘한 곳에서 느껴진다 싶더니만."

그것은 이전의 레이처럼 전이 마법도 쓰지 않고, 그저 비할 데 없는 준족으로 순식간에 색적결계의 탐지망을 뛰어넘어 이들의 앞에 섰다.

〈양치기〉가 인간의 모습을 하는 것은 이미 레나도 아네트도 알고 있다. 그럼에도 불구하고 숨을 삼키지 않을 수 없었다.

그 위압감. 그 압박감—— 망가지고 피에 녹슨 무수한 창이 묘비로 꽂힌 끝없는 전장처럼. 온몸에 차갑고 예리한 칼날들을 잔뜩 두른 것처럼.

거기에 고인 냉철함과 죽음과 투쟁의 기운.

과거의 마법사관 제복인 수은색 군복에 흑발과 차가운 칠흑색 눈을 드러내며, 수려한 것을 넘어서 새하얀 정도의 얼굴에 단정한 눈썹을 찌푸리며 내뱉었다.

"뭐냐, 쇼레이 노우젠. 그 미묘하기 짝이 없는 차림은. 무슨 광대인가?"

레이는 살짝 비틀거렸다.

한가운데 직구인 그 평가에 정신적 대미지를 받은 모양이다.

간신히 회복하고서 확 얼굴을 쳐들었다.

"시끄러워! 어쩔 수 없잖아, 필요하니까! 너야말로 제정신이었으면 그 모습을 견딜 수 없을걸, 키리야!"

삿대질까지 하면서 받아쳤지만, 〈양치기〉는 시끄럽다는 듯이 눈살을 찌푸릴 뿐이었다. 땅에 떨어졌으면 그냥 얌전히 죽어 버리라는 심정으로, 발버둥 치는 꼴사나운 벌레들을 아무런 감정 없이 바라보는 눈.

나이는 레나나 아네트와 비슷한 또래겠지. 아직 가녀린 체형, 부드러움이 남은 얼굴이나 눈가의 어린 티가 두드러지기에, 그 시선의 무기질한 냉혹함은 한층 이상했다. 가녀린 체구는 〈양치기〉였을 때 날개에 파묻혔던 레이와 비교하면 인간의 형태를 남겼지만, 두 무릎부터 아래는 짐승의 형태다. 허공에 뜬 뒤꿈치와 길게 뻗은 발톱만으로 땅을 붙드는 다리. 민첩함과 사나움으로 먹이를 쫓고 사냥하는 늑대나 사냥개 같은 그것.

목 뒤부터 등뼈를 따라 가지런하게 돋아난 한 쌍의 가시 혹은 등지느러미와 비슷한 기관이 용의 기다란 꼬리처럼 길고 길게, 몸길이의 몇 배나 되는 길이로 등 뒤에 흐르고 있었다.

그 색깔은 아름다운 청색.

기다란 가시가 줄 이은 검과 같이 무수히 자라난 그 꼬리의 가시 끝부분만이 칼날의 은색으로 반짝였다.

일부러 확인할 것도 없이 그 식별명을 레나도 알고 있다.

아름다운 청색과 은색의 광채.

벽은의 기수, 〈페일 라이더〉.

17개체의 〈양치기〉 중에서도 최속을 자랑하며, 고속 기동전투를 특기로 삼는 〈레기온〉의 예리한 검.

그런데 그 〈페일 라이더〉와 레이는 계속 마주 보며 눈씨름을 벌이고 있다.

역시나 과거의 〈양치기〉, 〈듈라한〉이라고 말해야 할까.

"패배해서 스러진 주제에 왜 아직도 살아 있는 거지, 쇼레이 노우젠. 거슬린다. 죽어라."

"반항기인가……? 아, 미안, 반항기 맞았구나, 키리야는. 한창 복잡한 나이이긴 하지. 괜히 더 센 척하는 것 같아서 오히려 귀여워."

꿈틀 하고, 〈페일 라이더〉=키리야의 눈썹이 험악한 느낌으로 곤두섰다.

"닥쳐라, 광대."

"너야말로 닥치든가, 이상한 꼬리. 동생이 상대라면 몰라도,

너 같은 게 닥치라고 한다고 누가 닥칠 것 같냐고, 뒈지다 못한 놈이. 갈고리 발톱. 가시쟁이. 이상한 꼬리."

결국 레이도 과거의 신과 별 차이 없는 악담을 읊어대고 있다.

레나는 역시나 형제구나 하는 쓸데없는 감개를 품고, 아네트가 작은 목소리로 물었다.

"혹시 또 아는 사이인 거야?"

보옥 형태인 채로 세오가 대답했다.

"아니. 전혀 모르는 사람이야."

"레이 오빠의 동기……인 것도 아니겠고. 〈양치기〉들끼리 교류라도 있었던 걸까?"

키리야를 노려보는 채로 레이가 대답했다.

"아쉽게도 말이지. 이 녀석은 〈양치기〉들 중에서도 나이가 제일 아래인 주제에 감정이 특히나 이상하게 요동쳐서 말이야. 무덤덤하다가 급발진하기도 하니까, 작전에 쓰려고 해도 도무지 제어가 안 되어서 고생했어……. 바로 지금처럼 말이야."

명백히 짜증 난 동작으로 키리야는 그가 선 공간을 걷어찼다. 쳐든 발톱을 내리친 순간, 그 바로 밑에 마법진의 평면이 펼쳐지고 발톱과 격돌하여 키이잉! 하는 딱딱한 불협화음을 연주했다.

〈페일 라이더〉의 이상할 정도의 고속 기동은 바로 그것 때문이라는 사실을 레나는 깨달았다.

발밑에 장벽마법을 전개하여 그것을 발판 삼아 박차고, 그것으로 우주 공간을 질주하는 것이다. 물론 추진 마법도 범용하고 있겠지만, 이 방법이라면 관성을 무시한 난수 기동도 아마 간단하다. 접근전을 시작하면 아마 승산은 없다고 봐도 좋겠지.
레이의 계속된 도발은 그것을 알려 주기 위한 것이란 사실도.
레나가 그걸 깨달았다고 보고 레이가 희미하게 웃었다. 〈양치기〉였을 적과는 전혀 다르게 연약한 인간의 몸으로, 강대하기 짝이 없는 〈양치기〉와 설전 같은 것을 벌인—— 시간을 끈 이유는 또 하나.
[——사격 개시!]
“아.”
이번에도 역시나 날아온 2000mm 구경, 전자초중포의 중금속 포탄이, 의표를 찔렸는지 의외로 귀여운 소리를 흘린 키리야에게 직격했다.
그리고 항상 그렇듯이 갑작스럽게 전장의 저 너머까지 날아가 버렸다.
[명중. 〈양치기〉의 일시적 배제에 성공.]
[수신 양호. 탐지반은 계속해서 목표를 추적——.]
“좋았어! 직격!”
탄착 관측을 맡은 마법소녀의 보고와 관제관의 응답을 들으면서 장난스럽게 주먹을 불끈 쥐는 레이를 보며, 레나는 한심하다는 시선을 보냈다.
“지금 그건 화풀이 아닌가요.”
반년 전에 그가 당했던 바로 그것 아닌가.

[명중. ──〈양치기〉의 일시적 배제에 성공.]

“다행이다. 〈산마그놀리아〉는 대처해 낸 모양이네.”

〈기아데 원〉, 방어구역. 통신 마법 경유로 전달된 보고에 유진은 몸에서 긴장을 풀었다.

그리고 그제야 복귀하고 지금까지 붙잡고 있던 프레데리카의 손을 놓았다.

계속 뿌리치려고 흔들어대던 프레데리카가 분이 안 풀린 듯이 발을 굴렀다.

눈에 눈물이 맺힌 채로 돌아보며 소리를 질러댔다.

“왜 방해하는 것이냐, 유진! 내게는 그 자리에서 해야만 하는 일이 있었거늘……!”

“네게 맡겨진 역할은 섬멸작전에서 절대승천☆장송정가섬멸의식대포를 지키는 거니까, 〈엠프레스☆프레데리카〉.”

유진은 일부러 프레데리카를 콜사인으로 부르며 조용히 말했다. 프레데리카가 흠칫 몸을 움츠렸다.

올려다보는 커다란 붉은 눈을 바라보며, 목소리를 낮게 깔고 말을 이었다.

“그걸 위해서 너는 아까 전투에서 즉각 이탈해야 했어. 충고대로 말이야. 너는 마법소녀(핸들러)가 되는 길을 택했고, 그 길에서 받은 임무니까. 너 혼자의 이유만으로 그걸 내던지면 안 돼.”

“그건…… 그렇다만…….”

말하면서 프레데리카는 힘없이 고개 숙였다.

그걸 내려다보며 유진은 이번에는 부드럽게 미소 지었다.

"그리고―― 뭘 할 생각인지는 안 묻겠지만, 아까처럼 우발적인 전투에서 느닷없이 이룰 수 있을 만한 목적도 아니겠지. 꼭 해야만 하는 일이라면 더더욱 제대로 준비를 하고 임해야지."

"………………. 오냐……."

프레데리카는 입술을 굳게 다물었지만, 간신히 고개를 끄덕여 주었다. 유진은 그 작은 머리를 가볍게 톡톡 두드려 주었다.

그리고 어깨 위에서 묵묵히 지켜보던 신을 두 손으로 집어서 프레데리카에게 안겨 주었다.

"무서운 오빠는 이제 그만 돌아갈 테니까…… 이제부터는 신이 자상하게 응석을 받아줬으면 좋겠네."

"미안하구나……. 유진."

떠나가려던 유진은 그 말에 돌아보았다.

그 얼굴을 똑바로 올려다보면서 프레데리카는 말했다.

"그대는, 그대도 무섭지 않다. 그대는 좋은 오빠로구나……. 고맙다고 하마."

유진은 웃으며 손을 흔들었다.

"프레데리카. 질문을 하나 해도 될까."

유진이 사라지고 단둘이 남은 방어구역의 복도에서 프레데리카에게 안긴 채로 신은 입을 열었다.

100년 동안 계속 싸워 오고, 지금보다도 훨씬 전황이 안 좋았던 전쟁 초기를 아는 신조차도 여태까지 만난 적 없는, 소문도 들어 본 적 없는 고작 열 살짜리 마법소녀.

〈양치기〉의 접근을 광역색적결계보다 먼저 탐지했을 뿐만 아니라, 프레데리카가 입에 담았던 그 이름.

키리야.

"너…… 그 〈양치기〉를 아는 거군? 하지만 어떻게?"

"질문이 두 가지가 아니냐, 어리석은 것."

맺혀 있는 눈물을 이제야 닦고서 프레데리카는 내뱉었다.

뿅 하고 솟은 동물 귀 사이에 턱을 파묻었다.

"대답하기 전에 나도 한 가지 묻도록 하지. 그대, 조금 전 전투에서 형에게 보인 태도는 무엇이더냐. 저쪽에서 부르는데 대답도 하지 않고, 게다가 모른 척이라니. 그것이 100년 만에 재회를 이룬 형에게 취할 태도라는 것이냐."

"그건……."

"그게 마지막 만남이 된다면, 그대는 그 태도를 후회하지 않겠느냐."

신은 놀라서 프레데리카를 올려다보았다.

솟구친 눈물과 오열로 그 말은 더없이 흔들리고 있었으니까.

프레데리카 자신의 아픔을 드러내며.

"나는 그랬느니라. 지금도, 100년 전부터 계속 후회하고 있다. 왜 나는 그날, 그때, 그 아침에—— 오라버니와 싸움 따윌 하고 말았을까. 돌아오지도 말라고, 생각지도 않는 말을 하고 말았을까."

"설마."

"그렇다."

입술을 다물고 프레데리카는 끄덕였다.

어린 그 얼굴을 신은 멍하니 올려다보았다.

불가능은 아니다.

그것은 신도 직접 체험해서 안다. 100년 전부터 신 같은 에이티식스의 매개체를—— 인간의 몸을 보존하는 신전함의 정체의 관. 마술로 동면과 유사한 일을 시키는, 장기 생명유지용 캡슐.

하지만 그 영원한 잠을 이런 어린 소녀가—— 자기 뜻으로?

"나는 〈페일 라이더〉를—— 아니. 내 오라비, 키리야 로젠폴트를 이 손으로 치기 위해, 100년의 잠을 시불안, 키리아의 친동생이니라."

막간4 마법소녀 리햐르트 소장과 빌렘 준장

〈페일 라이더〉는 2000mm 초전자포에 속절없이 날아갔지만, 그가 이끌고 온 〈레기온〉 집단은 제2방어선에 남아서 〈파이드〉들을 계속 찔러대고 있다.

그걸 정리하기 위해 방문한 제2방어선에서 마법소녀 〈매셔☆리햐르트〉=리햐르트 소장은 전투하는 도중에 옆의 마법소녀를 힐끗 보았다. 낑낑 울어 대는 〈파이드〉들을 스리슬쩍 밀어내면서 밀려드는 〈레기온〉들을 쳐부수는 그.

귀신과도 같은 그 전투를 따서 다짐육 제조기라는 무시무시한 콜사인을 가지고 있는 주제에.

“뭐라고 할까. 역시 아무리 봐도 결혼식의 신랑이군. 〈민서☆빌렘〉.”

“말이 참 많군요……!”

마법소녀 빌렘 준장은 에이티식스 중 하나인 리토가 변한 샤벨로 절단마법진을 베어 버리고 내뱉었다. 〈레기온〉을 상대로 하는 전장이기에 적의 피를 뒤집어쓸 일도 없는 그 저거노트는 멋지기까지 한 실크 화이트다.

옛 귀족 계급 출신인 단정한 용모도 있어서 꽃다발 같은 걸 손에 들지 않더라도 결혼식 신랑으로밖에 보이지 않는다.

순식간에 도검의 사거리 안으로 파고든 다른 절단마법진에게 곧바로 에이티식스를 다른 것으로 바꾸어 대응. 에이티식스 유토의 무장 형태인 자마다르—— 손잡이가 없는 만큼 휘두르기 편한 도검이 품 안에 파고들었다고 생각하는 절단마법진을 쳐올려서 찢어 버렸다.

참고로 또 다른 에이티식스 미치히의 〈파리안〉은 자루 긴 청룡도로, 다시 말해 자마다르의 초근거리 전투와 샤벨의 접근전, 청룡도의 중거리 전투까지 담당하는 백병 특화 마법소녀가 〈민서☆빌렘〉이다.

그 자마다르, 〈베레트라그나〉의 칼끝으로 리햐르트를 겨눈다.

"선배야말로 맥주를 마시면 반드시 카이젤 수염이 생긴다는 웃기기 짝이 없는 〈저주〉가 있잖습니까. 다음에 술자리를 기획해 볼까요?"

"상관은 없는데. 아내와 아이들도 아빠 귀엽다고 호평이고."

낯익은 부사관 베르노르트(마법소녀)는 '아이에게 얼굴을 비빌 때면 반드시 덜 깎은 수염이 남아 있다'는 수수하고 비극적인 〈저주〉를 받은 모양이다. 그와 비교하면 카이젤 수염 형태의 거품이야 대수롭지도 않다. 한창 귀여울 때인 아이들이 꺅꺅 떠들면서 좋아해 준다면 오히려 고마울 정도다.

덤으로 초콜릿 브라운색 저거노트도 역시 아이들에게는 호평이라서 리햐르트는 좋아했다.

"저기, 〈매셔☆리하르트〉. 일단 실연한 〈민서☆빌렘〉에게 결혼식 농담은 하지 않았으면 좋겠는데…….”

“괜한 소리 마라, 미치히. 나는 딱히 상처 입지 않았다.”

그렇게 말하면서 빌렘은 청룡도로 불운한 속사마법진을 후려치는 것으로 다소 울분을 터뜨렸다. 보기 드문 호랑이 귀와 꼬리의 유토는 현명하게도 침묵을 지켰지만, 좀처럼 분위기를 못 읽는 리토는 계속해서 떠들어댔다.

“애초에 신랑이고 뭐고 없이 독신이잖아, 빌렘. 그 기술신관에게 차인 이후로.”

빌렘은 말없이 리토의 작은 머리를 붙잡고 내던졌다.

항상 있는 일인지라 던져지는 동시에 실체화를 푼 리토가 빌렘의 옆이 아니라 리햐르트의 에이티식스인 샤나의 옆에서 인간 형태로 돌아왔다(그리고 역시나 샤나에게 한 대 맞았다).

짜증이 난 것처럼 탄식한 뒤에 빌렘이 말했다.

“하찮은 소리나 떠들 틈이 있거든 적을 줄여주지 않겠습니까, 선배. ――제게는 힘든 원거리 포격전은 선배의 장기니까, 이렇게 아직도 우리 둘이 콤비로 있는 거겠죠.”

준장과 소장 자리까지 올라온 현재에 이르기까지 말이다.

“훗.” 하고 리햐르트는 슬쩍 웃었다.

“그렇군. 부탁한다, 샤나. 〈멜뤼진〉 액티베이트!”

빙그르 휘두른 레이드 디바이스―― 기아데 연방의 주력 〈바나르간드〉의 궤도 위에 무지갯빛 구조색을 희미하게 띤 거품이 차례로 생겨나고, 비눗방울이 솟구치듯이 기세 좋게 〈레기온〉들에게 쇄도했다.

접촉과 동시에 그것은 가볍게 터지면서 강렬한 폭발을 흩뿌렸다. ——샤나의 무장 형태 〈멜뤼진〉은 자율적으로 날아가는 무수한 거품 형태의 폭탄이다.

그대로 리햐르트는 레이드 디바이스를 머리 위에서 빙글빙글 휘둘러서 거품 형태 폭탄을 만들어 계속 날렸다. 후루루루루루 소리를 내며 거품은 무수하게 생겨나고 날아가서, 바람을 타듯이 전장 전체에 흩어졌다.

무장 형태인 채로 샤나가 말했다.

"이쪽이야말로 아무리 봐도 비눗방울 놀이 같은데."

"정말로 김빠지는 전투 풍경이군."

묵묵히 있던 유토까지도 그렇게 말하자, 빌렘이 코웃음을 쳤다.

리햐르트는 전혀 개의치 않았다. 사실 이것도.

"애들은 좋아했거든?"

리햐르트로서는 그렇기만 한다면 다른 건 아무래도 좋다.

3

은하항행전함 〈로아 그레키아〉에서 통신 마법으로 보고가 날아왔다.

별들의 바다 저 너머의 거리임에도 지워지는 일 없이 날아온 통신. 〈레기온〉을 섬멸하는 마지막 작전에 종사하며 격전 한복판에 있는 함대 각 함에게 전달하기 위한 희소식.

[〈로아 그레키아〉가 은하항행함대 각 함에.]

[목표 〈양치기〉, 식별명 〈노 페이스〉 격파에 성공. 드디어 해냈다, 동포들.]

[〈산마그놀리아〉, 수신 양호. 축하합니다, 〈로아 그레키아〉. 이제 곧 끝납니다.]

☆☆☆☆☆

한편으로 마지막 〈양치기〉——아직 〈페일 라이더〉와 전투 중인 〈기아데 원〉에 있어서, 그건 희소식이면서 재난을 가져오는 것이기도 했다.

이를테면.

"아니……?!"

파괴되어 멀리 〈기아데 원〉 전투영역까지 날아온 〈노 페이스〉의 장갑 파편들이 절대승천☆장송정가섬멸의식대포를 호위하는 안경 낀 마법소녀의 코끝에 직격한다든가.

조약돌 정도 크기지만, 애초에 단단하고 무거운 장갑 파편인 데다가 날아오는 속도가 장난 아니다. 장갑 파편이 따악! 하는 쾌음을 울리는 동시에, 저거노트의 결계로 완화시켰다고는 해도 콧등에 직격한 충격에 유진은 단방에 실신했다.

우주 공간이라서 쓰러지진 않았지만 그대로 둥실둥실 떠다니는 그를 보고 마찬가지로 절대승천☆장송정가섬멸의식대포의 호위에 임하던 프레데리카가, 두 사람 주위에 전개하던 에이티식스들이, 마침 근처에 있던 마르셀(저거노트는 캐럿 오렌지)도 비명 같은 소리를 질렀다.

"〈류넷☆유진〉! 어떻게 이럴 수가……!"

"피가 이렇게……! 죽지 마, 〈류넷☆유진〉!"

"그러니까 말했는데, 〈류넷☆유진〉……!"

"아니, 저기, 그렇게 비장감을 보이지 않아도, 애초에 죽은 것도 아니니까……."

실신에서 바로 부활한 유진이 떠다니며 신음했지만, 애석하게도 아무도 반응해 주지 않았다.

그리고 피가 났다고 하지만 파편에 얻어맞은 코에서 코피가 난 것이다.

프레데리카는 대치하는 〈페일 라이더〉를 매섭게 노려보았다. 절대승천☆장송정가섬멸의식대포를 노리고 혼자 튀어나온, 마지막 〈양치기〉.

100년의 잠을 거쳐서라도 해방해 주고 싶다고 바란, 사랑하는 오빠를.

그리고 슬슬 귀찮아지기 시작하니까 절대승천☆장송정가섬멸의식대포는 앞으로 이상한 이름포라고 부르자.

"네 이놈, 키리야……! 그렇게까지 타락했는가, 오라버니!"

"내 탓이야?!"

너무나도 부조리한 여동생의 분노에 키리야도 무심코 정신을 차리고 한 소리 했다.

그리고 역시나 아무도 편을 들어주지 않았다.

뭐, 그는 〈양치기〉고, 결국은 적이니까.

시덴이 혼자서 중얼거렸다.

"그런데 무중력 공간에서 코피가 터지고도 괜찮은 거였던가?"

별로 좋지는 않지만, 아무튼 저거노트의 기능 덕분에 한동안은 괜찮다.

그런고로 유진은 저거노트의 결계가 유지되는 동안 모함으로 견인되었다. 대여 계약으로 그의 브로치에 박혀 있던 신은 계약이 해제되어 프레데리카에게로 돌아왔다.

곧바로 프레데리카는 신의 퍼스널네임을 영창하여 무장으로서 소환. 새빨간 TP 입자가 냐옹냐옹 소리를 내며 대흥분하여 신의 몸을 감싼 뒤에 프레데리카의 작은 체구에는 너무나도 큰 낫을 현현시켰다.

흉흉하게 휘어진 칼날을 똑바로 키리야에게 향하며 외쳤다.

"〈류넷☆유진〉의 원수를 갚아 주겠노라, 오라버니. 아니, 〈페일 라이더〉!"

"그러니까 내 탓이 아니잖아, 지금 그건!"

키리야는 계속해서 따지고 들었지만, 역시나 프레데리카는 귓등으로도 듣지 않았다.

그러니까 죽은 게 아니라니까……라고 〈기아데 원〉에서 들려오는 약소한 항의 역시 프레데리카는 싹 무시해 버렸다.

"뭐, 전투 중에 부주의하게 퇴장한 것은 〈류넷☆유진〉 잘못이 맞지."

보옥 형태로 대기하는 하루토가 묻지도 않은 발언을 흘렸다.

"〈시리우스〉, 액티베이트! 〈류넷☆유진〉이 얼마나 아파했는지 그 몸으로 느껴봐라!"

냐오오옹!

쿠조가 변한 푸르스름한 화염이 〈페일 라이더〉에게 몰아치는 묵직한 소리와 함께 마법소녀와 〈양치기〉의 전투가 시작되었다.

'아, 나는 꺼내 들었을 뿐이지 바로 돌아가는 건가.' 라고 신은 투덜거렸지만, 그건 넘어가고.

"아니, 그러니까! 내 탓이 아니잖아……. 내 말 좀 들어 봐, 프레데리카!"

"필요 없다! 〈키르쉬블리테〉, 〈팔케〉, 액티베이트!"

화염을 눈가림으로 써서 꽃잎과 매의 깃털 모양 칼날들을 주먹에 담고 돌진한 프레데리카가 그대로 주먹을 휘둘렀다. 감정과 함께 솟구친 마력에 저거노트의 술식이 교체되어서 형태 변화.

우냐냥?! 라며 허둥대는 TP 입자의 효과음과 함께 크게 부푼 소매와 과장스러운 옷깃의 장식이 사라지고, 비치는 소재의 볼레로와 용감무쌍한 수병 같은 옷깃으로. 한편 스커트는 크게 부풀어서 팔과 다리의 움직임을 확보한다—— 정확하게는 근접격투전에 적합한 형태로.

거의 무의식중에 저거노트의 술식마저 교체하는, 100년의 잠을 대가로 짧은 시간 손에 넣은 프레데리카의 막대한 마력.

"칫."

〈양치기〉인 그에게도 위협으로 느껴지는 마력량 때문일까, 혹은 전혀 다른 이유 때문일까, 진심으로 혀를 한 차례 차고서.

키리야가 갑작스럽게 사라졌다.

"아니……."

타고난 동체시력과 높은 마력에서 나오는 정밀감지능력을 가진 신만이 간신히 눈으로 쫓았다. 머리 위!

"옆으로 뛰어! 〈엠프레스☆프레데리카〉!"

"읏……!"

가까스로 프레데리카가 몸을 비킨 직후.

콰앙! 하고 딱딱한 물체를 내리치는 충격음.

방금까지 그녀가 있던 장소를 은색 벼락불이 꿰뚫고 지나갔다.

벼락불의 정체는 발밑에서 생성한 장벽마법을 딛고 가속한 키리야 본인이었다. 교차 순간에 여동생일 터인 소녀를 본 눈빛은 그저 처참. 잔인한 빛만을 시야에 남기고 다시금 도약, 가속. 디딜 발판도 없는 우주 공간의 진공에 무수한 장벽마법진을 구축하고, 벼락과도 같은 예각의 궤적과 초고속으로 별들의 어둠 사이를 뛰어다녔다.

장벽마법진을 박차는 것은 두 다리만이 아니다. 한 쌍의 기다란 용꼬리로, 꼬리에서 자라난 무수한 가시 끝으로 주위 장벽마법진을 후려치는 그 반동으로 가속하고 이동 방향을 바꾼다.

수정이 깨지는 듯한 딱딱한 굉음을 울리며, 말 그대로 눈에도 들어오지 않는 고기동성으로.

"크……. 〈블랙독〉, 액티베이트! 파이어!"

"느려."

발사된 다이야의 〈블랙독〉의 고폭탄들도 키리야는 한달음에 통과해 버렸다. 관성도 가속도도 완전히 무시하는 급각도 방향전환으로 다시금 프레데리카에게 급접근.

대비할 틈도, 반응할 틈도 주지 않고, 갑작스럽게 눈앞에 출현하는 것처럼 부조리한 속도로 품 안에 파고들어서, 아까의 앙갚음이라는 듯이 한 손을 쳐들었다. ——이 신속의 괴물이 손에 든 것은 무슨 장난처럼 조그마한, 가느다란 칼날의 스틸레토.

프레데리카는 가까스로 그걸 눈으로 쫓았을 뿐, 그 이상은 반응할 수 없다.

내리치는 키리야의 손.

프레데리카는 반응할 수 없다.

"제길." "칫……."

두 개의 혀 차는 소리는 그야말로 동시.

다이야가 스스로 〈블랙독〉의 무장 형태를 해제하여 고폭탄들에서 보옥으로 돌아가고, 대신 신이 낫의 형태로 현현.

프레데리카의 두 손에 쥐어지자마자 스스로 움직여서 단검의 칼끝을 도신 옆구리로 받아냈다.

"신에이, 미안하구나!"

"회피에 전념해. 쓰러지지만 않으면── 붙들고만 있어도 네 승리야."

프레데리카가 키리야를 쓰러뜨릴 필요는 전혀 없다.

이 작전의 핵심은 이상한 이름포다. 이상한 이름포로 키리야를 직격하기만 하면 〈양치기〉인 그라도 격파할 수 있다. 프레데리카는 이상한 이름포의 조준 작업이 완료될 때까지 시간을 벌고, 키리야를 이 구역에 묶어두기만 하면 된다……. 이상한 이름, 이상한 이름이라고 연호하는 것도 은근 시끄럽긴 하네.

프레데리카는 입을 꾹 다물고 끄덕였다.

"음……. 〈기아데 원〉."

마력의 충전은 작전 개시 전부터 완료되었고, 지금은 조준 조정을 하고 있을 터인 모함에 프레데리카는 눈앞의 그에게 들키지 않도록 통신 마법으로 접속하고.

"필요한 시간은 내가 벌겠다. 그러니까 진척을……."

그때 키리야가 내뱉었다.

"그러고 보면 뭔가 꾸미고 있었지."

그 순간.

키잉 하고 달빛이 얼어붙는 듯한 이상한 소리를 내며, 스틸레토였던 무기가 갑자기 기병창과 같은 길이로 늘어났다.

"큭……?!"

그 막대한 보유마력에서 유래한, 격이 다른 튼튼함을 자랑하는 〈언더테이커〉의 낫마저도 감당하기 어려워서 소리를 내었다.

〈양치기〉의 검은 눈이 싸늘해졌다. 키리야의 손에 힘이 들어갔다. 관통, 파괴되기 전에 손을 쓰고자, 신은 기병창을 쳐내고.

그 힘의 흐름을 일부러 거스르지 않고 들어 올린 창을 머리 위에서 빙그르르 회전, 튕겨난 기세를 그대로 반전시키는 형태로 내리쳤다.

한순간에 레이드 디바이스의—— 이 작전에 임할 때 특별히 프레데리카와 유진에게 수여된 의신에 부수형 〈레긴레이브〉의 지루로 막아냈지만, 신과 프레데리카는 후방으로 날아가 버렸다. 충격에 손이 찌릿찌릿하니 저려서 프레데리카가 얼굴을 찌푸렸다.

"지금 건 무엇이더냐……!"

"단검과 장창—— 거리에 맞춰 자유자재로 변하는 무기를 사용하는 건가. 귀찮군……."

도신에 생긴 금을 수복하기 위해 일단 인간 형태로 돌아온 신도 신음했다.

시선 앞에서 칼날에 묻은 피를 털어내듯이 키리야가 휘두른 창의 길이는 십대 후반의 소년치고 평균 이상인 그의 키보다도 훨씬 길다. 〈언더테이커〉의 낫은 비슷하게 자루가 긴 무기이긴 하지만, 프레데리카와 키리야의 신장 차이를 생각하면 사정거리의 차이는 확연하다.

더불어서 자루가 긴 무기가 불리한 접근전으로 어떻게 몰고 간다고 해도, 그것은 가볍게 휘두를 수 있는 스틸레토가 맹위를 보이는 거리. 회피에 전념하면 되는 이번 전투라면 몰라도, 정면에서 싸워서 격파하려 한다면 근접백병무장인 신에게 적잖게 까다로운 상대다.

다행히 프레데리카를 쳐내면서 키리야 스스로가 거리를 벌렸다. 당장은 창이 닿지 않는 이 거리를 유지하고, 쫓아오더라도 계속 도망 다닐 요량으로 프레데리카는 다시금 다이야의 곡사포를 실체화시키고.

그 모습을 얼어붙은 검은 눈으로 지켜보면서, 키리야는 차가운 웃음을 띠었다.

"왜 그러지? 덤비지 않는 거냐? 아니면 거기서 그렇게 서서 시간만 끌 생각인가?"

"……."

그 도발에 프레데리카가 눈을 가늘게 뜨지만, 입을 열지는 않았다.

개의치 않고 키리야는 말을 이었다. 희미하게 웃으면서.

"시간을 끌고 싶은 거겠지? 〈미스트리스〉나 〈노 페이스〉를 파괴한 그 묘한 포를 내게도 쏘기 위해서."

프레데리카는 단정한 콧등에 주름을 만들었다.

"묘한 포가 아니다, 얼간이. 절대승천☆장송정가섬멸의식대포니라."

"……."

키리야는 잠시 침묵했다.

뭐, 보통은 이상한 이름포의 그 이상한 이름에는 당황할 만하겠다고, 다른 이들은 속으로 생각했다.

"뭐라고?"

가만히 있으면 좋을 텐데 거기서 되물었다.

프레데리카는 발을 굴렀다.

"절대승천☆장송정가섬멸의식대포니라! 에잇, 왜 그대도 신에이 녀석도, 기묘하기 짝이 없는 이름을 들었다는 얼굴을 하는 게냐! 이게 얼마나 멋진지 모르는 것이냐!"

"……."

키리야는 또다시 잠시 침묵했다.

이번에는 그냥 넘어가 주기로 한 것처럼, 헛기침을 한 차례 한 뒤에 말을 이었다.

여동생의 센스가 괴멸적이란 사실을 더 이상 직시하고 싶지 않은 걸지도 모른다.

"그 묘한 포를 내게도 쏘기 위해서…… 아니, 그런 걸 맞고 싶진 않아. 다른 것도 아니라 그렇게 머리 나쁜 이름의 병기에 죽을 수는 없지……!"

결국은 언급해 버렸다.

분명히 아무리 그래도 그런 것에 죽고 싶지 않아질 만한 이름이긴 하지, 라고 곡사포 형태인 채로 다이야가 조용히 중얼거렸다.

"아무튼! 바보 같은 포를 운용하기 위해 시간을 벌고 싶은 거겠지, 프레데리카! 그렇다면, 혹시 그렇지 않더라도, 거기서 잠자

코 허수아비처럼 서 있기만 하면 된다고 생각하나!"

반쯤은 될 대로 되라는 듯이 떠드는 그 말에, 프레데리카도 완전히 기분 상한 상태로 응했다.

"거기까지 안다면 물어볼 것도 없겠지만, 그대야말로 허수아비처럼 있을 것이냐, 키리야! 그 머릿속에는 짚단이라도 들어 있는 것이냐?! 아암, 그렇다. 네 말처럼 우리의 목적은 시간을 끄는 것이야! 네 말이 정확했다! 시간이 될 때까지 도망만 다니면 그 바보 같은 이름의 절대승천☆장송정가섬멸의식대포로 없애줄 터이니 각오하…… 잠깐만, 뭐라고?"

프레데리카는 갑자기 목소리를 낮추었다.

이미 남매싸움으로 변한 그 말다툼을 살짝 짜증 섞어가며 흘려듣던 신도, 프레데리카의 그 반응에 간신히 위화감이 들었다.

시간을 끄는 것이 자신들의 목적임은—— 이상한 이름포의 포격 영역으로 키리야를 유인하고 사격 준비가 끝날 때까지 거기에 묶어 두는 것이 목적이란 사실은 명백하다. 프레데리카의 말처럼 일부러 확인할 만한 일도 아니다.

그렇다면.

——혹시 그렇지 않더라도.

왜 키리야는 당연히 시간만 끄는 이쪽의 목적을 '그렇지 않더라도' 라고, 마치 다른 목적이 있는 듯한 말로 표현했을까.

마치…… 프레데리카나 은하항행함대가 시간을 끌기 전에 다른 무언가를 해야만 한다는 듯이——.

"……!"

프레데리카가 반사적으로 올려다본 곳.

키리야는 웃었다. 차갑게. 냉혹하게.

"그러니까 물어본 거야. 안 덤비냐고. 너희가 정말로 해야만 하는 것은 시간을 끄는 짓이 아니었으니까."

"으으……."

무수한 별빛이—— 흐려진다.

아니면 반짝인다. 반짝이다가 사라진다.

이상한 이름포의 포격조차도 닿지 않는 아득히 먼 항성의 빛이 사라지듯이 보이는 것은, 이 전장에서 그걸 가로막는 것이 있기 때문이다. 무한할 정도로 광대한 우주의 전장, 그 무수한 별빛을 족족 가로막을 정도의 존재가.

무수한 존재가.

그것들을 배후에 두고 키리야는 웃는다.

〈노 페이스〉는 이상한 이름포에 격파되어서, 현재 〈양치기〉는 키리야뿐이다.

하지만 잡병인 〈레기온〉은 키리야 휘하의 집단은 물론이고 〈노 페이스〉 휘하들도——아직 많이 남아 있다.

"시간을 끌어서 득을 보는 건—— 〈노 페이스〉의 부하들이 도착하고 내 휘하 집단과 합류하기를 기다리기 위해 시간이 필요했던 건, 오히려 나라고."

별빛을 가로막으며 〈레기온〉들이 집결한다.

속속들이, 계속해서, 지금은 키리야 이외의 지휘관기를 모두 잃었고, 그렇기에 그라는 〈양치기〉에게만 복종하고 추종하는 무수한—— 그야말로 무수한 양떼들. 잔존 〈레기온〉의 모든 집단, 모든 개체가.

속속들이.

——내 이름은 레기온.

우리는 많기에.

그 막대함에 〈기아데 원〉의 모두가 망연자실한 것도 한순간.

명령에 따라, 혹은 독자적인 판단으로, 마법소녀가, 〈파이드〉가 요격에 나섰다. 〈기아데 원〉의 모든 포문이 착착 사격을 개시하고 가까운 은하항행함에서 원호 사격이 날아온다.

또 본래 〈노 페이스〉 휘하 집단의 격멸을 담당한 것은 전함 〈기아데 포〉가 운용하는 이상한 이름 3번포다. 포격 영역에서 모습을 감춘 해당 집단을 찾아서 색적결계를 조정하던 그들이 적 출현의 보고를 받고 〈기아데 원〉의 구역으로 조준을 변경하기 시작했다.

마찬가지로 〈로아 그레키아〉에서, 예비 4번포를 가진 〈기아데 에잇〉에서, 이상한 이름포의 조준 변경을 개시했다는 통신이 들어왔다. 〈산마그놀리아〉 소속 마법소녀 부대 하나가 지원을 위해 원거리 전이를 준비한다.

순식간에 구축되고 강화되어 가는 방어선. 하지만 두려움을 모르는 〈레기온〉은 밀려든다.

무수한 광선이 휘감겨 있는 푸른 나비 같은 모양의 마법진. 발전전격마법진, 에델팔터.

유리 세공 같은 푸른색 날개를 어둠 속 하늘하늘 나부끼며, 장난이라도 치듯이, 그러면서 이상할 정도로 빠르게 마법소녀들에게 날아든다. 수십, 수백 마리가 현혹하듯이 소용돌이를 만들고, 그 중심에서 전격을 방출하여 전방 일대를 싹 날린다. 방어선이 여기저기 무너지고 순식간에 난전, 격전으로 이행한다.

에이티식스의 포탄이, 미사일이, 레이저가, 전격이, 열선이 정신없이 날아다닌다. 초중포탄이 선상을 꿰뚫는다. 〈파이느〉들이 와우와우깽깽푸르르 소리 내면서 나비 떼들과 뛰어논다.

"우와아아아아아아아제기라아아아알!" 이라고 절규하면서 마르셀이 하늘하늘 날아드는 나비 떼들에게 펌프액션 샷건 〈키클롭스〉를 투콰투콰 난사했다.

또한 무장 형태의 에이티식스는 보통 장전과 배협을 자율적으로 하는 법인데, 마르셀은 왠인지 자기 손으로 샷건의 펌프를 철컥철컥 전진후퇴시키고 있다.

"〈냥아이☆마르셀〉——. 슬슬 또 탄이 바닥나겠어——."

시덴이 샷건 모습인 채로 냉정하게 말하고, 마르셀은 역시나 펌프를 철컥거리면서 재주도 좋게 발을 굴렀다. 콜사인이 싫은 탓도 있고, 눈앞에 적이 우글대는데 탄창이 비어가는 탓도 있고.

"으으으! 〈키클롭스〉 돌아와! 그리고 〈키클롭스〉 액티베이트!"

훅훅하악하악! 우오오오옹!

"늘 하는 소리지만 이쪽도 정말 뭐냐고!"

스스로 탄피 배출이나 장전을 하지 않고, 탄약도 다른 에이티식스처럼 마력이 유지되는 동안 무한정 솟아나는 것도 아니다. 탄창은 착실하게 바닥나고, 일단 바닥나면 한 차례 무장 형태를 해제해야만 재장전된다.

그리고 TP 입자가 훅훅하악하악 소리를 내는 것은 아마도 마르셀의 〈저주〉가 '처음 만난 고양이에게 미움을 산다' 이기 때문이리라.

흩뿌려지는 산탄에, 수많은 공격에 나비들의 약한 날개와 부드러운 몸이 찢겨진다.

하지만 그런 동료의 파편을 태연하게 먹어 치워서 몸에 두르며 전격마법진들은 나아간다. 결국 〈파이드〉가, 마법소녀들이, 마르셀이 슬금슬금 후퇴할 수밖에 없어진다.

전쟁의 불길이 마른 벌판을 핥듯이. 해일이 육지를 침식하듯이. 〈레기온〉들은 그 막대함으로 차츰차츰 마법소녀들을 밀어붙인다.

아군의 곤경을 지켜보는 프레데리카는 누구도 원호할 수 없다.

망령의 푸른 나비들을 통솔하며 선두에 서서 공격해 오는 키리야와 맞서 싸우는 것만 해도 빠듯해서 원호할 수 없다.

시야 가장자리에서 마술의 열선이 번득인다. 전격마법진의 전격이 거기에 답한다.

그 빛 아래에서 누군가가 또 한 명 죽었을지도 모른다고 생각하니, 나이 어린 프레데리카로서는 무섭기 짝이 없다.

스며 나오려는 눈물을 꾹 참고, 맞서 싸울 수는 있어도 절대로 저지할 수는—— 쓰러뜨리는 것은 더더욱 불가능한 〈레기온〉들의 우두머리에게 하다못해 필사적으로 소리쳤다.

소중한 오빠일 터인 〈양치기〉에게.

"키리야, 이제 그만하여라, 키리야! 인류를 없애서 어쩌자는 것이냐! 어째서 그대가 인간을 멸하려 하는 것이냐!"

대답하는 목소리는 없다.

조금 전까지는 하찮은 발씨름을 벌이던 옛날처럼 대꾸해 주던 상대라는 것이 믿어지지 않을 정도로, 눈앞의 검은 눈은 냉혹하게, 처참하게 얼어붙었다.

누군가의 원념이, 절망이, 단말마가, 다정하던 오빠의 그것과 뒤섞여 버린 눈.

말을 대신하여 자유자재로 모습을 바꾸는 그 칼날만이 쏟아져 내렸다.

돌아오지 않아도 된다고 말했던 100년 전의 프레데리카에게 돌려줄 것은 마땅히 그 칼날이라는 듯이.

아니다…….

그래도 키리야는…… 프레데리카가 아는 오빠는, 그런 말을 들었더라도 차가움이나 침묵으로 답하지 않았다.

용서해 줄 정도로…… 마음이 착했다.

다정하고, 마음 착한 오빠였다.

그런데.

프레데리카는 잔뜩 얼굴을 찌푸렸다.

그런데 왜. 다정한 키리야가 인류를 멸하는 〈레기온〉 같은 게 되어서.

동포를── 인간을. 지키고 싶다고, 구하고 싶다고, 바랐을 터인데 이렇게 되어서.

"이제 그만두어라. 이런 짓을 그대가 바랐을 리 없느니라……!"

그 외침에.

"……."

키리야는 문득 생각했다.

바람, 이라──.

나는 뭘 바랐을까. 뭘, 바라고 있을까.

뻔하다.

〈레기온〉이 되면서까지, 끊임없이 계속해서. 언제나. 목 안쪽이 타들어 가는 듯한 갈망이, 가슴속에서 계속 타오르고 있다.

무슨 짓을 해도 잠시도 사라지는 일 없이 계속── 항상 말이다. 마법소녀와 싸우는 지금도 그것은 변함없다.

돌아가고 싶다.

계속 그렇게 생각했다.

불타듯이, 구워지듯이, 돌아가고 싶다고 생각했다.

그것은 언제부터?

그건—— 어째서.

숨 한 번 쉴 정도의 시간 동안 쌍방의 칼날이 교차한다. 접근전 속 극한의 집중. 마치 남의 일처럼 키리야는 자문한다. 언제부터? 그건 아마도 지금의 자신이 되기 전부터.

마법사관으로 마지막이 될 터였던 전투에 임한 그날부터. 돌아가자고 생각했던 것 같다. 태어난 모함으로. 살았던 집으로. 동생의—— 대치 중인 눈앞의 프레데리카에게.

돌아가야만 했다.

그것은

어째서?

멸망한 〈규환〉과 죽은 동포들과 뒤섞여 버린 지금의 키리야는 아무리 자문해도 그 대답을 알 수 없다. 기억 대신 의식의 태반을 채워 버린 허무를 아무리 뒤져도 찾아낼 수 없다.

그저 돌아가고 싶다는 갈망만이 있었다.

그래, 나는 돌아가야만 한다.

동생은…… 동생 또한.

그렇다

돌아가고 싶다고 뇌리를 채운 공백 속에서 계속되는, 누구인지도 모르는 한탄과 함께—— 모두가 돌아가야 할 허무로.

〈블랙독〉의 맹포격으로 거리를 지키고, 〈시리우스〉의 하얀 화염과 〈키르쉬블리테〉의 꽃잎 모양 칼날의 소용돌이, 〈팔케〉의 깃털 칼날로 접근을 방해하며. 그래도 계속 파고들어서 뻗는 기병창의 일격을 〈언더테이커〉로 막았다.

방어로만 일관하는 프레데리카를 보며 신은, 에이티식스들은 이를 갈았다.

혼자서 용케도 이 신속의 맹공을 견뎌내고 있다.

하지만 견뎌낼 뿐이다. 키리야와 대치하는 것은 프레데리카 혼자뿐이니까, 여럿 있는 에이티식스도 혼자서 계속 교체하면서 쓸 수밖에 없다.

그 교체를 위한 한순간의 타임랙을 커버해 주는 누군가가 없으니까 그동안에 추격을 받아 방어에만 몰리게 된다.

특히나 마력 소비가 격심하여 다른 에이티식스와 병용이 불가한 〈언더테이커〉는 낫 형태가 되면 바로 기병창의 견제가 들어오기 때문에 전혀 공세에 나설 수 없다. 이상한 이름포 정도까지는 못 된다고 해도, 〈양치기〉에게도 치명타가 될 수 있는 〈언더테이커〉의 파괴력에도 불구하고.

불행히 눈 먼 탄을 맞은 것은 결코 유진만의 책임이 아니라고는 해도.

원래 작전대로 흘러가면 적어도 신과 함께 공격을 담당할 유진, 견제와 접근을 방해하는 프레데리카가 연계할 수 있었다. 그러니까 이렇게까지 고전할 일도 없었을 텐데 왜 그 안경은 일찌감치 퇴장해 버린 거냐고, 신은 잠시 생각했다.

"정말 미안해."라고, 마침 그 타이밍에 〈기아데 원〉의 의무실에서 아직도 코피가 멎지 않는 유진은 중얼거렸다.

벼락 치는 속도로 기병창이 떨어져 내렸다. 후리고, 찌르고, 칼날이 춤추더니 반전해서 올려 벤다.

후려치는 장창을 프레데리카는 이번에도 〈언더테이커〉로 간신히 받아냈다. 완력 마술을 스스로에게 부여하여 힘을 겨루는데, 갑자기 상대의 무기에서 힘이 사라졌다. 균형을 잃은 프레데리카에게 기병창에서 스틸레토로 다시금 변한 칼끝이 다가들었다.

카이에가 외쳤다.

"신, 바꿔! 내가 막을게!"

하지만 그것을 날카로운 일갈이 가로막았다.

"아직이니라!"

프레데리카의 목소리.

〈언더테이커〉를 전개한 상태인 레이드 디바이스를 움켜쥐고, 앞으로 고꾸라지려는 자세를 바로잡지도 않고, 오히려 그 기세를 살려서 몸을 내던지듯이 자세를 낮추었다.

끝에 중량이 몰린 낫의 그 무게를 이용하여 온몸으로 휘둘렀다.

낮고 낮게, 몸을 쓰러뜨린 자세에서—— 키리야의 배후 사각에서, 그 초월적인 고기동성을 낳는 발을 노리고.

"칫……!"

그 목적을 깨달은 키리야가 즉각 발밑에 장벽마법진을 구축. 그걸 딛고 도약하여 호를 그리는 참격을 피하려고 했다.

그보다 먼저 프레데리카가 외쳤다.

"인챈트—— 〈시리우스〉!!"

붉은 낫의 자루에 하얀 화염이 솟구쳤다.

분출되는 화염의 기세로 낫의 참격이 가속한다. 거의 수평으로 휘두르는 호의 모습에서, 급각도로 위로 솟아오른다. 벼락불 같은 속도로 도망치려는 은색 기사를 쫓아가서—— 따라잡았다.

길게 굼실대는 은색 용의 꼬리를 핏빛 칼날이 깨물었다.

"크……?!"

나이프처럼 뾰족한 비늘의 은색이, 주입된 파괴력에 순식간에 깨지고 부서졌다.

마법적 존재인 〈레기온〉은 설령 인간의 몸이 남아 있더라도 피를 흘리지 않는다. 두꺼운 유리가 깨질 때처럼 무수한 균열이 〈양치기〉의 몸을 침식하고, 〈언더테이커〉는 그 균열의 중심을 베어서.

중간까지 날이 도달했다고 본 순간.

갑자기 낫이 사라졌다.

낫의 형태에서 강제적으로 인간 형태로 되돌아온 신은 망연히 프레데리카를 돌아보았다.

"〈엠프레스☆프레데리카〉?!"

올려다본 곳, 프레데리카가 쓰러져 있다. 형태를 바꾸었던 저거노트가 힘없이 하늘하늘 흔들리면서 원래 형태로 돌아갔다.

그 핏기를 잃은 어린 얼굴.

최대 출력 초과에 의한 마력 경로의 기능 정지.

거기에—— 보유마력의 완전고갈도 동시에 왔다.

홀로 〈양치기〉와 맞섰을 뿐만 아니라, 소비마력량이 너무나도 막대하여 다른 에이티식스와 병용할 수 없는—— 병용하면 단방에 출력 기능 정지를 일으키는 〈언더테이커〉에 〈시리우스〉의 화염을 부여하고 휘두른 대가.

출력기능 정지는 억지로 과도하게 활동시킨 경로가 정상으로 돌아오면—— 대략 수십 초에서 몇 분 정도의 냉각기간(쿨다운)을 거치면 회복된다. 고작 몇 초의 무력 상태라도 전장에서는 위험하지만, 그래도 회복은 된다. 하지만 마력 고갈은 그렇게 되지 않는다. 마력생성용 마력조차 다 써 버린 마력 고갈 상태는 자력으로 마력을 회복하기까지 꽤나 오랜 휴양이 필요하다.

저거노트의 술식은 긴급용 배터리(마력저장장치)로 유지하고 있지만, 그것도 극히 단시간이다. 프레데리카는 이미 이 우주공간의 전장에 있을 수 없다.

힘이 다한 어린 소녀의 새파래진 입술이, 울음을 터뜨리려는 핏빛 눈이 속삭였다. 실수했다.

"미안하구나. ——그대들은 도망치도록 해라."

마찬가지로 인간 형태로 돌아온 쿠조가 외쳤다.

"무슨 소리! 그보다 반대잖아. 어서 도망쳐! 〈엠프레스☆프레데리카〉!"

"그래, 도망쳐!"

"여기는 우리가 막을게!"

"그러니까 움직여! 어서!"

다이야가, 카이에가, 하루토가, 차례로 인간 형태를 취하여 신과 쿠조의 옆에 섰다. 자그만 몸으로 〈양치기〉에게서 프레데리카를 지키는 위치.

마법소녀에게서 마력 공급도 없는 채로, 그래도 이 어리고 기특한 마법소녀를 지키기 위해서.

프레데리카의 두 눈이 눈물로 흐려졌다.

"그럴 수는 없지……! 한 방 먹이겠다고 무모한 짓을 벌이고, 그 한 방을 먹이지 못한 것은 나의 추태이니라! 대가를 치르는 것도 나다! 그러니 도망쳐라. 나는 더 이상 누구도 죽게 하고 싶지 않다……!"

"그래. 그건 우리도 마찬가지야. 〈엠프레스☆프레데리카〉."

빈틈없이 키리야를 바라보는 채로 신은 대답했다.

과거에 추태를 보인 것은. 그 잘못의 대가를 치러야 하는 것은. 누구도 죽게 하고 싶지 않은 것은—— 우리도 마찬가지다.

우리야말로 그렇다.

그러니까 여기서 도망칠 수는 없다.

눈앞의 〈양치기〉는 추격해 오지도 않고 어딘가 불쾌한 듯이, 프레데리카를 감싸는 신 일행을 바라보고 있다.

소중한 추억의 사진인데, 자기가 찍혀야 할 자리에 자기가 아닌 누군가가 있다. 자기 역할이었을 터인 일을 다른 누군가가 하고 있고, 자신은 하고 있지 않다. 그것을 목도한 자의 얼굴이었다.

있어야만 하는 자리에 없다고, 지켜야만 했던 약속을 지금 지키지 못하는 상태라고, 지적당한 자의 얼굴이었다.

그걸 바라보는 채로 신은 생각했다.

마법소녀의 보조가 없으면 다섯 명이 덤벼도 이 〈양치기〉를 막을 수 없다.

오빠가 동생을 죽이는 것을 막아 줄 수 없다.

빠득, 하고 작게 이를 갈았다.

누가. 마법소녀 중 누군가가.

손을 빌려줄 수 있는 누군가가. 함께 싸워줄 수 있는 누군가가 와 준다면.

이를테면 저번에 은하항행전함 〈산마그놀리아〉에서 레이를 쓰러뜨리기 위해, 이 전쟁을 끝마치기 위해 함께 싸워 준 그녀가.

"……〈레지나☆레나〉."

속삭이듯이 부른 그 이름이.

그녀가 따라가야 하는 길의 이정표가 되었다.

"예, 신. 〈언더테이커〉."

시폰 옷자락과 기다란 리본이 나부낀다. 스카이 블루색 저거노트. 신도 그녀도 모르는 머나먼 모성의 하늘색.

가까운 존재는 공명하며 서로 부른다.

에이티식스가, 신이 원래 같은 함대의 시민임을 알고, 같은 군인임을 알고, 같은 목적, 바람을 위해 싸운 그녀는── 즉, 그만큼 신과 가깝다.

새틴처럼 윤기 도는 은색 장발을 별들의 광채처럼 반짝이면서.

전이 마법으로 단숨에, 별들의 바다를 넘어 날아온 레나가 돌아보며 미소 지었다.

"함께 싸우죠. 그걸 위해── 마법소녀 〈레지나☆레나〉, 당신에게 왔습니다."

4

레나는 자신을 부른── 불러 준 신과 잠깐 동안, 그리고 다시금 함께 싸우기 위한 대여 계약을 위해 신의 지금 파트너인 듯한 마법소녀를 바라보았다.

푹 주저앉은 채로 움직이지 못하는 체리 핑크색 저거노트의 마법소녀. 홀로 〈양치기〉의 맹공을 견딘 끝에 마력이 고갈되어서 힘이 다한 어린 소녀.

또한 〈냥아이☆마르셀〉은 레나가 오기 조금 전에 힘이 다해서 그 근처를 둥실둥실 떠다니고 있다.

"뒷일은 맡겨 주십시오, 핸들러……."

"〈엠프레스☆프레데리카〉니라……. 미안하구나. 조력에 감사를 표하지."

계약이 성립된다. 실체화했던 신이 한 차례 사라지고 핏빛 보옥의 형태로 별 모양 브로치에 깃든다. 오른손 손끝으로 한 차례 그 표면을 쓰다듬은 뒤에 레나는 이어서 전이해 온 두 사람을 돌아보았다. 아네트. 그리고.

"〈메르쿠리우스☆레이〉, 저분을 부탁할 수 있을까요."

"물론이지. 방어결계를 펼 여력도 얼마든지 있으니까, 이쪽은 걱정하지 말고 마음껏 두들겨 패고 와."

프레데리카를 부축하여 일으켜 세운 레이가 그대로 안고서 후퇴했다. 선천적으로 막대한 마력을 갖더라도 〈레기온〉과의 직접 전투에는 임할 수 없는 레이는 레나와 아네트에게 마력을 공급하는 역할을 지고 있다. 그 역할을 다하면서 프레데리카를 지키기 위한 견고한 결계도 구축한다는, 말도 안 되는 대마력.

상황을 눈치챈 듯한 〈기아데 원〉이 통신 마법의 대상에 레나 일행을 추가했다. 귓속에 보고가 직접 울린다. ——절대승천☆장송정가섬멸의식대포는 사격 준비를 모두 완료.

[언제라도 쏠 수 있다. 발사까지의 시간 동안만 〈페일 라이더〉의 발을 묶어 줘.]

"알겠습니다."

고개를 끄덕이며 레나는 대치한 〈양치기〉를 바라보았다. 100

년의 기나긴 시간 〈레기온〉을 통솔한 지휘개체 중 마지막 하나.

100년에 걸친 이 〈레기온〉 전쟁을 끝내기 위한 마지막 적을.

"〈페일 라이더〉. ……이제부터는 우리가 상대하겠습니다."

씩씩한 그 선언에 〈양치기〉—— 키리야가 차가운 그 검은 눈을 가늘게 떴다.

그 대치를 분하게 바라보면서 프레데리카는 입을 열었다.

격심한 소모 탓에 목소리는 가늘다.

"〈메르쿠리우스☆레이〉라고 했더냐. 신에이의 오라비."

"응."

레이는 슬쩍 시선을 주었지만, 의식은 키리야에게서 돌리지 않았다. 방심이라곤 한 조각도 없이 전장에 익숙한 그 거동에 왜인지 자신의 연약함을 깨닫게 되어서 프레데리카는 그 붉은 망토를 꼭 움켜쥐었다.

나는 당해내지 못했다.

힘이 미치지 못하여, 힘이 다했다.

결국 나는—— 아이에 불과하겠지. 마법소녀로서, 군인으로서 행동해 본들 자신의 바람 하나도 혼자서는 이룰 수 없는, 약한 아이에 불과했던 거겠지.

하지만. 그래도.

그렇더라도.

"나를 지키는 결계를 칠 여력이 있다면…… 그 정도라도 좋으니까, 내게."

"이쪽도 한 명 빌릴게."

이어서 아네트도 프레데리카와 대여 계약을 맺었다.

아네트의 에이티식스인 앙쥬, 세오의 보옥에 추가로 파란 보옥이 다시금 브로치의 별 정점에서 빛났다.

"액티베이트, 〈스노윗치〉, 〈블랙독〉!"

두 보옥이 흩어지며 사라졌다. 앙쥬의 보옥과, 레이와의 전투에서 아네트가 한 번 잃었다가 지금 돌아온 다이야의 보옥이.

두 에이티식스는 각자의 무장 형태로 변하기 전에 잠시 인간 형태를 취했다.

반 년 전에 갑작스럽게 헤어졌던 다이야를 곁눈질로 보며 앙쥬는 웃었다.

"어서 와, 다이야 군."

다이야는 겸연쩍은 웃음을 돌려주었다. 아마도 뭔가 잘못을 저지르고 흠뻑 젖어 돌아와서는 자상한 누나의 배려를 받는 동생이 이런 기분이겠지.

"나 왔어, 앙쥬……. 미안해, 걱정 끼쳐서."

"맞아……. 더는 없어지지 마."

"그래. 그러니까 또 함께."

"응. 같이 싸우자."

미소를 나누고.

웃는 모습인 채로 앙쥬가 변한 미사일 포드가.

다이야가 변한 곡사포가.

"파이어!"
아네트의 호령에 사납게 포호를 연속해서 울렸다.

또한 〈산마그놀리아〉에서는 더스틴이, 바츨라프가, 세네빌이, 에코가, 샌더스존톰이 전이해 왔다. 〈아르테미스〉의 화살이, 〈건메탈스톰〉의 탄막이, 〈라 베트〉의 대형 미사일이, 〈아르고스〉의 레이저가, 〈번트 테일〉과 〈레우코시아〉와 〈마치헤어〉의 합체수렴 델타어택이, 빗살처럼 키리야를 두들긴다.
그중에서도 〈래핑폭스〉를 전개, 복수의 와이어를 구사하여 키리야를 쫓으며 포격과 미사일을 쏘는 아네트는 눈에 띄었다. 장벽마법을 발판 삼아 종횡무진 내달리는 키리야지만, 그걸 정확하게 계속 쫓으며 포탄을 쏘아댔다.
그래도 농밀하게, 복잡하게 뒤얽혀서 도망칠 곳도 없을 터인 무수한 사선의 틈새를 고기동전투에 특화된 〈페일 라이더〉는 계속해서 빠져나간다.
지금, 어두운 두 눈에는 희미한 웃음 한 점도 없다. 그저 처참하게 얼어붙은, 피에 젖은 흉흉한 칼날 같은 그 차가움.
그 처참함과 함께 내뱉었다.
"이런 탄막으로 될 줄 알았나."

이에 대답하듯, 레나는 속삭였다.
"아뇨."
옆에서 전개를 마친 라이덴의 〈베어볼프〉—— 한순간에 포탄의 폭풍우를 투사하는 개틀링건. 부여된 것은 크레나의 〈건슬링어〉 효과. 필중의 마탄.

"파이어."

동료 마법소녀들의 탄막 뒤에 숨어서, 또 이동 방향의 제한을 이용하여.

질주하는 〈페일 라이더〉의 진행 방향. 예측되는 진로 상의 장벽마법진의 발판 전체를 동시에, 필중의 마법이 정확하게, 정밀하게 꿰뚫었다.

"읏……?!"

장벽마법진이 깨져 흩어진다. 다음 발판을 밟으려던 짐승의 다리가 허무하게 허공을 가른다.

"칫……."

희미하게 남은 장벽마법진에 재빨리 서서 자세를 유지하려는 용의 꼬리도 다음 순간 중간에서 부러졌다. ――프레데리카가 죽을 기세로 휘두른 칼날이 박혔던 꼬리.

이 전투에서 거의 처음으로 〈페일 라이더〉는 강제로 발이 멈추게 되었다.

그래도 발판을 구축하고 있는 것은 다름 아닌 키리야의 마술이다. 경악은 한순간, 살아 있는 것을 무기질하게, 무의미하게 사냥하는 〈레기온〉의 살육 본능이 사라진 장벽마법진을 냉철하게 재구축한다.

하지만 정지해 있는 그 한순간의 틈을 정확히 찔러서.

"액티베이트――〈시리우스〉!"

화염이 달렸다.

레이에게서 넘겨받은 마력을 그대로 두르고 프레데리카가 전개한 쿠조의 푸르스름한 화염.

이어서 핑크색 꽃잎이, 매의 날개 모양 칼날들이.

"〈키르쉬블리테〉, 〈팔케〉, 액티베이트! ――놓치진 않겠다, 키리야."

하얀 업화가 타오른다. 꽃잎 칼날이 소용돌이를 틀고, 깃털 칼날이 그 주위에서 칼날을 늘어 세운다. 〈언더테이커〉에게 다친 〈양치기〉로서는 더 이상 몸성히 빠져나갈 수 없는 몇 겹의 구 모양 감옥이―― 드디어 〈페일 라이더〉를 허공의 한곳에 단단히 묶어놓았다.

그 모습은 〈기아데 원〉 전투 지휘소의 대형 홀로스크린에도 즉각 반영되었다.

"최우선 목표 〈페일 라이더〉의 구속을 확인!"

"함장님!"

화기관제사관이 후방, 함장석을 돌아보았다. 에른스트는 힘주어 고개를 끄덕였다.

"절대승천☆장송정가섬멸의식대포―― 음, 역시 이런 시리어스한 장면에서 이런 이름을 외치긴 싫거든?! 쓸데없이 길고!"

똑같은 소리를 〈로아 그레키아〉의 전투 지휘소에서도, 이상한 이름포의 개발자이자 명명한 장본인이기도 한 바보 왕자 전하가 죄다 자기 잘못인 것을 싹 무시하고 투덜거렸지만 그쪽은 완벽하게 자업자득이니까 동정할 필요는 없다.

아무튼.

"절대승천☆장송정가섬멸의식대포, 발사!"

그리고 도시급 함의 전장을 초월하는, 은하항행함대 최대의 마도포가 엄청난 빛을 뿜었다.

진공의 어둠 속에서도 울려 퍼지는 포호는 포성이라기보다는 오히려 새의 노랫소리나 무녀가 추는 춤의 노랫소리와 비슷했다.

꽃과 보석의 색채를 띤 무수한 새들이 은색 부리로 서로 지저귀듯이.

온갖 음색의 수많은 방울을, 무녀가 일제히 울리듯이.

별들의 반짝임과도 비슷한, 반짝반짝하면서도 서늘한 울림을 호사스럽게 뿌리며.

솟구친 극채색의, 극대의 빛줄기가 마지막 〈양치기〉를 삼켰다.

온도가 없는 정화의 화염에, 그 격렬한 물살에 삼켜진 키리야는 이미 괴로운 신음조차도 흘리지 않는다. 그저 깨지고 흩어지는 은색 비늘 파편이, 불타서 날아가는 더러움의 파편이, 눈처럼, 재처럼 우주 공간의 어둠에 흩어진다.

그 모습을 똑바로 바라보며 레나는 외쳤다.

"〈언더테이커〉, 액티베이트!"

핏빛 보옥이 사라졌다.

피에 젖은 듯 시뻘건 낫을, 가녀린 손이 쥐었다.
〈양치기〉라도 일격으로 베어 버리는 칼날을 가로로 휘두르게끔 들고, 하늘색 입자의 꼬리를 끌며 레나는 비상했다.
장송정가섬멸의식포의 사격이 끝난다.
극채색의 빛줄기가 사라진다. 한 쌍의 용꼬리를, 짐승의 다리를 잃고, 너덜너덜할 정도로 불타 버렸으면서도 아직 인간의 형태를 지키는 〈양치기〉의 모습이 그 너머로 나타난다.
그를 구성하는 더러운 마력의 태반이 불타서 깎여나가서, 더 이상은 제대로 움직일 수 없다. 신속을 자랑한 기동성은 찾아볼 수 없지만, 그래도 완전히 쓰러지지 않은 그에게 이번에야말로 결정타를 먹이기 위해.
낫을 들고 달리는 레나를 키리야는 이미 보고 있지 않았다.
그 너머, 아직 소모 때문에 움직이지 못하는 프레데리카만을 바라보고 있었다.

——불타듯이, 구워지듯이, 돌아가고 싶다고 생각했다.

〈양치기〉가 되기 전. 마법사관으로 마지막이었을 터였던 싸움에 임한 그날부터. 돌아갈 수 없어진 그 싸움 전부터. 나는 계속.
계속, 돌아가고 싶다고 생각했다.
계속, 그래. 지금도 그렇다.
돌아가고 싶다. 돌아가야 한다.
돌아가지 않으면.

돌아가지 않으면—— 프레데리카가.

전쟁 때문에 마법사관인 나는 항상 귀가가 늦어서.

양친은 이미 없는데, 혼자 집을 지키게 하고.

외롭게 만들고.

그런 끝에 화내게 하고, 울리고. 그래.

돌아가지 않으면.

이번에야말로 빨리. 어서.

그러지 않으면.

"또 프레데리카가 울 테니까."

레나는 〈언더테이커〉를 가로로 휘둘렀다.

포격에 태반이 깎여나갔어도 아직 막대한 〈양치기〉의 구성마력이—— 지금의 키리야를 구성하는 모든 것이, 만 명의 군대라도 분쇄하는 칼날에 베이고 깨져서 천 개의 조각으로 부서지고 흩어졌다.

혼백을 잃은 키리야의 몸이 스러진다.

가루눈으로 빚은 것이 바람에 흩어지듯 오빠였던 마력의 파편이 흩어지는 것을, 프레데리카는 눈물을 참으며 지켜보았다.

사실은 하고 싶은 말이 있었다.
해야만 하는 말이 있었다.
그러기 위해서 다시금, 가능하다면 제정신인 그와 만나고 싶었다.
하지만 이미 그럴 수 없다.
쓰러뜨리기 위해 마력을 다 썼고, 사실은 그 마력도 부족했기에. 그러니까 쫓아갈 만한 마력은 이미 부족하니까.
하다못해 그것만이라도 말했다.
"이걸로 작별이니라…… 키리야."

"그게 아니잖아, 프레데리카."

어느 틈에 옆에 와 있었을까. 인간 형태로 돌아온 신이 고개를 절레절레 내저을 듯한 얼굴로 말했다.
동시에 신 외에도 쿠조나 카이에나 하루토나 다이야, 옆에 있는 레이, 레나와 아네트, 두 사람의 에이티식스인 라이덴이나 세오나 앙쥬나 크레나, 전이해 온 〈산마그놀리아〉의 마법소녀와 그 에이티식스 전원에게서 경로가 연결되고, 각각에게서 마력이 들어오는 것을 프레데리카는 느꼈다.
"무슨……."
신은 동물의 삼각형 귀를 까딱까딱 흔들면서, 왠지 조금 화내는 듯한, 견디기 힘들다는 듯한 얼굴을 했다.
"후회를 정리하고 싶었잖아. 그럼 이번에야말로 후회가 남지 않게 해……. 바라는 바가 있거든, 참지 마."

하고 싶었던 말을, 정말로 바랐던 소원을, 체념하는 게 아니라.

"신에이……."

더 멀리 〈기아데 원〉에 있는 유진에게서도, 전투를 겪으며 많든 적든 소비된 이 자리의 누구보다도 많은 마력이.

"미안해. 나는 전혀 도움이 못 됐으니까, 하다못해 이거라도."

"〈류넷☆유진〉……."

프레데리카는 감격하여 그 이름을 불렀다.

한편 쿠조와 카이에가 한 소리 했다.

"정말로 아무 도움도 안 됐으니까, 〈류넷☆유신〉."

"애초에 〈류넷☆유진〉이 살아남았으면 〈엠프레스☆프레데리카〉가 마력 고갈로 오빠를 쫓지 못하는 일은 안 생겼을걸?"

"미안하다니까. 그리고 죽은 거 아니라고."

참고로 마르셀은 보유마력 고갈 직전 상태로 뻗었기에, 그에게서는 공급이 없었다.

"왜 나만……."

"으음, 고생 많네."

머리 위에 실체화한 시덴이 그 곤두선 오렌지색 머리를 대충 두들기며 칭찬했다.

레나와 아네트가 올 때까지 혼자서 프레데리카의 원호를 맡았으니까, 어쩔 수 없는 일이다.

바로 그 마르셀도 뻗은 상태로 오른손만 쳐들어서 힘없이 엄지를 치켜세웠다.

그리고 모두가 동시에 말했다. 웃으며, 힘없이, 혹은 살짝 화난 얼굴로.

[어서 가!]

"……!"

그 목소리에 떠밀려서.

프레데리카는 튕기듯이 별바다로 날아갔다.

체리 핑크색 빛의 파편을 뿌리면서 프레데리카는 비상했다.

이상한 이름포의 압도적인 정화의 빛줄기, 그 잔재 마력이 안개처럼 일대를 가득 채우고, 우주의 어둠을 잠시 동안 극채색으로 화려하게 물들이고 있다. 그 안개를 가르며 나는 프레데리카에게 마력의 미립자가 모여들어서 소용돌이를 틀고, 리본처럼 나부끼면서 반짝였다.

정화의 빛줄기의 마력과 흩어진 〈양치기〉의 구성마력 파편으로 채워진 별바다.

하지만 가까운 존재는 공명하고 서로를 부른다.

형제인 레이와 신이 〈양치기〉와 에이티식스로 나뉘었어도 서로를 불렀듯이—— 남매인 키리야와 프레데리카라면 설령 한쪽이 영혼만 남았더라도 서로를 부르고 만나겠지.

설령 〈양치기〉의 막대한 구성마력, 그 무수한 파편이 사막의 모래처럼 흩어진 그 한가운데라고 해도.

망설임 없이 프레데리카는 그녀를 부르는 그 기척을 향해 비상했다. 그쪽으로 똑바로, 손을 뻗었다.

정확하게 두 손으로── 오빠의 영혼을 건져내었다.

"정말이지. 오빠나 되는 것이 길을 잃어서 연약한 동생에게 마중 나오게 하다니 무슨 짓이냐. 기다리다 지치지 않았느냐."

두 손으로 끌어안고, 그 두 손에 얼굴을 가져가고, 프레데리카는 속삭였다.

웃으며 가볍게 원망을 던져줄 생각이었는데, 실제로 얼굴은 미소를 띠고 있는데.

왜인지 눈물이 펑펑 솟아났다.

"미안했구나. 돌아오지 않아도 된다는 소리나 하고. 그런 생각은 없었다. ……돌아와 주었으면 했다. 계속, 계속."

그런데, 돌아와 주지 않았으니까.

돌아올 수 없게 되었으니까.

그러니까 그렇게 길 잃은 한심한 오라비를.

"데리러 왔다. 겨우 그대를 데리러 올 수 있었구나. 키리야……오라버니."

"절대승천☆장송정가섬멸의식대포── 발사!"

"절대(중략)포── 발사!" "이하동문 발사!" "발사!"

"잠깐, 〈기아데 원〉?! 중략은 너무하잖아, 중략은! 3번포랑 예비 4번포도!"

예의 바르게 이상한 이름포의 정식 명칭을 반복한 〈로아 그레키아〉와 대수롭잖게 줄여 버린 〈기아데 원〉, 〈기아데 포〉와 이미 이름도 부르지 않는 〈기아데 에잇〉.

각각의 이상한 이름포가 마지막 포격을 날렸다. 모든 지휘개체를 잃은 〈레기온〉 잔존집단이 정화의 화염에 불타서 완전히 소멸했다.

마지막 〈레기온〉을 다 정화하고, 이상한 이름포의 극채색 빛이 사라졌다.

그 모습을 신은, 라이덴과 에이티식스들은 만감의 감정으로 바라보았다. 끝났다, 드디어. 〈레기온〉 전쟁이.

우리의 역할이.

레나는, 아네트는 그저 묵묵히 그런 에이티식스들의 뒷모습을 지켜보았다.

라이덴이 입을 열었다.

"석연찮을 정도네."

"그래."

빛이 사라진 진공의 어둠을, 〈레기온〉이 없는 별바다를 바라보는 채로 신은 끄덕였다.

"석연찮기는 해도, 그래도―― 간신히 끝났어."

한 차례 숨을 내쉬고.

간신히 신은, 에이티식스들은 레나와 아네트를 돌아보았다.

"수고하셨습니다, 〈레지나☆레나〉, 〈아울렛☆아네트〉."

"예……."

미소 지으며 끄덕이려던 레나에게, 신은 먼저 말을 이었다.

어딘가 놀리는 듯한 미소를 지으며.

"설마 다른 배의 전투영역에까지 날아올 줄은 생각도 못했습니다만."

그 말에 레나의 얼굴이 새빨개졌다.

"하지만요, 신. 당신 목소리가 들렸으니까요. 당신이 싸우고 있다고 생각하니, 무심코."

더듬더듬 말하다가, 그제야 깨닫고 쓴웃음을 띠었다. 놀리는 것뿐이다.

그리고.

"이제는 〈레지나☆레나〉라고 부르지 않아도 되지 않나요?"

전쟁은 끝났다. 〈레기온〉은 모두 없어졌다.

더 이상 마법소녀가 더러움에 오염될 걱정은 하지 않아도 된다. 더러워지지 않기 위한 콜사인으로 마법소녀를 부르지 않아도 된다.

전쟁은 이걸로 끝났으니까.

"불러 주지 않겠나요, 신. 여러분도. 평소처럼, 레나라고."

이번에는 에이티식스들이 쓴웃음을 지었다.

"그러네요."

"맞아."

"그렇군."

제각각 웃었다. 각자가 구김살 없이, 시원스럽게.

[고마웠습니다, 레나.]

그리고 다음 순간.

전원이 꿈의 거품이 터지듯이, 은색의 빛의 파편으로 흩어져서 사라졌다.

모두가.

여기만이 아니다. 모든 전투영역에서, 혹은 은하항행전함의 함내에서, 에이티식스들이 일제히 사라졌다.

레나는 입술을 꾹 다물었다.

한 발 물러나서 조용히 지켜보는 레이에게, 토해내듯이 물었다.

"전쟁이…… 끝났으니까?"

"그래."

필요가 없어진 술식이 해제된 것이다.

함대 안에 있는 신전함의 술식. 마법사관들의 정신을 몸에서 분리하고 에이티식스로 재구축하여 남겨 두던 술식이.

에이티식스가 인간으로 되돌아오려면 시간이 얼마나 걸릴까? 인간으로 돌아왔다고 해도 자신과 그들은 다음에 언제 만날 수 있을까?

언젠가 만날 수 있기는 할까?

아니야…….

"또 만날 수 있어요."

내일 예정을 말하듯이, 그리고 어딘가 애통한 기도처럼, 레나는 말했다.

이루어지지 않는다는 생각은 하고 싶지 않았고, 생각하지 않았다.
왜냐면.
자신과 그들은.
말을 나누었다. 힘을 합쳤다. 같은 미래를 목표로 하며 함께 싸웠다.
가까운 존재는 서로를 부르며 공명한다.
말을 나누고, 힘을 합치고, 함께 싸운 자신과 그들 사이에는——이미 인연이, 유대가, 확실하게 있으니까.
그러니까 레나는 웃으며 말했다. 기도처럼. 당연히 올 터인 미래에 대해 말하는 어조로.
"기다리겠어요…… 에이티식스들. 신."
다시금 당신들이, 당신이, 돌아오는 것을.

☆☆☆☆☆

〈레기온〉 섬멸작전에서 나온 수많은 부상자로 한때는 만원이었던 의료구역이지만, 대부분의 이들이 치료를 마치고 나간 지금은 불이 켜진 방조차도 드물 정도밖에 없다.
그중에서 아직 집중치료용 유리관이 하나 가동 중인 방에 유진이 있다.
"먼저 단언하는데, 내가 치료 캡슐에 들어 있는 게 아니니까."
유리관 옆에 의자를 끌어와서 휴대 단말로 전자서류를 읽고 있을 뿐이다.

마법소녀의 임무가 없어져서 한가해지기도 했고, 거의, 아니, 전혀 교전하지 않았지만, 일단 관계가 있던 사이라고 생각하기도 하고.

치료 캡슐에는 생명 유지의 술식과 치료술식만이 아니라 몇 겹의 정화마법도 전개되어 있다. 그 가늘고 높은, 노래 같기도 하고 기도 같기도 한 영창 사이에.

"너 말고 아무도 없는데."

갑자기 목소리가 울렸다.

집중치료용 유리관 안. 생명 유지와 치료, 몇 겹의 정화술식을 가동시키고 있는, 얼마 전까지는 〈양치기〉였던 마법사관을 수용했던 캡슐 안에서.

"뭘, 누구에게, 단언한다는 거지."

"아, 눈을 떴구나."

들여다본 곳, 두통을 참듯이 가늘게 뜬 검은 눈과 시선이 마주쳐서 유진은 미소를 지었다.

"처음 뵙습니다, 라고 해야 할까. 키리야 로젠폴트……. 제정신으로 돌아온 모양이네. 다행이야."

키리야를 집어삼키고 〈레기온〉으로 바꿔놓았던 더러움은 이상한 이름포의 포격으로 상쇄되고 떨어져 나갔다. 남은 약간의 더러움을 정화마법으로 털어내고, 정신과 육체의 정화가 완료되면 〈양치기〉는 인간으로 돌아온다. 원래 몸과 인격을 되찾을 수 있다.

그런데 원래 자신으로 돌아와 보니, 〈양치기〉였을 때의 자신은 역시나 심각하게 망가져 있었던 모양이다. 키리야는 잠시 말없이 얼굴을 가리고 뜸을 들였다.

생명 유지술식이 아직 필요할 정도로 중상이고 실제로 꼼짝도 할 수 없었지만, 분위기상으로는 그런 느낌이었다. 응, 그래.

"아무래도 너무 부상이 심각해서 한동안은 치료 캡슐 안에 있어야 하지만. 전부 다 좋아지거든 동생에게 돌아가도록 해."

칠흑의 두 눈이 껌뻑였다. 의심하듯이. 그리고 두려워하듯이.

어딘가 어린 티가 묻어나는 그 모습에, '아, 그러고 보면 비슷한 또래였지.' 라고 유진은 생각했다.

전쟁만 아니었으면 아직 평범한 아이라도 좋았을 나이.

구김살 없는, 다정한, 연약한, 단순한 아이로 있을 수 있었을 나이.

"프레데리카가."

"전장이긴 했지만 만났잖아. 환영이 아니야. 그 아이는 너를 위해 100년이나 기다렸어. ……사과하고 싶다고, 말했어. 제정신으로 돌아온 너와도 제대로, 다시금."

돌아오지 않아도 된다고 말해 버렸던 것을.

키리야는 작게 탄식했다.

그런 건. ……본심에서 나온 말이 아니란 것은 생각하지 않아도 알 만한 그런 말 따윈.

"나는 신경도 쓰지 않았는데."

"그런데 넌 죽은 줄 알았는데 되살아났나? 거참 구질구질하긴."

"그러니까! 애초에 죽은 거 아니라니까!"

☆☆☆☆☆

제일 먼저 느낀 것은 어떻게 할 수 없을 정도의 무게였다.

마법적 존재인 에이티식스의 몸으로서는 느낄 수도 없는 육체의 무게. 100년 전에 잃었을 터인 16세 소년의 몸의 무게.

그리고 피부 아래를 흐르는 피의 열기와 호흡할 때마다 흘러드는 소독약 냄새.

어두운 것은 자신이 눈을 감고 있기 때문이라고 깨닫고, 무거운 눈꺼풀을 들어 올렸다.

달라붙어 있던 속눈썹이 풀어지고, 고여 있던 눈물이 흘러내렸다. 속눈썹에 남은 이슬이 반사하는 희미한 빛마저도 오랜만에 느끼는 맨몸의 눈에는 너무나도 눈부셔서, 신은 무심코 얼굴을 찌푸렸다.

몇 번이나 눈을 껌뻑여서 눈물을 털어내고, 간신히 눈이 익숙해졌을 즈음에 슬슬 주위를 둘러보았다. 하얗고 밝은 공간. 불은 켜져 있지 않지만, 창문에서 들어오는 햇살을 본뜬 빛으로 희미하게 밝은, 새하얀 병실의 침대 위다.

마침 둘러보러 왔던 모양인 기술신관복에 짧은 금발의 여성이 이쪽을 들여다보며 보라색 눈에 미소를 띠었다.

"정신이 들었나 보네?"

"여기는?"

여성이 미소 지었다.

"신관함의 의료구역이야. 당신들은 몰랐겠지만, 마법사관이 눈뜰 날을 대비해서 준비된 것이야. 다른 아이들도 다들 여기에 있어. 아직 잠든 아이도, 일어난 아이도. 눈을 떠도 원래 몸에 적응할 때까지 한동안 요양이 필요하니까. 당신도."

병실에는 신이 누워 있는 것 외에도 몇 개의 침대가 있는데, 그것들은 모두 비어 있었다. 창밖 멀리서 들려오는 잡다한 목소리.

먼 옛날, 학교의 쉬는 시간에 들려왔던 것 같은 소리들.

"수고 많았어, 마법사관 신에이 노우젠 소위. 나는 기술신관 그레테 벤체르야. 당신들의 시민 ID 동결 해제 등의 이주 준비는 각 함마다 진행 중이니까 한동안 여기서 마음 편히 요양하도록 해."

"할 일을 마치면 처분될 줄 알았습니다."

그레테가 쓴웃음 지었다.

"그럴 리가 없잖아. 대체 왜 그런 결정이 내려진다는 거야?"

"……."

우리는.

에이티식스는 함대를 지키기 위한 무기.

이미 사관도 인간도 아닌…… 죽을 때를 놓친 도구다.

그렇게 생각하며, 그런 마음으로, 100년 동안.

100년의 세월 동안, 계속 싸워서.

"싸움이 끝났으니까 원래대로 사관으로, 인간의 몸으로 돌아오는 건 당연하잖아. 최소한 100년 동안의 월급도 쌓였고 보너스도 준비되어 있으니까, 수령하지 않으면 어느 배고 경리과에서 난리날 거야.”

돌아와도.

잃어버린 것이라면서 버린 셈으로 쳤던 인간의 몸을, 사관이었을 무렵의 꿈을, 인간의 행복을, 다시금 바라도, 된다고……?

“할 일을 마쳐서 처분되는 것은 이 신전함뿐이야……. 원래 용도인 학원함으로 재개장하기로 결정되었어. 이번에는 당신들 모두가 마음껏 공부를 하고 다니기 위한 곳으로.”

“모두가.”

“그래. 에이티식스였던 당신들과 여기에 다니기를 희망한 미성년자 마법소녀(핸들러)가 말이야.”

병원 밖에서 요란스러운 발소리가 울렸다.

한쪽 벽이 유리창이었고, 열린 커튼 사이로 밝은 복도가 보였다.

그 창문 너머로.

“다들 당신이 일어나길 기다렸어……. 최대보유마력량이 많은 탓일까. 당신은 제일 늦게 눈을 떴거든.”

가장 먼저 칠흑색 눈에 안경을 낀, 핏빛 머리칼 청년이 발소리도 없이 모습을 보였다.

“안녕, 신.”

“형…….”

이어서 익숙할 터인데도 너무나도 오랜만에 보는 느낌인 쇳빛 머리와 눈, 그리고 장신의 소년이.

“여어.”

“라이덴.”

"우리도 있어~."

"있다고!"

세오와 하루토가.

이어서 앙쥬와 다이야와 크레나와 카이에와 쿠조가 창틀 바깥에서 시야 안으로 우르르 밀려들고.

"물론 나도 있으니까."

"아, 나도 무사했습니다. 정말로 미안."

"으음, 정말이지 그건 아니잖아, 유진."

"방심하면 큰일 난다고."

아네트와 유신과.

그 뒤를 이은 두 사람의 모습에 신은 눈썹을 찌푸렸다.

"누구지?"

"너무하네."

"있었잖아, 그 자리에!"

시덴과 마르셀이다. 두 사람은 동시에 아우성치고 항의의 절규를 올렸다.

"나도 있느니라! 그리고…… 보아라! 키리야도 무사하다!"

"잡아당기지 마, 프레데리카. 어디에도 안 가니까. ……어어, 저번에는 나랑 동생이 신세 졌어, 동생 노우젠."

"그건 그대뿐이니라, 키리야! 애초에 누가 그런 걱정을 하겠느냐! 손도 많이 가는 오라비 같으니!"

"미안해. 그러니까 제발 울지 마. 그리고 너도 번거롭게 한 건 맞잖아. 그 감사의 말을 가로막지 마."

"울지 않았다!"

한 손으로 오빠의 손을 잡아당기며 기운차게, 그러면서도 잔뜩 눈물이 고인 눈으로 뛰어든 프레데리카. 그런 프레데리카에게 끌려오는, 레이와 마찬가지로 인간 모습으로 돌아온 키리야.

그리고 "에잇, 이 검정 머리 빨간 눈의 늑대 녀석, 내 귀여운 딸은 못 준꾸와아앗?!"

"눈치 좀 챙기세요, 당신."

아직도 눈치 없는 바츨라프가 끼어들었지만, 곧바로 마르가레타가 하이힐로 걷어차서 퇴장시켰다. 발끝이 옆구리에 멋지게 꽂힌 바츨라프는 그대로 복도 너머까지 날아가 버렸다.

아무튼.

그리고. 새틴처럼 윤기 도는 은색 장발과 커다란 은색 눈, 아름답고 가냘픈 소녀가 얼굴을 내비쳤다.

유리에 두 손과 이마를 붙이며 레나가 미소 지었다. 핑크색 입술이 미소 지은 모습 그대로 그의 이름을 불렀다.

"신."

돌아보며 신도 미소를 지었다.

전쟁을 끝내기 위해—— 힘을 빌려달라고 한 마법소녀(핸들러)에게.

전쟁을 끝내기 위해. 끝낸다는 자신의 바람을 위해서. 함께 싸우자고 말해 준, 자신의 마지막 마법소녀(핸들러)에게.

"돌아왔습니다, 핸들러."

"예, 어서 오세요, 언더테이커."

마법소녀 라커☆비카

~날아라! 불새 차이카! (……와 우리의 바보 왕자!)~

[EIGHTY SIX]

The number is the land which isn't
admitted in the country.
And they're also boys and girls from the land.

86

“최우선 목표 〈미스트리스〉, 포착!”

“조준 완료! ——빅토르 전하!”

어렸을 적부터 익히 알고 지낸 나이 든 포술사관이 돌아보았기에, 로아 그레키아 연합왕국 제5왕자 빅토르 이디나로크는 고개를 끄덕이고 용감하게 목청을 높였다. 은하항행전함 〈로아 그레키아〉의 방어구역 깊숙한 곳에 자리 잡은 전투 지휘소 안.

은하항행함대 중에서 유일하게 전제군주정을 펴는 〈로아 그레키아〉의 전투 지휘소는 왕의 혈통으로서 통수권의 일부를 행사하는 특장(特將)(로열 제너럴)의 자리이기도 하다. 그렇기에 모성에서 강탈한—— 아니, 마지막 작별 선물로 받아 온, 오팔이 된 수장룡의 전신골격까지 장식된 사치스러운 모습이다.

“절대승천☆장송정가섬멸의식대포—— 발사!”

“에엑?! 잠깐만, 나 하필이면 그렇게 웃기는 이름의 병기에 죽는 거야?!”

그 점은 진심으로 유감이지만…….

아무튼 나머지 세 〈양치기〉 중 하나, 〈미스트리스〉=제레네 빌켄바움 여사의 그런 비통한 절규를 마지막으로.

함대에 이름이 자자한 바보 왕자, 빅토르 이디나로크 전하께서 삼가 건조하신 이상한 이름포는 초진이자 운용시험인 로아 그레키아 결전에서 대치하는 〈레기온〉 집단과 〈양치기〉를 멋지게 격멸한 것이었다.

하지만 그렇다고 해서 은하항행함대 〈로아 그레키아〉의, 그리고 거기에 속한 마법소녀들의 전쟁이 완전히 종결된 것은 아니었다.

☆☆☆☆☆

캐터펄트에 불이 들어온다.

〈로아 그레키아〉의 마법소녀는 몸에 두른 저거노트도, 손에 든 레이드 디바이스도, 함대에서 손꼽히는 중량급이다. 사출 마법진은 한 쌍으로 부족해서 네 쌍, 다리만이 아니라 좌우 측면과 머리 위에도 붉은 라인을 그리며 가상 셔틀 블록이 사방에서 레이드 디바이스에 접속했다.

포전형 중량급 무투의상 〈바르슈카 마토슈카〉의, 자기 키의 몇 배에 달하는 길이의 금자수 망토를 무겁게 끌며, 역시 자기 키의 두 배는 되는 길이인 유령거미의 얼음상과 강철 기사상을 기괴하게 융합한 듯한 중무투장 〈알카노스트〉. 마술방어의 장신구들 중 하나인 머리를 채색하는 티아라는, 그의 경우 특장의 증거로 보옥을 박아 넣은 이중관이다.

신분이 얼마나 높더라도 이것만큼은 변하지 않는 마법소녀 특유의 콜사인을 관제관이 말했다.

"진로 클리어. 〈라커☆비카〉, 발진하세요!"

즉, 참 장난스러우면서 ☆이 필수인 그 룰에 따른 콜사인.

항상 그렇듯이 무심코 눈을 사납게 뜨면서, 항상 그렇듯이 한숨을 섞어 가며 답했다.

"수신 양호. ――〈라커☆비카〉, 빅토르 이디나로크. 출격하겠다."

그런고로 마법소녀 비카가 등장한다.

무예와 용기를 숭상하고, 왕족이야말로 솔선해서 전장에 서는 기풍인 로아 그레키아 연합왕국이기에, 왕자이며 장군인 그가 마법소녀가 되는 것은 물론 당연한 일이다.

"그렇다고는 해도 종다리잡(라커)이는 억지로 만든 말 같은데. 그냥 편하게 매잡(팔코너)이로 하면 좋았을 것을."

바르슈카 마토슈카의 고유 색상과 마찬가지로, 샴페인 골드색 결정 파편을 뿌리며 전투영역에 정지하면서 비카는 코웃음을 쳤다. 처음부터 보옥 형태를 하지 않고 인간 형태로, 오른쪽 어깨에 얌전히 앉아 있던 수호정령(에이티식스) 레르케가 딱딱한 얼굴로 대답했다.

"하오나 전하 자신께서 매사냥을 즐기시지 않는 이상, 매잡이라는 이름을 쓰실 수는 없겠지요. 싫다고 하시는 체스와 마찬가지로, 이것도 본래는 왕족의 소양이옵니다. 이 기회에 분발하시어, 앞으로라도 힘쓰심이…… 아얏?!"

따악 하고 이마를 얻어맞아서 레르케가 침묵했다. 에이티식스은 물리적인 육체를 갖지 않고, 비카는 꽤 살살 때렸으니까 아플 리가 없지만 이럴 때에는 반사적으로 그렇게 말하는 모양이다.

여담이지만, 현재는 국왕인 아버지가 왕자일 시절에 마법소녀로 활약했을 때의 콜사인도, 현 왕태자인 장남 자파르가 마법소녀를 맡았을 때도 〈팔코너〉였다. 두 사람 다 매사냥이 취미였기에.

또 왕족이야말로 솔선해서 (생략)인 〈로아 그레키아〉니까, 국왕이든 왕태자든 마법소녀 경험자인 것은 당연하고, 끈질기게 거듭하는 말이지만 마법소녀가 되는 데는 나이에도 성별에도 제한이 없다.

"닥쳐라, 일곱 살 꼬맹이. 괜한 오지랖이다."

"아뇨, 이 소생은 일곱 살 정도가 아니라 전하보다 훨씬 연상이옵니다만……."

이마를 문지르면서 말하는 레르케는 금발에 같은 색의 털 많은 개 귀와 꼬리, 밝은 에메랄드색 눈이 아름다운 왕실 직속의 수호정령, 시린이다. ——〈로아 그레키아〉에서는 특례로 몇몇 에이티식스를 이디나로크 왕실이 대대로 이어받고, 왕실에서도 특히나 마력이 높은 특장을 마법소녀로 삼아 운용시킨다.

함대에서 유일한 왕가에 대한 경의이며, 또한 그런 운용 방법을 통해서 제일 능력을 발휘하는 에이티식스이기 때문이다.

레르케는 그 왕실수호정령(시린) 중에서도 중핵을 맡는 한 명, 항상 이디나로크 왕가 최강의 마법소녀에게 맡겨져 온 〈로아 그레키아〉 방어의 중심이다.

그것은 당대 최강의 마법소녀 '자수정' 인 비카가 이상한 이름포를 개발, 〈양치기〉 중 하나를 정말로 간단히 격멸한 현재조차도 변함없다.

“절대승천☆장송정가섬멸의식대포는 효과도 위력도 확실하지만, 다루기 까다로워서 말이지. 동력원은 100년분이나 남아 있으니까 다소의 낭비는 허용 범위지만, 그래도 어중간한 규모의 잔당 집단을 요격하기에는 낭비가 너무 심하지.”

“예. 함부로 연발하여, 남아 있는 두 〈양치기〉에게 경계와 대처를 위한 정보를 줄 필요도 없기에.”

〈미스트리스〉와 휘하 〈레기온〉 집단은 괴멸되었음에도 불구하고, 특장인 비카와 시린인 레르케가 이렇게 출격하는 것도 그 잔당 집단을 처리하기 위해서다.

이상한 이름포의 연속사격 덕분에 현재 남은 〈미스트리스〉 휘하의 〈레기온〉은 포격을 피한 극히 미미한 숫자뿐. 일반적인 군인 마법소녀에게 토벌을 맡겨도 문제없다——. 작전 직후의 관측으로는 그럴 터였는데, 실제로는 상당한 숫자의 적 집단이 남아 있다는 사실이 얼마 전에 밝혀졌다.

그것도 하필이면 〈양치기〉에는 못 미치더라도 잡병인 〈양〉과는 비교도 안 될 정도의 전투 능력을 자랑하는 일기당천의 장수, 〈미스트리스〉 휘하에서 으뜸가는 강적이 그 중핵이 되어서.

100년 동안의 전쟁으로 축적된 그 관측 정보를 통해 붙여진 별명은.

“불사조의 기사, 식별명 〈포닉스〉……. 수많은 〈레기온〉 중에서도 유일한 형태를 갖는 특수형이로군요.”

"그래. 기묘하게도 너와 마찬가지로."

비카는 힐끗 레르케를 바라보았다.

"뭔가 인연이라도 있나?"

"아뇨, 소생은 녀석의 근본인 마법사관(에이티식스)과 면식이 없사옵니다. 게다가 아마도 꽤 섞여 버렸을 테니까요. 원래 인격이라고 부를 만한 것이 남아 있을 리가 없겠지요."

보통 마법소녀에게는 에이티식스와 〈레기온〉의 정체에 대해 숨기지만, 비카는 특장—— 함의 지도층이다. 그것을 몰라서는 안 된다. 전쟁의 진실도…… 살아남은 마법사관들을 무기로 삼아 100년 이상 계속 이용해 온 그 깊은 죄도.

하지만 레르케는 그 100년의 아픔 따윈 느껴지지 않는, 구김살 없는 얼굴로 깔깔 웃었다.

최근 3년 동안은 비카와 함께, 그 이전에는 역대 '자수정' 곁에서 싸우고, 그 '자수정' 대부분을 떠나 보낸 아픔 따위는 느껴지지 않는 미소로.

혹시 전쟁이 계속된다면 언젠가 다음 '자수정' 에게 이어지고, 선대 '자수정' 이나 비카마저도 떠나 보낼지 모르는…… 그런 아픔도 두려움도 죄다 삼켜 버린 얼굴로.

"하오나 그렇군요. 기묘하게도 소생과 같은 기사, 같은 적종입니다. 인연 따윈 없더라도…… 팔이 근질근질하는군요."

그리고 입술을 핥기 시작할 듯한, 호적수를 앞에 둔 육식동물 같은 사나움으로.

"게다가 역대 이디나로크의 왕족 중에서도 최강의 마법소녀(핸들러)인

〈라커☆비카〉 전하의 조력을 얻은 전투입니다. 소생 혼자서 전력을 다한 것만으로는 도달할 수 없는 최고의 싸움이 되겠지요. 팔이 근질근질합니다. 그 지고의 싸움이 가져다줄 극상의 술을, 승리의 기쁨을 전하께 바치게 될 터이니, 이보다 더한 환희는 없습니다. 아아."

크게 눈을 치뜨고 사납게 웃으면서 뜨거운 숨까지 내뱉고 있다.

훗 소리를 내어 쓴웃음을 지은 비카는 성미 급한 자신의 시린을 쓰다듬었다.

"그렇군."

마찬가지로 시린을 데리고 있는 다른 특장 마법소녀들이 이어서 출격하는 방송이 통신 마법을 경유하여 도달했다.

"스베틀라나 이디나로크——〈본콜렉터☆스베틀라나〉, 간다."

"보리스 이디나로크, 〈가드너☆보리스〉, 나간다!"

"〈돌필리아☆페오도라〉, 페오도라 이디나로크, 가겠어요."

"루스란 이디나로크, 〈스타게이즈☆루스란〉, 출격한다!"

부왕의 누나인 스베틀라나를 선두로, 비카와는 배다른 형과 누이 셋. 제각기 다른 색채의 바르슈카 마토슈카의 자락을 무겁게 끌면서, 역시나 특장의 이중관을 반짝이면서 은하의 암흑으로 날아올랐다.

비카를 중심으로 마치 양 날개를 이루듯이 좌우에 두 명씩 나뉘어 전개하고 정지. 살짝 색조가 다르지만, 같은 이디나로크 왕가의 어두운 갈색 머리와 자수정색 눈. 왕족의 관습으로 길게 기른 머리를 왕자 두 명은 새튼과 보석의 머리 장식으로 고정했고,

두 여성은 그대로 망토 뒤로 내렸다.

그런데 이 바르슈카 마토슈카는 고대 제국의 무겁고 두꺼운 옷(달마티카)과 망토(팔루다멘툼)를 본떠서 금 자수에 보석을 넣어 화려한 것이며, 알카노스트 또한 왕홀이나 주교의 지팡이처럼 길고 중후한 것인데, 나아가 다섯 명 모두 왕족 특유의 고운 외모라서 쓸데없을 만큼 장중하다.

어린아이 같은 체구에 어울리지 않을 만큼 아름다운 외모, 자세한 나이를 알 수 없는 고모인 스베틀라나가 비카의 왼쪽 옆에서, 반대편인 오른쪽 끝에 선 조카의 뒷머리를 그 길고 중후한, 거의 철퇴 같은 알카노스트로 딱 때렸다.

“아야야……. 고, 고모님?!”

“내 바르슈카 마토슈카의 연꽃의 보라색(로터스 퍼플), 〈가드너☆보리스〉가 장미의 보라색(로즈 퍼플), 〈돌필리아☆페오도라〉가 목단의 보라색(피오니 퍼플)으로 맞추었거늘……. 왜 그대만 안 어울리게 월광의 ‘청색’(문라이트 블루)인 게냐, 〈스타게이즈☆루스란〉. 변명해 보아라, 이 어리석은 것.”

“맞는 말씀입니다, 〈스타게이즈☆루스란〉 형님! 아무리 여태까지 출연이 전혀 없었다고 해도 이때다 싶어서 눈에 띄려고 하지 마세요!”

“저도 당신의 그런 이기적인 면은 정말 좋지 않다고 생각했어요, 〈스타게이즈☆루스란〉.”

“바르슈카 마토슈카의 색채는 각자의 마력파장에 유래하는 거니까, 딱히 내가 파란색을 고른 것도 아닌데?! 애초에 색이 다른 문제라면 〈라커☆비카〉는 금색이잖아?!”

왼쪽 끝의 제3왕자 보리스와 그 옆의 제1왕녀 페오도라까지 비난하는 바람에, 루스란은 황급히 반론했다. 형인 자파르 왕태자, 그리고 누나인 페오도라와도 동갑인 20대 후반의 완성된 미모의 청년이다.

뭐라 변명해 줄 말도 없고 그럴 이유도 없기에 묵묵히 있던 비카를 손톱까지 잘 손질된 손가락으로 삿대질하면서 말하는 그에게 스베틀라나와 보리스와 페오도라는 받아쳤다. 대체 무슨 소리를 하냐는 듯이 어이없어 하는 얼굴로.

"〈라커☆비카〉는 귀여우니까 괜찮단다. 한가운데고."

"형님, 〈라커☆비카〉 아닙니까. 한가운데고요."

"〈라커☆비카〉는 금색도 어울리니까 좋지 않나요? 한가운데기도 하고요."

고모와 동생들의 부조리한 말에 루스란은 나잇값도 못하고 세게 발을 굴렀다.

그의 시린인 흑발과 검은 고양이 귀의 사키가 말했다.

"색 운운 이전에, 애초에 누구세요?"

"로아 그레키아 연합왕국 제2왕자 루스란 이디나로크다! 아니, 네 마법소녀잖아, 사키!"

등장이라곤 잠깐 혀를 찼을 뿐이라서(Ep.5 서장) 아무도 기억하지 못하겠지만, 비카의 형이자 자파르와 왕위를 다투는 측실 태생의 제2왕자다. 놀랍게도 여기서 이름이 첫 등장.

또 마찬가지로 왕위를 다투는 다른 측실 태생의 제1왕녀 페오도라는 단편 「뱀을 기르다」가 첫 등장으로, 한 컷에서 대사가 있었을 뿐이지만 정작 그 단편은 이 책에 없다. 미안해.

"그리고 왜 스타게이즈인데요?"

"우주 관측이 취미라서!"

참고로 〈가드너☆보리스〉의 취미는 정원 가꾸기. 특히나 장미 품종 개량, 최근에는 토마토 재배에 푹 빠진 상태.

어, 그럼 〈인형 애호가(돌필리아)☆페오도라〉는 봉제 인형 제작이나 돌하우스 만들기일 테니까 그렇다고 치고, 〈본콜렉터☆스베틀라나〉의 취미는 대체 뭐지? 라고 사키는 생각했지만, 무서웠기에 말하지 않고 넘어갔다.

"응? 당연히 뼈 수집 아니겠느냐. 마음에 든 것들의 뼈를."

"히에에엑?! 무서!"

"예의도 바르게 꼬박꼬박 반응해 주는구나, 사키."

"고모님, 이 아니라 〈본콜렉터☆스베틀라나〉. 말하지 않은 생각까지 대답하는 건 아무리 과거의 '자수정' 이라고 해도 그만두십시오."

스베틀라나는 아름답게 미소 짓고, 사키가 몸을 부르르 떨고, 루스란이 묘한 감탄을 늘어놓고, 그리고 문제의 비카가 딴죽을 걸었다. 특히나 고모님은 비카가 뭐라고 하지 않는 이상 상대의 항의와 반론을 계속 흘려 넘기니까, 너무 방치했다간 이야기가 끝없이 탈선한다.

"이야기의 탈선을 신경 쓰다니, 그대도 아직 미숙하구나, 〈라커☆비카〉."

"〈본콜렉터☆스베틀라나〉, 그러니까……."

"그보다 제 취미는 살아서 움직이는 인형을 즐기는 거니까, 입혀 주기 위한 리본이나 꽃 장식 정도밖에 만들지 않는답니다."

"누님, 〈돌필리아☆페오도라〉도! 그만두세요!"

여러 가지 의미로.

그 시린인 토우카——페오도라가 손수 만든 리본으로 개 귀를 장식하고 있다——가 쓴웃음을 지으면서 어디에선가 보석 세공된 부채를 꺼내 건네고, 페오도라는 그걸로 우아하게 입가를 가렸다. 비카가 고개를 내저으며 한숨을 내쉰 것도 잠시, 제각기 개성이 강한 이디나로크 왕자 일동 가운데 제일 범용한 보리스가 기세 좋게 나섰다.

"내, 내 취미도! ……아니, 딱히 정정할 점이 없군……."

"이럴 때에도 너는 참 시시한 남자로군, 보리스."

그리고 그가 속한 파벌의 우두머리인 루스란이 그렇게 말하는 바람에 완전히 기가 죽었다. 그의 시린인 그렌이 존엄한 그 머리 위에 앉은 채로 이마를 찰싹찰싹 두들기며 건성으로 위로해 주었다.

"우우, 항상 미안하구나, 그렌……. 돌아가면 내 아내가 만든 토마토 카나페로 한잔하자……."

"그래……. 하지만 토마토가 있거든 나는 그냥 보드카 말고 블러디 메리로 하고 싶은데."

"그건 안 되지! 모든 함의 보드카 제조자에게 사과해!"

"그렌, 그건 당신이 잘못한 거예요. 물론 블러디 메리는 맛있지만요."

"어머, 괜찮아요, 토우카. 저도 블러디 메리는 즐겨 마시곤 하는걸요."

"이름은 좀 불손하다고 생각하는데 말이다. 나는 타바스코와 후추를 살짝 뿌리는 걸 좋아하느니라."

"나는 솔티 독에서 소금 뺀 거려나. 〈라커☆비카〉는 어떻지?"

"그러니까 쓸데없이 개성을 티 내려고 하지 마세요, 〈스타게이즈☆루스란〉."

"과일 주스랑 섞은 칵테일이라면 소생은 오렌지가!"

"아, 나도 스크류 드라이버가 좋아요. 크랜베리 주스 섞은 거(코스모폴리탄)."

"고모님, 누님, 형님도! 〈라커☆비카〉에 레르케에 사키까지! 으으, 다들 사과해!"

이번에는 보리스가 마구 발을 굴렀다. 머리 위의 그렌이 떨어질 뻔해서 다급히 머리카락에 달라붙었다.

평소에는 공무나 군무로 바빠서, 이렇게 전장이 아니면 제대로 대화 나눌 기회도 없는 특장들의 일상 같은 수다를 끈기 있게 지켜보던 스베틀라나의 시린 류드밀라가 넌지시 말했다.

"〈본콜렉터☆스베틀라나〉 님, 여러분. 곧 적 잔존 전력이 교전 영역에 들어옵니다."

"아! 그랬습니다……. 전하. 저희 시린――〈로아 그레키아〉와 특장 전하 분들의 검. 지금부터 저희 실력을 발휘하도록 하겠습니다."

이어서 레르케가 시린의 중핵으로서 긍지와 전의를 담아서 늠름하게.

알카노스트를 쥔 비카의 오른손에 가볍게 넘어가서, 머리가 크고 팔다리가 짧은 인형 체형이면서도 당당한 기사의 예의를 표했다.

"〈라커☆비카〉 전하. 저희에게 정벌의 호령을 부탁드립니다."

"그래."

짧게 대답하고——그걸로 마음을 다잡고——비카는 자신의 시린에게 나머지 왼손을 내뻗었다. 금색의 새처럼 왼손에 자리 잡은 레르케를 머리 위로 쳐들고, 오른손의 알카노스트를 크게 휘두르며 외쳤다.

"노래하라, 나의 봄을 부르는 새(종다리)——〈차이카〉 액티베이트!"

우냐냐냐냐냥!! 하고 TP 입자가 알카노스트의 궤도 위에, 다른 마법소녀, 에이티식스에게는 불가능할 만큼 막대하게 뿌려지며 요란스럽게 포효했다.

레르케의 작은 체구가 황금의 섬광을 내뿜으며 사라지고, 농밀한 TP 입자의 격류 또한 일제히 햇살의 금색에 물들었다. 그것은 마법소녀인 비카마저도 삼키며 한 차례 소용돌이를 틀더니, 금색의 거대한 새로 변하여 우주 공간에 똑바로 날아올랐다.

두 쌍의 날개를 접고 회전한 뒤 크게 날개를 펼쳐서 급정지, 우아한 체공. 동시에 날개에 숨겨졌던 모습, 그 위용이 밀려드는 적군을 노려보았다.

머리 끝까지의 높이는 18미터. 새의 아름다운 머리를 본뜬 투구로 머리를 완전히 뒤덮고, 살짝 내비친 입가는 굳게 입술을 다문 젊은 여성의 그것. 다소곳한 목덜미가 드러나 새의 풍성한 깃털을 본뜬 흉갑과 새 같은 모양의 견갑으로 이어졌다. 견고하면서도 여성적인 느낌의 갑옷을 두른 두 팔과 몸, 긴 두 다리는 틀림없이 인간의 모습이다.

하지만 그 모든 것이, 그리고 등에 짊어진 두 쌍의 날개 또한 황금색으로 빛나는 날카로운 금속제.

시린 〈차이카〉.

우주전투기에도 필적하는 거대한 인간형 기동병기를 무장 형태로 갖는, 수많은 에이티식스 중에서도 유일무이한 존재다.

물리적인 질량으로 환산하면 수십 톤에 달하는 그 위용은 전투 가동 정도가 아니라 잠시 현현하는 것만도 일류 정도의 마법소녀에게는 불가능하다.

정말로 왕족으로서── 태고의 전사계급 우두머리인 동시에 태고의 사제계급 후예인 오랜 왕족의 일원으로서, 강대한 마력을 가진 이가 많은 이디나로크 왕가, 그중에서도 골라 뽑은 특장이 아니라면.

비카 정도는 아니더라도 역시 특장으로서 강대한 마력을 가진 스베틀라나 등 네 명의 마법소녀들이 이어서 외쳤다. 알카노스트를 머리 위로 쳐들고, 전방으로 휘두르고, 수평으로 들어 올리고, 돌격용 기병창처럼 두 손으로 들고.

"춘추도록 하여라, 류드밀라 〈말리납카〉 인챈트!"

"불타올라라, 그렌! 〈로토파고스〉 인챈트!"

"춤춰라, 토우카. 〈페일파이어〉 인챈트!"

"내달려라, 사키—— 〈그리멀킨〉 인챈트!"

냐옹냐옹! 냐아냐아! 냐냐옹! 냐웅냐웅!

스베틀라나가 머리 위로 쳐든 알카노스트 끝에서 붉은 빛으로 변해서 솟구친 류드밀라가, 〈차이카〉의 온몸을 뒤덮는 기다란 망토로 변한다.

이어서 보리스가 휘두른 알카노스트에서는 그렌이 〈차이카〉의 오른손에 들린 화염의 장검으로. 페오도라가 뻗은 알카노스트에서는 토우카가 왼손에 장비하는 투명한 방패로. 루스란이 든 알카노스트에서는 사키가 검게 빛나는 안개로 변하여 솟구치더니 고양이 귀와 꼬리와 박쥐의 날개를 가진 거대한 칠흑색 준마로 변했다.

완성된 것은 황금 갑옷에 붉은 망토, 불타는 장검에 유리 같은 방패를 들고 칠흑색 천마에 올라탄, 크고 아름다운 갑주기사다.

금속 여기사의 입술은 움직이지 않는 채로, 레르케가 낭랑한 목소리로 선언했다.

"시린 합체, 〈차이카=자르 프띠짜〉! 등! 장!"

지금 눈앞까지 도달한 〈레기온〉들은 감정도 의사도 없는 〈양〉들뿐이었지만, 아무리 그래도 여기에는 조금 질겁한 것처럼 보였다.

참고로 자르 프띠짜란 불새를 말한다.

"하압!"

그 이름처럼 눈부신 황금색으로 타오르는 네 날개를 펄럭이는 거대 인간형 병기 〈차이카〉가 자랑스러운 금박차로 말의 옆구리를 걷어차서 〈레기온〉들에게 돌진했다. 〈차이카〉에 고속 기동을 부여(인챈트)하는 검은 마수(그리멀킨), 그 시커먼 말발굽이 도깨비불을 두르고 드높게 울렸다.

〈레기온〉들의 선두와 교차. 동시에 〈차이카〉는 오른손의 장검을 내리쳤다.

"하이야아아아아아아아아아아아압!!"

"에잇에잇."

다소 의욕 없이 그렌이 대답하자, 그 목소리와 반대로 〈로토파고스〉는 활활 타올랐다. 온도가 오르면서 그 색채가 붉은색에서 황색으로, 그리고 백색으로 순식간에 변화. 온도와 에너지량이 일정량을 넘어서 키이이이이이이이이이잉! 하고 새된 비명을 내지르면서 한 줄기 열선으로 모였다.

빔 샤벨.

비카와 보리스라는 특장 두 명이 공급하는 대마력 플러스 레르케와 그렌이라는 두 에이티식스의 대마력에 의한 출력 초강화판이다.

열선의 칼날은 순식간에 〈차이카〉보다도 훨씬 더 길게 늘어나서 적군을 가로로 베어 버렸다. 어디의 〈언더테이커〉 못지않은 대위력에 적군이 성둥 하고 증발.

실수로 참격 범위 안에 있던 〈그리멀킨〉의 말머리가 순간 사라졌다가 열선이 지나간 뒤에 빠르게 원래대로 돌아왔다.

"우우, 항상 그렇지만 목덜미가 오싹오싹하네요……. 10시 방향! 반격 와요!"

"맡겨 주시길, 사키. 이 류드밀라가 요격하겠습니다."

〈양〉의 형태에서 한 차례 분해되어 기다란 통 모양 마법진을 형성하여 재빨리 조준식을 전개한 속사마법진 무리가 연속해서 빛줄기를 발사했다. 거기에 대응하여 〈차이카〉의 붉은 망토, 류드밀라가 변한 그것이 세 번째 날개처럼 혼자서 펄럭였다.

질주하는 〈차이카〉의 전방으로 돌아들어가서 포격군과 접촉. 직후에 작렬. 류드밀라의 무장 형태 〈말리납카〉는 자신의 폭발 충격파로 적탄의 파괴력을 날려 버리는 리액티브 아머다.

마법무장인 〈말리납카〉의 망토가 〈차이카〉의 시야를 가리는 일은 없지만, 연속으로 유폭되는 적 포격군의 폭염은 별개다. 광역 전개한 색적결계에 돌아온 반응을 비카는 단적으로 레르케에게 전달했다.

"레르케, 폭발 뒤에 숨어서 도검형(그라우볼프)이 온다."

"옙, 카운터를 날리겠습니다!"

〈차이카〉 가동 중일 때 비카의 역할은 〈차이카〉에게 마력을 공급하는 일종의 동력로(리액터)인 동시에 〈차이카〉의 동작을 제어하는 조종사다. 즉각 반응한 〈차이카〉가 다시금 〈로토파고스〉를 휘둘러서 다음 빔으로 밀려드는 도검형마법진과 또 그 뒤에 있던 포격마법진 한 무더기를 격멸.

단말마의 폭렬이 코앞과 아득히 멀리서 연속으로 터졌다.

충격파에 순간 지워질 뻔하다가 다시금 펼쳐진 장벽결계를 또 한층 강화한 뒤에 비카는 투덜거렸다.

"인간형 거대 로봇은 그렇다고 쳐도, 왜 조종석이 이렇게 드러나 있지?"

구체적으로는 〈차이카〉의 머리 위다.

안이 아니다. 위다. 뒷북도 이런 뒷북이 없지만, 이건 이미 장갑은 고사하고 프레임도 보호하지 않는 곳이다.

더불어서 편의상 조종석이라고 부르고는 있지만, 광학 스크린이나 콘솔 운운 이전에 좌석이라고 할 것 자체가 없어서 투구 정점의 완만한 곡면에 그대로 앉아 있다. 발밑까지 원통형 의상인 달마티카로는 천 기장이 다소 부족하기에 다리를 꼬고 앉기도 뭐해서 동방 전통의 무릎 꿇은 정좌 자세로.

또한 몇몇 나라나 문화권을 동양으로 통칭하는 것은 모성 시대부터의 관습이며, 현재 은하항행함대 각국에는 서쪽도 동쪽도 북쪽도 남쪽도 없다. 현재의 기준이 된 신전함에서의 상대 위치도 얼마든지 바꿀 수 있고.

레르케의 머리칼처럼 밝은 금색의 투구 정점에서는 역시나 레르케의 머리칼처럼 긴 장식 깃털이 두 개 뻗어 있다. 일단 조종간의 역할인 그것을 비카가 쥐고 있다고 할까, 크기로 보자면 자기 키만 한 그것에 매달려 있다는 느낌이다. 참고로 왼쪽 가닥이 전진후퇴, 기타 방향 지시, 오른쪽이 무장 트리거라든가 무장 선택이라든가 센서 모드 전환 등이지만, 자세한 것은 음성 지시와 그

때그때 즉흥으로 한다. 이를테면 도약이라든가 멀티 록온이라든가.

"더 뒤쪽, 5시 방향과 7시 방향. 새로운 범용침식형이 몰려옵니다."

18미터의 거구. 그것도 인간형이다 보면 아무래도 사각이 많다. 토우카의 새로운 경고에 레르케가 짜증 내듯이 혀를 찼다.

"음, 비겁한 것들. 기사에게 배후 기습이라니!"

"적 집단 내부까지 치고 들어온 건 이쪽이니까, 그건 아무래도 트집 아닌가, 일곱 살 꼬맹이."

"저, 전하아아아……."

분위기도 안 맞춰 주는 딴죽에 레르케의 목소리가 축 처지고, 그동안에도 사키가 말없이 〈그리멀킨〉의 뒷다리를 차올린다. 적을 걷어차 죽이는 훈련을 받은 군마처럼 후방의 적을 사정없이 걷어차며 파괴한다.

의사도 감정도 이미 잃은 〈레기온〉들은 거기에도 겁먹지 않고 밀려든다. 숫자만 믿고 반구형으로 전개, 전방과 상하좌우에서 〈차이카〉를 포위하려 든다.

후방, 알카노스트를 쳐들고 마력 공급의 경로를 유지하는 스베틀라나가 깔깔 웃으며 거듭 주문을 외웠다.

"〈스로네〉 인챈트! 자, 가거라, 바퀴의 천사여!"

"아니, 기다려 주십시오, 고모님. 누구입니까, 그 시린은?!"

정말로 누구인 걸까?

당연히도 비카의 의문에는 대답하지 않고 현현한 〈스로네〉——

폭약을 가득 채운 통에 한 쌍의 바퀴를 끼우고, 그 바퀴에 추진용 로켓을 달아서 돌진하는 모 자폭병기가 화염의 꼬리를 끌면서 사납게 적 집단에게 돌진했다.

그나저나 로켓 추진은 그렇다고 쳐도, 접촉할 지면도 없는 우주 공간에서 바퀴를 다는 의미는 대체?

아니, 바퀴를 다는 방법에 따라서는 우주 공간에서 로켓 분사를 해 봤자 바퀴만 그 자리에서 헛돌 수도 있는데, 과연 그래도 되는 걸까?

아무튼 무수한 자주자폭바퀴는 꾸불꾸불한 궤도를 각자 그리며, 도망치는 〈양〉들을 열심히 쫓아다닌 끝에 곳곳에서 자폭. 견고한 방어시설의 파괴라는 개발 목적에 따라서 이상할 정도로 대량으로 채워 넣은 가상폭약이 주변의 〈레기온〉을 화풀이 같은 대폭발로 날려 버렸다.

그 작렬의 한가운데를, 〈차이카〉는, 비카와 레르케는 〈그리멀킨〉의 준마를 몰며 질주한다. 휘두르는 〈로토파고스〉의 빔 샤벨로 무리 지은 적을 베어 넘기고, 적의 포화는 〈말리납카〉의 폭발 반응 장갑으로 막고, 그리고 충실하며 악랄한 〈스로네〉에게 때때로 진로를 열게 하면서.

"하하! 유쾌! 호쾌! 통쾌!! 기사의 길이란 이래야 한다! 인 것이옵니다, 전하!"

"전부터 생각했는데, 너 사실은 꽤나 광전사로군."

"소생, 기사이자 검이기에! 피에 굶주리지 않은 무구가 어찌 있겠습니까!"

살짝 전율한 비카의 중얼거림을 레르케는 정말 즐겁게 웃어넘겼다. 그도 그런가 싶어서 시선을 흐리며 비카는 남은 적 중에서 가장 큰 집단을 빔 샤벨로 불태워 버렸다. ……실제로 그라고 이 돌진이 즐겁지 않은 건 아니다. 적 집단을 마른 풀처럼 썰어 버리는 일방적인 전투는 레르케의 말처럼 통쾌하다.

열선에 불타 버린 포격마법진들이 폭염을 올리고, 그 업화의 벽 너머에서 다그닥 하고 무거운 말발굽 소리가 울렸다.

"피라미로는 막아낼 수 없나. 다들 물러나라. ……아니, 도망치는 꼬락서니를 보이느니 내 양식이 되어라."

모순된 명령을 내리면서 양손에 쥔 장검 중 하나를 휘둘렀다. 무수한 칼날의 파편으로 이루어진 이형의 장검이 순식간에 늘어나고, 칼날과 그것을 잇는 강선으로 이루어진 기다란 채찍——체인 블레이드가 전장 전체를 단번에 쓸어 버리는 푸르스름한 호를 그렸다.

그 전장에 지금은 점점이 존재할 뿐이던 부하 〈레기온〉을 죄다 베어 버리고.

한탄의 소리를 지르며 흩어진 〈양〉들은 그대로 체인 블레이드의 칼날에 흡수되어 소멸했다. 뒤로 끌어당기듯이 팔을 휘둘러 체인 블레이드를 장검 형태로 되돌리고, 아군을 모조리 흡수하여 홀로 남은 그 녀석이 진공의 어둠 속 전장에 나타났다.

"나에게 더 이상 패배는 허락되지 않는다. 나에게 두 번의 패배는 허락되지 않는다. 나는 항상 이겨야만 한다. 주군을 버리고, 동포를 배신하고, 우군 전체를 희생시켜서라도 이겨야만 한다."

푸르스름하게 불타는 그 투구. 갑옷. 쌍검. 깃발처럼 나부끼는 네 개의 기다란 장식깃털. 마갑을 입은 말조차도.

황금의 불새 형태인 인간형 기동병기 앞에 마찬가지로 화염을 두른 인간형 기동병기로 나타났다. 다만 두른 화염은 시체의 피부와도 비슷하게 창백한 색깔. 죽음에서 되살아나서도 죽음에 붙들린 산송장(리빙데드) 같은 불사조다.

〈레기온〉 특수형. 식별명 〈불사조(포닉스)〉.

“왜냐면 나는. 나는. 나는나는나는나는나는.”

헛소리처럼 되풀이하다가 갑자기 멈춘 순간.

새의 부리를 본뜬 얼굴 가리개(바이저) 아래, 남자인지 여자인지도 모를 핏기 없는 입술이 날카롭게 외쳤다.

“나를 쓰러뜨린 그분을 모시러 가는 거다!”

그(?)의 등장 이후로 빈틈없이, 말없이 긴장하던 레르케와 비카를 완전히 무시하고, 엉뚱한 방향으로 검을 들이대고 드높게.

〈차이카〉는 레르케의 의사를 반영하여 살짝 비틀거렸다.

비카는 정좌 상태로 자세도 표정도 바꾸지 않았지만, 속으로는 열심히 생각하고 있었다.

이거, 못 본 걸로 하고 그냥 돌아가면 안 될까?

뒤에서는 틀림없이 스베틀라나일 누군가가 대폭소하고 있는 것이 내심 짜증 난다. 무슨 남의 일처럼 말이지. 아니, 그렇게 웃을 거면 좀 대신해 주시지요, 고모님.

〈포닉스〉는 역시 칼끝을 어딘가로——〈로아 그레키아〉 정도가 아니라 은하항행함대의 어느 함도 아닌 우주의 심연 어딘가를 향하며, 자신의 말에 더더욱 흥분이 치솟은 기세로 낭랑하게 노래하고 있다.

"내 검으로 쓰러뜨리고, 목을 치고, 그리고 내 불길을 통해 내 동포로 다시 태어나게 한다! 이것이 바로 나의 사명! 나의 존재 이유! 내게 패배는 허락되지 않는다! 나는 최강! 나는 패자(覇者)! 고로 막강한 그분도 정복하는 것이다! 내 검으로! 내 불길로! 아아, 너무나도 감미로운……!"

그러다가 몸을 배배 꼬기까지 했다.

아무래도 그분이란 존재로 머리가 가득한 나머지 눈앞의 적기마저도 의식에서 사라져 버린 모양이다. 아무도 듣지 않는데 멋대로 떠들기 시작하는 것도 그렇고, 그대로 자기 세계에 몰입해 버리는 것도 그렇고, 말이 전혀 안 통할 듯한 모습이다.

인간 형태였다면 슬쩍 한두 걸음 물러나는 듯한 분위기로 레르케가 조심스럽게 말했다. 말하자면.

"스토커입니까."

"스토커로군. 그것도 꽤 중증이다."

이상한 이름포의 포격을 피했던 것도 아마 이런 식으로 〈미스트리스〉의 명령을 무시하고 어딘가 먼 곳을 어슬렁댔기 때문이겠지. 제레네도 참 가엾은 녀석이다.

"그러고 보면 〈규환〉 전쟁 중에 〈기아데 원〉인가 〈산마그놀리아〉인가에서, 같은 함의 마법사관에게 패배한 이래로 그 상대에게 집착하게 된 바보가 있었다는 이야기를 설핏 들은 적이 있는 듯도 한데. 아마도 〈레기온〉으로 변할 때 그 집착만 남아 버린 거겠지요…….”

“가엾기도 하군. 저런 놈에게 이기는 바람에 집착의 대상이 된 상대도 말이야.”

누군지는 모르지만, 이라고 비카가 말하려고 한 순간, 대화를 나눌 마음도 전혀 없는 주제에 타이밍도 좋게 〈포닉스〉가 소리쳤다.

“그 패배의 굴욕! 눈부신 그 강함! 잊은 적이 없구나, 발레이그
————————————————————————르!!”

“딱히 알고 싶은 것도 아니었는데. 혼자서 멋대로 떠드는군.”

“역시 모르는 분입니다만, 그 발레이그르라는 분도 딱하군요. 혹시나 이걸 듣고 계시지 않으면 좋겠습니다만.”

다행이라고 할까, 이때 발레이그르=신은 아직 신전함에서 푹 자고 있었기에 안 듣고 있었고, 딱히 오한 같은 것도 느끼지 않았다. 물론 이상한 악몽도 꾸지 않았다.

대신 눈 뜬 지 얼마 안 되는, 과보호 성향 강한 형이 성대하게 재채기를 8연발 정도 했지만.

아무튼 비카는 날카로운 눈으로 말했다. 이 전투가 시작되기 전에 자기 손으로 성대하게 무덤을 파 주었으니까.

“어이, 레르케, 저게 바로 기대하던 불사조의 기사다. 마력은

최대 출력으로 공급해 줄 테니까, 어디 마음 가는 대로 전력을 다해 싸워보도록 해라. 나는 그동안 마력 공급에 의식을 집중해야 하니까 다른 건 보이지 않는다는 설정으로 하마."

"우에에엑?! 아니, 전하, 한 마리 새의 헛소리를 이렇게 들먹이지 말아 주셨으면 싶고, 소생도 저렇게 기상천외한 변태를 상대하는 건 겸연히 사양하고 싶은 심정이옵니다만?! 또 전하, 현실 도피라고 해도 설정으로 '한다' 는 것은 너무나도 안일한……!"

"어이, 거기! 패자인 나를 기상천외한 변태라고?! 모욕하는 것이냐, 이놈!"

그리고 이럴 때만 골라서 이쪽의 말을 듣고 앉았다.

네 장의 장식깃털을── 그것 또한 체인 블레이드인 칼날의 깃털을 곤두세우며 〈포닉스〉는 분노했다.

감정에 사로잡혀서 장검 끝을, 이번만큼은 똑바로 〈차이카〉에게 향하며. 푸른 기사는 사납게 돌진했다.

두 색깔의 기사가 자기 말을 몰며 접근, 격돌. 엇갈리듯이 서로 이탈하고, 매끄럽게 말머리를 돌려서 반전. 다시금 돌진, 교차하고, 자기 무기를 서로 맞부딪친다.

거듭되는 그 모습은 중세의 주스트(마상창 경기)와도 비슷했지만, 화염을 두른 기사는 양쪽 다 높이 18미터의 금속 거인이다. 베여나간 체인 블레이드의 끄트머리, 튕겨져 날아가는 갑옷

파편, 찢겨진 망토 자락은 그 하나하나가 인간보다 훨씬 크고, 고속으로 날아들기에 전장 일대에는 보통 마법소녀들이 접근도 할 수 없다.

이미 몇 합째인지 모를 격돌 이후 일단 거리를 벌리고 비카는 날카롭게 숨을 내뱉었다.

"으으, 제길. 변태바보 주제에 마력만큼은 무진장 높군……!"

방어가 단단하다. 공격이 무겁다. 게다가 기다란 채찍 형태의 체인 블레이드는 그만큼 공격 범위가 넓어서, 〈차이카〉는 아무래도 사정거리 밖에서 일방적인 공격을 맞기 일쑤다.

더불어서 마법적 존재인 〈레기온〉과 달리, 아무리 특징, '자수정' 이라고 해도 마법소녀는 인간이다. 전투가 길어지면 그만큼 몸은 피폐해지고, 충격이나 고온을 받으면 소모된다.

미안하지만 슬슬 힘들다, 라고 〈차이카〉에 맞춰 거대화한 〈그리멀킨〉을 유지하는 루스란에게서, 〈포닉스〉의 체인 블레이드에 대항하기 위해 빔 샤벨의 도신을 억지로 연장하고 있는 보리스에게서 비닉 통신이 들어왔다. 역시나 긴박감을 띤 침묵과 함께 스베틀라나가 〈스로네〉를 해제하고 그 몫의 마력을 고속 기동을 담당하는 루스란에게 일단 우선적으로 공급했다.

"전하! 전하께서 현실 도피하시지 말고 이렇게 함께 싸워 주시는 것만으로도, 소생에게는 산과 같고 바다와 같은 힘이 되옵니다!"

이런 상황에서는 별로 의미 없는 격려를 보내는 레르케에게는 미안하지만 일단 무시하고, 비카는 말했다.

"형님. 〈가드너☆보리스〉."

보리스는 가쁜 숨을 삼키고 쓴웃음 지은 듯했다.

"상황이 상황이니 말 안 해도 알 것 같군, 〈라커☆비카〉. …… 다음 교차. 거기서 끝낸다."

"부탁합니다."

〈차이카〉가, 거기에 응해 〈포닉스〉가 말의 배를 걷어찬다. 수십 킬로미터나 떨어져 대치하던 인간형 기동병기가 순식간에 서로의 거리를 좁히고 체인 블레이드의, 길어진 빔 샤벨의 사정거리로.

"그렌!"

"오케이!"

〈로토파고스〉의 열선 칼날이 주욱 늘어난다. 여태까지 중에서 제일 긴, 남은 마력을 다 몰아넣은 마지막 일격.

〈포닉스〉의 얼굴 가리개 아래로 엿보인 입술이 악랄한 비웃음으로 길게 찢어졌다.

"합!"

푸르스름한 군마의 말발굽 바로 밑에 가상역장이 다수 전개된다. 그걸 강렬하게 내디디고, 푸른 기사는 높고 높게 도약한다. ──남은 〈양치기〉, 〈페일 라이더〉를 방불케 하는 가상역장을 발판으로 삼은 고속 난수 기동.

상정 밖의 거동에 적기를 놓친 빔 샤벨이 허무하게 하늘을 가른다. 소비된 마력은 그냥 낭비되고, 그리고 마침내 〈로토파고스〉의 화염이 사라졌다.

아무리 대화가 제대로 성립되지 않는 자기 도취 바보라고 해도,

〈포닉스〉 역시 100년 동안 계속 싸워 온 역전의 병사. 푸르스름한 기사는 상대하는 〈차이카〉의 소모를 확실히 꿰뚫어 보고 있었다.

"끝이다!"

그리고 검을 잃은 황금의 기사에게 푸른 기사는 머리 위에서 공격을 날렸다. 〈차이카〉는 재빨리 왼팔을 들어 올려, 떨어지는 한 쌍의 칼날을 남아 있는 방패형 마술무장, 〈페일파이어〉로 받아냈다.

유리 질감의 표면은 눈부신 벼락불과 음향을 흩뿌리며 적의 칼날을 모조리 받아냈지만, 〈포닉스〉는 폭소를 터뜨렸다.

"어설프군! 멀었다멀었다멀었다! 두려움의 표상인 방패 같은 것으로 내 칼날을 막을 수 있다고 생각하나! 이대로 베어 주마!"

힘으로 눌리면서 〈페일파이어〉가 끼리릭 소리를 내며 삐걱댔다. 〈차이카〉의 머리 위, 닥쳐드는 파국을 말 그대로 눈앞에 두고 비카는 차가운 느낌으로 눈을 가늘게 떴다.

——걸렸다.

"〈돌필리아☆페오도라〉! 토우카!"

이 전투 동안 에이티식스의 무장 형태 유지 외에는 마력을 쓰지 않고 온존, 축적해 왔던 페오도라 공주가 또렷하게 웃었다.

"그토록 사랑스러운 소리를 내지 않아도 된답니다, 〈라커☆비카〉. ——마력 공급, 최대 출력!"

"그래요. 이때를 기다리고 있었어요. ——〈페일파이어〉, 출력 최대!"

화악! 하고 〈페일파이어〉, 유리 질감의 방패가 기동하면서 강한 빛을 내뿜었다.

시린 토우카 케이샤. 퍼스널네임은 〈페일파이어〉.
〈차이카〉에 부여된 동안에는 유리 방패 형태를 띠는, 빔개틀링건이다.

빔개틀링건이다.

단순한 철골 빌딩이라면 단방에 꿰뚫고 흐물흐물하니 녹여서 무너뜨리는 초고온 초고속의 하전입자가 분당 6천 발의 포탄 폭풍으로 사출되었다.
방패에 쌍검을 맞댄 상태인, 즉 초근접거리에 있는 〈포닉스〉를 향해.
물론 피할 수 있을 리가 없다. 빔의 폭풍을 〈포닉스〉는 전탄 정통으로 얻어맞고 꿰뚫리고 불타고, 순식간에 너덜너덜하게 찢겨서도 계속 이어지는 탄막에 시달렸다.
"우와아뜨겁다아프다뜨겁고아프다아아아아아아?! 아니, 이건 아무리 그래도 비겁……."
"비겁하지 않아요! 제 형태가 방패니까 안일하게 방어무장이라고 생각했던 〈포닉스〉가 잘못한 거지요!"
"애초에 마법무장이옵기에! 방패로 때리든 빔 공격이든 가능하옵니다!"
사실 일반적인 방패라도 상대가 부주의한 모습을 보이면 그대로 후려치는 정도야 충분히 가능하다. 방심하면 안 된다는 소리다.

따라서 〈포닉스〉의 항의에도 토우카는, 레르케는 태연하게 맞받아쳤고, 그동안에도 〈포닉스〉는 갈가리 찢겨나갔다. 부속품에 불과한 말이 제일 먼저 사라지고, 네 개의 장식깃털인 체인 블레이드가, 두 자루 장검이 녹아서 구멍투성이가 되어 붕괴했다.

그리고 탄막으로 적을 구속하여 기동력도 공격수단도 파괴했기에, 이쪽도 필요 없어진 기동력, 능동방어를 루스란과 스베틀라나가 해제. 마력 공급의 경로를 〈차이카〉에서 그에게로 변경.

거기에 술식부여를 받은 본체인 레르케와 그 마법소녀인 비카에게서 추가 마력 공급도 받아서.

"〈로토파고스〉, 재기동! 가라, 그레에에에에에엔!"

〈차이카〉의 장검, 빔 샤벨 〈로토파고스〉가 부활했다.

그것은 즉각 뻗어났다. 마법소녀 네 명과 에이티식스 두 명의 대출력을 한데 모아서. 결국 〈포닉스〉의 접근을 유도하는 미끼에 불과한 조금 전의 '마지막 일격' 도 상회하는 고온과 출력으로.

애초에 당연한 소리지만 보리스도 그렌도 〈로토파고스〉를 일단 해제했을 뿐이지 마력 고갈을 일으킨 게 아니다. 재기동은 빠르고, 준비하고 있었으니까 찌르기 동작도 빠르다.

황금기사의 순백색 칼날이 푸르스름한 죽음의 불사조의 가슴에 깊게 꽂혔다.

"아."

희미한 한탄을 흘린 〈포닉스〉는 안쪽에서 불타올랐다. 빔 샤벨의 하얀 화염에, 그리고 도신을 타고 흘러든 〈차이카〉의 불타는 황금의 화염에.

"아니, 또! 불사조인데 불타서 사라지다니——————!!"

비통한 절규를 마지막에 남기고.

푸르스름한 불사조의 기사, 〈레기온〉 특수형 〈포닉스〉는 〈로아 그레키아〉의 시린의 무예와 용명 앞에서 사라졌다.

남은 일은 정말로 여기저기에 모여 있는 약소 패잔병들의 소탕이다.

"〈마테르☆마리아나〉 출격하겠어요! 다녀올게요…… 여보, 자파르, 내 귀여운 비카——!"

"조심해서 다녀와라, 마리아나! 자이샤, 오늘도 내 아내를 부탁하마!"

"삼가 모시겠습니다, 국왕 폐하. 하오나 제 이름은 자이샤가 아니옵고!"

캐터펄트 사출의 고속 비상 와중에도 재주 좋게 〈로아 그레키아〉를 향해 키스까지 날리는 왕비 마리아나(핑크골드색 바르슈카 마토슈카)와 늘상 있는 부왕의 격려와 거기에 응하는 시린 자이샤(처진 토끼 귀)의 비명을 홀로스크린 너머로 지켜보다가 시선을 되돌리며 자파르가 말했다. 은 자수가 들어간 테이블보에 오늘은 큼직한 달리아를 넘쳐흐를 정도로 꽂아놓은 은그릇이 아름다운, 이디나로크 왕가가 모인 식탁.

"그런데 나는 에그노그가 취향인데."

"형님, 그건 보드카가 아니라 브랜디 베이스 아닙니까?"

"초콜릿 리큐르를 고급 바닐라 아이스에 끼얹는 것도 좋지."

"형님."

슬쩍 딴죽을 걸어도 깡그리 무시하고 아름다운 미소를 지키는 형님의 모습에 비카는 신음했다. 애초에 그 화제의 전제인 '보드카 베이스의 칵테일'을 무시하지 말았으면 싶다.

참고로 자파르만이 아니라 연합왕국인 중에는 단맛을 즐기는 이가 많다.

비카 자신도 단 음식을 싫어하지 않고, 단 음식과 함께 술을 마시는 '못된 짓'도 종종 하지만, 그건 그렇다고 해도 일단 특산품인 보드카인데.

"바닐라 아이스는 커피 리큐르에 띄워야 하겠지."

역시 보드카 전제는 무시하고 부왕까지 끼어들었다. 진중한 느낌의 무표정 속에서도 살짝 어색한 기색을 내비친 급사가 전혀 관계없는 사과 콤포트와 커스터드를 네 개 가져와 차리고선 재빨리 물러갔다.

비카가 어렸을 적에는 부왕과 자파르, 왕비에 측실이나 형제자매, 또 그들의 에이티식스까지 모여 앉았던 기다란 테이블에는 현재 그와 자파르와 부왕, 그리고 레르케밖에 없다.

담당 출격 시간이 다른 어머니 마리아나가 방금 출격한 것처럼, 왕가의 인간은 군무와 기타 공무로 다들 바쁘기에.

또 마리아나는 출격 시간이 다른 이달 내내 계속 아침 식사와 오전의 티타임을 비카와 함께하고 있고, 그리고 매일같이 귀찮을 정도로 최근의 친구 관계에 대해 미주알고주알 캐묻고 든다. 구체적으로는 '마음에 드는 여자애를 찾은 거 아니니?', '나는 언제든지 비카 편이거든?' 이라는 방향으로.

없다고 몇 번이나 말했는데 전혀 들은 척도 하지 않으니까, 최근의 어마마마에게는 두 손 들었다고 비카는 생각한다.

"그러고 보면 비카, 슬슬 누군가 마음에 드는 여자애가 생긴 것 아니냐?"

"오오, 그렇지, 비카. 불러들이고 싶은 소녀가 있거든 숨김없이 말하도록 해라. 응원하마."

정정. 최근의 형님과 아바마마에게도 두 손 들었다.

"없습니다. 애초에 지금은 〈레기온〉 전쟁 종결을 위한 중요한 시기입니다. 그렇게 사소한 일에 들일 짬이 이디나로크의 인간에게 없다는 것은 형님도 아바마마도 잘 아시겠지요."

자파르는 대단히 우아하게 히죽거렸다.

"응. 그러니까 그 〈레기온〉 전쟁 종결을 위해 네가 이렇게 서두르는 이유를 나도 아바마마도 어마마마도 묻고 있는 건데. 눈치 없는 짓이라고는 생각하지만, 애초에 네가 그렇게 열심인 모습을 처음 보았으니 말이다. 가족으로서 궁금해지지 않겠니?"

비카는 의아한 마음에 눈썹을 꿈틀거렸다.

"〈레기온〉 전쟁 종결은 우리 나라의, 은하항행함대의 오랜 소원일 겁니다. 거기에 매진하는 것이 뭐가 이상합니까?"

"비카. 혹시 너 아직도 들키지 않았다고 생각하는 거냐?"

"내 아들 빅토르여. 아무리 너라도 이것에 대해서는 어리석어지는 게구나."

"뭡니까. 누가 어리석다는 겁니까. 으으, 진짜."

의자가 아니라 테이블에 얌전히 앉아서 좋아하는 사과 커스터드를 만끽하던 레르케가 끝까지 다 먹어 치우는 것을 확인한 뒤에 훽 집어들었다.

그대로 정위치인 어깨에 올리면서 비카는 일어섰다.

"절대승천☆장송정가섬멸의식대포의 조정 작업이 있기에 이만 물러가도록 하겠습니다."

"그래, 그리고 비카. 이제 와서 물러나기 힘들긴 하겠지만, 슬슬 그 묘한 이름포의 개명을 생각해 보면 어떻겠냐?"

"싫습니다. 이렇게 된 이상 다른 함들도 이 이름을 외치게 하겠습니다."

안 그래도 저번에는 이 큰형의 모략 때문에 이 바보 같은 이름을 실컷 외치는 꼴이 되었으니까.

"전하. 아까 자파르 전하께서 말씀하신 내용 말입니다만……전하는 어떠한 연유로 이렇게 전쟁 종결에 헌신하고 계신 것입니까?"

자기 방 겸 연구실로 이어지는 복도에서 레르케가 갑자기 그렇게 말했기에, 비카는 발을 멈추지 않는 채로 시선만 그녀에게 향했다. 창문을 본뜬 홀로스크린에서 가짜 달빛이 흘러들어서 손으로 짠 진짜 융단에 흐르는 로아 그레키아 왕궁의 호사스러운 곳.

레르케는 선명한 에메랄드색 눈으로, 사려 깊은 늑대처럼 비카를 올려다보고 있다.

"어쩌구 절대포의 개발도 그렇고, 몸소 에이티식스를 이끌고 적군을 토벌하시는 것도 그렇고. 물론 왕자로 태어나신 분의 고귀한 책무이긴 하겠지요. 하오나 학우와 우정을 나눌 시간도 내지 않고 통학마저 최소한으로 하면서까지 절대포의 개발에 세월을 보내시고……. 왜 그렇게까지 하시면서."

"절대승천☆장송정가섬멸의식대포를 그렇게 줄이는 건 이상하겠지."

설마 장본인에게 대답할 수도 없어서 적당히 둘러대는 걸로 질문을 끊었다.

왜긴……. 뻔한 일이다.

그것이 누구를 위한 것이냐니.

"전하……."

"전쟁이 끝난 뒤 내키거든 대답해 주지. 뭐, 아마도 내킬 일은 없겠지만."

전쟁이 끝나면. 에이티식스는――마법사관은 해방된다.

신전함에 100년 동안 계속 봉인되어 온 레르케는 인간의 모습과 삶을 되찾을 수 있다.

그리고 전쟁이 끝나지 않으면 시린인 레르케는 언젠가 다음 '자수정' 에게 계승된다. 〈로아 그레키아〉 최강의 시린인 레르케는 항상 왕실 최강의 마법소녀인 '자수정' 에게 맡겨진다.
당장은 아니겠지. 이번 대의 '자수정' 인 비카도 아직 젊은 나이다. 하지만 이미 아내도 자식도 있는 큰형에게, 나이가 같은 작은형과 손위 누이 밑에서 언제 다음 '자수정' 이 태어날지 모른다. 그 다음 대가 성장했을 때, 레르케는 반드시 비카의 손에서 떠나게 된다.
그게 비카는 싫다.
놓고 싶지 않다. 하물며 먼저 떠나는 것은── 그녀를 두고 가는 것은 사양이다.
그러니까.
레르케는 북실북실하게 털이 긴 개 귀를 깐닥깐닥 움직이며, 왜인지 의아한 듯이 고개를 갸웃거렸다.
"전쟁이 끝나면……입니까."
"그래. 끝나면 너희는 돌아올 수 있겠지. 그때에."
"아앗!"
정말로 열심히, 대수롭지 않은 척하면서 말했다. 레르케가 깨달았다는 듯이 개 귀를 번쩍 세웠다.
너무나도 오랫동안 에이티식스로 지냈던. 이미 인간으로서의 삶은 상상도 할 수 없어진. 그런 너희를. 너를.
해방하기 위해.
되돌리기 위해.
레르케는 왠지 쑥스럽다는 듯이, 하지만 진심으로 기쁜 듯이 웃고 있다.

"그랬습니다. 그럼 소생이 돌아왔을 때에. 전쟁이 끝났을 때에. 부디 그때는 이 작은 새에게 심술부리지 말고 가르쳐 주십시오."

흥, 하는 소리를 내며 비카는 짧게 웃었다.

"글쎄. 어떻게 할까."

86

[EIGHTY SIX]

The number is the land which isn't
admitted in the country.
And they're also boys and girls
from the land.

후기

우주전투사양 마법소녀를 우주전함의 캐터펄트에서 발진시키고 싶다! 항상 감사합니다, 아사토 아사토입니다. 『86 -에이티식스-』 Alter.2 「마법소녀 레지나☆레나」 보내드립니다. 참고로 ☆은 '반짝♡' 이라고 읽습니다. 거짓말입니다.

본작은 애니메이션 86의 Blu-ray 특전소설을 토대로 하고 있습니다만, 문고화되면서 설정과 캐릭터를 추가하여 특전판을 읽으신 분들도 즐기실 수 있는 내용이 되었습니다. 특전판에서는 마법소녀 역할의 공화국인이 부족해서 눈물을 삼키며 미등장이던 수호정령 미나매쉬오치이오카리야하리즈슈리도 문고판에서는 등장하여 초기 스피어헤드 전대원이 드디어 문고에서 총출연합니다! 또 개인적으로 좋아하는 추가 묘사는 쌈박질 모드의 레나 엄마입니다.

소메미야 스즈메 선생님의 코미컬라이즈 『마법소녀 레지나☆레나』는 특전판의 묘사를 바탕으로 하고 있기에, 문고판과의 차이를 찾아보는 것도 추천합니다!

그런고로 주로 추가 요소의 주석.

●마법소녀 무투장-레이드 디바이스-

사실 특전판에서는 없었던 설정.

그것도 사실 만화판에 맞춰 I-IV 씨가 주신 디자인을 보고 간신히 '매지컬 스틱을 안 썼다!' 라는 사실을 아사토가 깨달았던 터라서. 어떻게 하필이면 매지컬 스틱을 까먹을 수 있냐고…….

●TP 입자

출처는 영어판 86에서 티피의 표기인 'TP'. 그러므로 효과음이 '냐옹냐옹!'

'형태가변(트랜스포머블)' '입자(파티클)' 라서 TP인데, 일부러 '형태가변 TP 입자' 로 한 것은 쓸데없는 면에 집착한 흔적입니다.

●세네빌과 에코

세네빌은 반다이 님의 프라모델 「HG 1/48 저거노트」의 초회 특전소설에 등장한 〈저거노트〉의 무장 개발 담당인 공화국 군인. 성실하고 선량하고 아무래도 로봇 애니메이션을 좋아하는 형입니다. 에코는 애니메이션 오리지널인, 레나의 부하인 젊은 공화국 여군인입니다(단발머리인 애 말이에요). 에코는 사실 이름 설정이 없었기에 묻고 등장에 맞춰 이름을 붙였습니다.

●신규 단편

비카와 유쾌한 형제들 VS 고기동형 포닉스(의인화)입니다. 의인화 맞나?

86 본편의 고기동형은 글을 쓰는 과정에서 생각보다도 신에 대한 집착이 심해진 끝에 병적인 느낌마저 내기 시작해서 조금 재미있는 애입니다. 이번에는 제대로 패러디를 해서 그 끼를 충분히 발휘하게 했습니다. 또한 너무 스토커 기질이 세다 보니 원고리딩 때 타바타 씨가 신을 걱정하셨습니다.

페오도라 누님 등장의 단편(미안해)도 조만간 문고에 수록되면 좋겠네…….

다음은 감사 인사입니다.

담당 편집자 타바타 님, 니시무라 님. 설마 했던 캐릭터 추가와 페이지 초과로 고집을 많이 피웠습니다. 또한 'Alter 시리즈의 에피그래프(초반 인용)은 본편의 동일 넘버링 권의 패러디' 라는 방향성이 정해진 것은 니시무라 씨의 집착 덕분입니다.

시라비 님. 드디어 동물 귀 미니 캐릭터를 그려 주셨습니다! 표지에 있는 두 사람의 귀여움에 완전히 녹아웃되었습니다. 개 귀 신의 동글동글한 눈이 진짜……!

I－IV 님. 본편의 '공화국' 설정도 들어간 전함 〈산마그놀리아〉의 디자인에는 신음이 다 나왔습니다. 차이카=자르 프띠짜에 웃어 주셨다면 다행입니다.

소메미야 님. 만화판만이 아니라 이번에는 각 장의 표지도 그려 주셨습니다! 귀여운 마법소녀(핸들러)와 수호정령(에이티식스)이 모든 페이지에서 춤추는 만화판은, 매번 거듭 읽고 있습니다. 2권 발매도 기다려집니다!

그리고 이번에도 함께해 주신 독자 여러분. '무엇을 하든지 전력을 다한다. 즉, 웃길 때에는 전력으로 웃긴다.' 는 폴리시를 발휘하면서 요소요소에서 애니메이션의 내용에 맞춘 번외편, 즐겨 주세요. 앞서 말했다시피 코미컬라이즈나 애니메이션 본편과 비교하면서 보시는 것도 추천합니다!

그러면 우주의 무궁한 어둠과 찬란한 별바다에. 끝없는 항로를 나아가는 은하항행함대와 마법소녀와 수호정령들의 곁에. 당신을 잠시 데려갈 수 있기를.

후기 집필 중 BGM: 피로시의 테마
(.hack//GAME MUSIC Perfect Collection)

보너스 / 마법소녀(핸들러)&수호정령(에이티식스) 캐릭터 소개

●마법소녀(핸들러)

〈메르쿠리우스☆레이〉

저주: 에이티식스가 없어서 없음.

코멘트: 특기 요리는 문어와 토마토의 해산물 파스타다…….
아니, 웃지 말라고!

〈발리스타☆더스틴〉

저주: 커피 원두 이외의 것을 커피밀에 넣는다.

비고: 마찬가지로 마법소녀로 뛰고 있는 이웃집 소꿉친구가 걱정되기 짝이 없다.

〈실버브레드☆바츨라프〉

저주: 식빵을 입에 물고 뛰면 마음에 둔 상대와 부딪친다.

비고: 참고로 실버 '블릿' 씨도 다른 함에 재적.

〈미티어☆마르가레타〉

저주: 주머니 속 성냥이 죄다 부러진다.

비고: 애초에 성냥을 쓴 적이 없다.

〈민서☆빌렘〉

저주: 아침 해(영상, 사진 포함)를 보면 재채기가 나온다.

비고: 에이티식스나 리햐르트의 아이들이 졸라대서 종종 과자를 만든다.

〈매셔☆리햐르트〉

저주: 맥주 거품이 카이젤 콧수염이 된다.

비고: 일과는 아이들에게 호평인 마무리 포즈의 모색.

〈본콜렉터☆스베틀라나〉

저주: 기르는 사냥개에게 왠지 미움을 받는다.

비카 왈: 그건 저주가 아니라 고모님의 취미 때문이 아닌지?

〈브릴리언트☆에코〉

저주: 나비매듭이 옆으로 비뚤어진다.

비고: 한번 해보려던 딸기 타르트 한 홀 통째로 먹기에 도전해서 싹 비웠다.

●수호정령(에이티식스)

렛카 린: 화염방사 〈번트 테일〉.

특기사항: 여우 귀와 꼬리.

비고: 최근 유부초밥이 맛있다(유부는 달달한 것을 선호).

미쿠리 카이로: 찬란한 레이저 〈레우코시아〉.

특기사항: 인어의 지느러미 귀와 꼬리.

비고: 피시 앤드 칩스라면 환장을 하며, 맛에도 깐깐하다.

마이카 야토미카: 뇌격 〈마치헤어〉.

특기사항: 토끼 귀와 꼬리.

비고: 토끼 파이를 좋아하지만, 그렇게 말하면 사람들의 표정이 굳는 걸 이상하게 생각한다.

루이 키노: 고속 기동의 용익 〈파프닐〉.

코멘트: 뭐야! 우리도 사춘기니까 그런 잡지 정도는 보거든?!

토우잔 사샤: 포탄의 폭풍우 〈건메탈스톰〉.

비고: 음식을 가리는 게 많지만, 바츨라프가 그걸 보고 '떽!' 이라고 하는 것 좀 멈춰 줘.

크로트 히니에: 산탄지뢰 〈만티코레〉.

비고: 토우잔이 안 먹는 요리를 먹고, 키노가 도망칠 때에 떨어뜨린 잡지를 정리하는 큰형.

토마 소비: 회전낫 〈헬리안투스〉.

비고: 로켓 불꽃놀이 폭죽으로 하늘을 날아보려고 했는데, 바츨라프가 기를 쓰고 말린 적이 있다.

치세 오센: 고속 기동의 매 날개 〈그리핀〉.

코멘트: 우주전함 안에서 로켓 불꽃놀이는 안 되지……. 비행기 모형을 만들고 있으니까 기다리지…….

매쉬 나나키: 환혹의 안개 〈발푸르기스〉.

비고: 종종 목욕하면서 오래 생각에 잠기기 때문에, 저러다가 퍼지는 거 아니냐고 걱정을 산다.

미나 시로카: 활 〈아르테미스〉.

특기사항: 하얀 토끼 귀와 꼬리.

코멘트: 한 번 정도는 목욕탕에서 헤엄치고 싶어! 조금 정도면 괜찮을까?

오치 안톤: 그물형 레이저 〈글라디아토르〉.

코멘트: 레이저 사출 시에는 팡파레가 울린다! 뺑이다!

이오 도단세: 장거리 레이저 〈아르고스〉.

코멘트: 레이저는 안경을 스윽 올리면 사출됩니다. 물론 농담입니다.

슈리 지리스: 회전 레이저 소드 〈덴드로아스피스〉.

코멘트: 레이저 소드는 태양광을 모아 형성……되는 건 아니야.

카리야 로우가: 대위력 미사일 〈라 베트〉.

비고: 햄버그는 다진 쇠고기를 제일 좋아하지만, 합성 분쇄육도 제법 괜찮다.

하리즈 센야: 와이어 네트 〈캐터나인〉.

비고: 불판에 구울 때는 양고기가 최고라고 생각하지만, 닭고기도 좋아한다.

앨리스 아라이슈: 일본도 〈섀도우 래빗〉

특기사항: 토끼 귀와 꼬리

비고: 엄청난 주당. 밑도 끝도 없이 마셔서 술통이란 비유로도 부족하다.

이스카 라니: 쌍권총 〈벌처〉.

비고: 어울리지 않아서 숨기고 있지만, 단 것을 엄청 좋아한다.

에이쥬 누나토: 로켓 런처 〈스톰 라운더〉.

비고: 취해도 안 취해도 밝고, 사실 대체로 안 취했다.

사이키 타테하: 다이너마이트 〈님파리스〉.

비고: 달달한 술에 달달한 과자를 먹는 타입.

리토 오리야: 샤벨 〈밀런〉.

비고: 사흘에 한 번은 빌렘이 내던지지만, 질리지 않고 또 한다.

유토 크로우: 자마다르 〈베레트라그나〉.

특기사항: 호랑이 귀와 꼬리.

비고: 거위로 하자는 생각도 있었다.

레키 미치히: 청룡언월도 〈파리안〉.

코멘트: 빌렘에게 월병 달라고 했더니 3일 정도 레시피를 조사해서 만들어 주었습니다!.

샤나 아야: 거품형 폭탄 〈멜뤼진〉.

특기사항: 인어의 지느러미 귀와 꼬리.

코멘트: 리햐르트 소장의 아이에게는 '인어공주!' 라며 인기 폭발. ……내심 싫지는 않다.

사키 기슈인: 말 로봇 〈그리멀킨〉.

특기사항: 고양이 귀와 꼬리.

비고: 매일 아침 늦잠 자는 루스란을 걷어차서 깨우는 나날(그치만 안 일어나는걸).

자이샤: 거대공이 〈크로리크〉.

특기사항: 처진 토끼 귀.

비고: 거대공이로 두들겨 팰 때의 효과음은 '쿵떡! 쿵떡!'

86

EIGHTY SIX

The number is the land which isn't

admitted in the country.

And they're also boys and girls

from the land.

86 –에이티식스– Alter.2

—마법소녀 레지나☆레나 ~싸워라! 은하항행전함 산마그놀리아~—

2025년 09월 25일 제1판 인쇄
2025년 10월 01일 제1쇄 발행

지음 아사토 아사토
일러스트 시라비
본문 일러스트 소메미야 스즈메

옮김 한신남

제작 · 편집 노블엔진 편집부

발행 데이즈엔터(주)
등록번호 제 2023-000035호
주소 07551 서울특별시 강서구 양천로 570 NH서울타워 19층
대표전화 02-2013-5665

ISBN 979-11-380-6238-1
ISBN 979-11-319-8539-7 (세트)

86—EIGHTY SIX—Alter.2
—MAHOSHOJO REJINA☆RENA ~ TATAKAE! GINGAKOKOSENKAN SAMMAGUNORIA—

Edited by 전격 문고
First published in Japan in 2025 by KADOKAWA CORPORATION, Tokyo.
Korean translation rights arranged with KADOKAWA CORPORATION, Tokyo.

구매 시 파손된 도서는 구매처에서 교환하실 수 있습니다.
기타 불편사항, 문의사항이 있으신 독자님께서는 노블엔진 홈페이지
[http://novelengine.com] 에서 Q&A 게시판을 이용해 주시기 바랍니다.